KB113176

운수대통

사주풀이

운수대통
사주풀이

이정환 지음

창작시대사

서론

경이롭고 신비로운
동양역리학의 진수

이번에 동양역리학(東洋易理學)의 진수라고 불리는 ≪사주추명학(四柱推命學)≫에 손을 대게 되었다. 사주추명학은 명리학(命理學)이라고도 하며 동양철학의 역학(易學) 분야에서 가장 지고하다고 손꼽히는 학문이다.

중국 고대의 복희(伏羲)씨가 역(易)의 기본이 되는 팔괘(八卦)를 창안하여 신농(神農), 황제(黃帝)에 걸쳐 발전을 거듭한 역학은 주(周)나라의 문왕(文王), 주공(周公), 공자(孔子) 등의 선현들에 의해 사서오경(四書五經)의 하나인 주역(周易)으로 자리를 잡았고, 그와 더불어 음양오행사상(陰陽五行思想)도 새로이 거듭나게 되었는데, 이것이 후에 당나라에 이르러 명리학이라는 사주추명학의 기본적인 형태를 갖추게 된다. 그 이후 명나라 시대와 청나라 시대를 거치며 이론적으로 재무장을 하게 된 명리학은 오늘에 이르러 사람의 운세를 예견할 수 있는 가장 확률이 높은 학문으로 자리매김을 하게 되었다.

사주추명이라는 말은 운명을 하나하나 추론해 나간다는 뜻으로 다시 말해서 한 사람의 운명을 추리하여 정확한 운세를 짚어낸다는 뜻이다.

명리학은 분명한 법칙을 갖추고 있으며 뚜렷한 근거가 뒷받침되어 있는 학문이다. 어떤 사람은 쓸데없는 점술이라고 무시하는 경우도 있지만, 그것은 역학에 대한 이해가 부족하기 때문으로 역학에 관한 공부를 하게 된다면 누구나 그 신비롭고 경이로운 적중률에 혀를 내두르지 않을 수 없을 것이다.

현재 역서(易書)들이 많이 범람하고 있지만, 그 내용이 일반 독자로서는 이해하기 어렵고 습득하기 까다롭다는 점을 고려해, 이 책에서는 찾아보기 편하고 알아보기 쉽도록 간편하게 꾸미려고 노력했다.

제1장에서는 흔히 <당사주(唐四柱)>라고 불리는 사주학을 실었고, 제2장에서는 <사주추명학>을, 그리고 제3, 4장에서는 사주학·역학과 함께 동양역리학의 신비로 불리는 <구성학>을 실어서 독자 여러분들이 여러 각도에서 운세를 판단해 볼 수 있도록 꾸며 보았다. 설명이 부족한 점도 많지만 그것은 독자들의 이해를 돕기 위해 일부러 쉽게 꾸미려는 과정에서 일어난 실수이려니 하고 넓은 아량으로 이해해 주시기를 부탁드린다.

부디 이 책을 대하는 순간부터 여러분들의 인생사에 작으나마 새로운 활력이 첨가될 수 있다면 더 이상의 뿌듯함이 없을 것이다.

이정환

차례

{제3장}

사주풀이

기본운세

基本運勢

☆ 생년·띠별로 보는 운세 ☆ 생월로 보는 운세

☆ 생일로 보는 운세 ☆ 생시로 보는 운세

1. 생년·띠별로 보는 운세

여기에서는 자기의 태어난 해, 즉 띠를 이용해서 초년의 운세를 알아보기로 한다.

띠는 각각 12가지의 동물로 표현되어 있으며 그 동물이 나타내는 의미와 순환 관계가 그 띠에 해당하는 사람의 운세를 기본적으로 알려준다.

이 12가지의 동물을 12지(十二支)라고 하는데, 이런 식으로 표현한다.

▶ 자(子·쥐) ▶ 축(丑·소) ▶ 인(寅·호랑이) ▶ 묘(卯·토끼)

▶ 진(辰·용) ▶ 사(巳·뱀) ▶ 오(午·말) ▶ 미(未·양)

▶ 신(申·원숭이) ▶ 유(酉·닭) ▶ 술(戌·개) ▶ 해(亥·돼지)

그럼 자기의 띠가 가지고 있는 기본적인 성질을 중심으로 기본적인 운세와 첫인상에서 호감을 얻기 위한 대인관계에서의 자세를 알아보기로 하자.

쥐띠

[子年生]

성격과 운세

쥐는 낮에는 그늘에 숨어 있다가 밤이 되면 활동을 하기 때문에 쥐띠의 본질은 음성(陰性)이라고 한다. 다른 사람들 앞에서 허세를 부리는 것을 좋아하지 않으며 여러 명이 힘을 합쳐서 행동하는 것보다는 개인적으로 행동하는 것을 좋아하는 타입으로 종교나 철학적인 분야에 관심이 많은 편이다. 본질은 음성이지만 묘하게 주위 사람들의 인기를 끌어모으는 재주가 있어서 그 때문에 교제의 폭도 아주 넓고 인정도 많은 편이다. 내성적이고 부드러운 느낌을 풍기지만 의외로 집념이 강하고 자존심도 강해서 제멋대로 행동하는 단점도 있으며, 금전욕이 남달리 왕성해서 열심히 돈을 모으는 타입으로 낭비를 좋아하지 않는다. 자기가 하는 일에도 열심이고 매우 노력하는 편이지만 중년이 될 때까지는 실익이 적고 부부 사이의 인연도 그다지 좋다고 볼 수는 없다. 급한 성격과 이성에 대한 지나친 호기심을 삼가는 한편, 본업에 충실하면 중년 이후에는 행복을 보장받을 수 있을 것이다.

직업운

적성에 맞는 직업은 일반 회사원, 농업, 승려나 역술인, 신문·잡지의 마케팅이나, 경제지의 기자, 교사 등이다. 쥐띠인 사람들을 보면 직장을 한 번 옮긴 뒤에 재능을 발휘하는 경우가 많다.

첫인상에서 호감을 얻으려면…

결단력이 부족하고 상대의 질문에 분명하게 대답을 하지 못하는 경우가 있으며 친하지 않은 사람에게는 냉정한 모습을 보이는 경우가 있는데, 이런 행동은 삶에 도움이 되지 않으니까 고치는 것이 좋다. 아낌없이 노력을 다해 성실한 모습을 보이는 것이 가장 큰 도움이 될 것이다.

소띠

[丑年生]

성격과 운세

소띠의 기본적인 성격은 다른 사람의 말을 쉽게 믿지 않고 의
심을 한다는 것이다. 흔히 말하는 '돌다리도 두들겨 보고 건넌
다'는 타입이다. 전체적으로 볼 때 운세가 강한 사람이 많으며
금전운도 좋아서 지위나 명예도 꽤 높은 곳까지 올라가지만, 형
제나 친척과의 인연이 별로 좋지 않다. 중년까지는 비교적 순조
로운 운세지만 노년기에 접어들면서 갑자기 운세가 쇠약해지는
경우가 많으며 부모님의 유산을 물려받지 못하는 약점도 있다.
이것은 초·중년기 자신의 행동이 원인일 수 있으니까 노년기
를 대비하여 덕을 많이 쌓도록 해야 할 것이다. 또 질투심이 많
고 다른 사람을 칭찬하는 일에 인색하며 어려운 문제에 부딪히

게 되면 자신이 직접 해결하지 않고 다른 사람을 대리로 내세워 그늘에서 일을 꾀하려 하는데, 이런 성격은 일찍 고치는 것이 삶의 행로에 도움이 된다. 중년을 지나면서 큰 실패를 하지 않도록 주의할 것. 또한, 집착증을 버리고 모든 사람을 솔직히 대하도록 노력할 것.

직업운

적성에 맞는 직업은 농업, 과수원, 공예품점, 경호원, 운동선수, 승려 등이다. 지적인 노동보다는 주로 육체적인 노동이 어울리며 온종일 책상 앞에 앉아 있는 직업은 맞지 않는다.

첫인상에서 호감을 얻으려면…

상대의 말을 충분히 듣고 나서 말을 할 것. 냉정한 대우를 받았다고 해서 분을 못 참고 즉시 화를 내는 것은 금물. 자신이 책임감 있는 사람이라는 모습을 상대에게 인식시키는 것이 무엇보다 중요한 일이다.

호랑이띠
[寅年生]

성격과 운세

호랑이띠의 운세는 뜻밖으로 온화하고 결단력이 부족하다는 것이 특징이라고 할 수 있을 것이다. 그래서 쓸데없이 다른 사람을 동정하여 자신의 힘을 반감시킨 결과 본의 아니게 곤경에 빠지게 되거나 일관성이 없는 행동 때문에 낭패를 당하는 경우가 있다. 재주는 많은데 가난하게 사는 사람이 많은 것도 호랑이띠의 특징이다. 또 정의감이 강하고 이상이 높으며 추진력이 있기 때문에 그로 인해 일시적으로는 큰 성공을 거두는 경우가 있지만, 지속성이 없고 시야가 좁은 것이 단점이다. 호랑이띠는 대체로 애정 문제가 복잡한 경우가 많으며 대부분 많은 이성과 관계를 겪게 된다. 자신이 가지고 있는 힘을 올바르게 활용할 수 있도록 확고한 방침을 세워 놓고 행동하는 것이 무엇보다도 중요하다.

직업운

적성에 맞는 직업은 주식 거래업, 무역업, 운송업, 광산업, 운동선수, 파일럿, 세일즈맨, 판매업 등이다. 다른 사람에게 속박당하거나 명령을 받는 일을 싫어하는 성격이니까 가능하다면 자유로운 직업을 선택하는 것이 좋다.

첫인상에서 호감을 얻으려면…

지나치게 자존심을 세우다 보면 오히려 반감을 초래하게 된다. 특기나 장점이 있어도 그것을 자랑삼아 말하거나 과시하지 않는 것이 호감을 사는 방법이다. 첫 대면에서는 체면은 제쳐두고 일단 머리를 숙이도록.

토끼띠

[卯年生]

성격과 운세

토끼띠의 성격은 봄날의 부드러움이 깃들어 있는 듯해서 늘 소프트한 터치로 일을 처리해 나가며 중대한 일에서도 쉽게 결론을 내려 주위 사람들을 섬찟하게 만드는 것이 특징이라고 할수 있다. 한 가지 일을 성취할 때까지 결코 중도에 포기하지 않는다는 굳은 각오를 정해 놓지 않으면 자기 능력을 제대로 발휘할 수가 없을 것이다. 그러나 원래 타고나기를 낙천가이며 사소한 일에 얽매이지 않는 성격이기 때문에 열심히 노력만한다면 대성할 수 있다. 장기간에 걸쳐서 사업을 개척하는 일에는 적합하지 않으며 난관에 부딪히면 뒤로 미루는 경향이있고 나중에 후회하게 된다. 일반적으로 미술이나 문학에 흥미를 느끼고 있는 로맨티스트가 많다. 음산한 생각을 억제하고 공명정대한 마음을 앞세우도록 노력할 것.

직업운

적성에 맞는 직업은 의사, 과학자, 미술가, 골동품상, 교사, 무용가, 음악가, 배우 등의 예능 분야, 디자이너, 음식점 경영 등이다. 약간 내성적인 성격이기 때문에 머뭇거리다가 좋은 기회를 놓치면 다시 잡기 어려우니 기회가 왔을 때 그것을 포착할 수 있도록 노력할 것.

첫인상에서 호감을 얻으려면…

이른 아침부터 움직여야 하는 직업이나 출근 시간이 많이 소요되는 직업은 오랫동안 지탱하기 어렵다. 그리고 단기간에 습득할 수 있는 일보다는 장기간에 걸쳐 습득할 수 있는 일이 적성에 맞다. 첫 대면 때에 음침한 인상을 주지 않도록 항상 명랑하게 생활할 것.

용띠

[辰年生]

성격과 운세

용띠의 성격은 자존심이 강하고 남에게 지기 싫어하며 무슨 일이든 앞에 나서서 리드하려고 하는 것이 특징이다. 자기 과시욕과 추진력이 강해서 점차 목표한 업적을 달성해 나가지만 다른 사람을 낮추어 보는 결점 때문에 대인관계에서 손해를 보는 경우가 많다. 모든 일을 자기 뜻대로 처리하려 하고 다른 사람의 말에 귀를 기울이지 않는 반면에 선견지명이 있고, 다른 사람보다 앞서 나가지 않으면 직성이 풀리지 않는 타입이다. 애교가 적고 언뜻 퉁명스러워 보이기 때문에 호감을 얻기 어려운데, 이상은 높기 때문에 매우 복잡스러운 성격으로 보이기 쉽다. 그러나 지성과 행동력을 제대로 발휘하면 매력적인 인물로서 환영

받을 수 있을 것이다. 폭넓은 시야를 가지고 전문적인 코스를 밟도록 노력할 것.

직업운

적성에 맞는 직업은 경찰관, 건축업, 목수, 정치가, 증권업, 관광업, 예능 계통, 경공업, 조각가, 등이다. 적어도 몇 명의 종업원을 데리고 살림을 꾸려나가는 사람으로, 다른 사람을 잘 돌보아 주며 지도력을 갖추고 있기 때문에 주위에는 늘 도움을 주는 사람이 존재한다.

첫인상에서 호감을 얻으려면…

과거의 자랑을 늘어놓거나 지나치게 자신감을 내세우면 상대가 질리게 된다. 장점은 서서히 자연스럽게 드러나도록 신경을 쓸 것. 어떤 일을 앞두고 지나치게 재어 보는 것은 금물, 좋은 기회를 놓칠 수 있다.

뱀띠

[巳年生]

성격과 운세

뱀띠의 성격은 사려 깊고 분별력이 있으며 집념이 강하고 사랑과 증오에 대한 감정이 누구에게도 뒤지지 않는다는 것이 특징이다. 하지만 본성은 냉정하고 상황 판단도 적절한 사람이 많다. 그리고 감수성이 십이지의 어떤 동물보다도 강하기 때문에 맹목적인 사랑을 한다고 본다. 직감력이 적중하는 경우가 많고 독특한 방법으로 문제를 해결해 나가며, 신비적인 일에 호감을 가지고 있고 초자연적인 현상에도 관심이 많다. 그런 경향이 강해지면 신경과민증에 걸릴 우려가 있으니 사소한 일에는 가능하면 신경을 쓰지 않는 것이 좋다. 다른 사람에게 좀처럼 마음을 드러내 보이지 않는 사람이나 허영심에 들떠 있는 사람, 주위의 소문에 민감한 반응을 보이는 사람도 많이 있으며, 미술에 대한 센스가 풍부해서 서예나 회화, 음악을 직접적으로 즐기는 편이다. 가능하면 공명정대하게, 또한 사물을 신속하고 정확하게 처리해 나가도록 노력할 것을 권한다.

직업운

적성에 맞는 직업은 종교가, 작가, 시인, 미술가, 기자, 은행원, 디자이너, 의사 등이다. 정신적인 생활을 즐기는 편이니까 사색이나 기획력을 필요로 하는 직업이 알맞다.

첫인상에서 호감을 얻으려면…

먼저 다니던 직장의 험담이나 불만을 새 직장에서 이야기하는 것은 역효과다. 첫 대면을 하는 사람과 이것저것 생각하지 않고 지나치게 솔직한 대화를 나누는 것은 경솔하다는 느낌을 줄 수 있으며, 반대로 지나치게 마음을 닫고 이야기하는 것도 좋지 않은 인상을 줄 수 있으니까 가능하면 중용의 도를 염두에 두고 이를 지키도록 노력할 것.

말띠
[午年生]

성격과 운세

말띠의 성격은 명랑하고 행동이 재빠르며 여러 가지 문제를 담담히 처리해 나가는 것이 특징이다. 비밀을 싫어하고 마음을 터놓고 교제하는 것을 좋아하기 때문에 폭넓은 분야의 친구를 사귀게 되지만, 사람 좋고 정 많은 성격 때문에 손해를 보는 경우가 많다. 자기의 역량을 잘 간파하고 행동하지 않으면 뜻밖의 일로 책임을 전가 당할 수 있으니 조심해야 한다. 신중하게만 처신을 한다면 반드시 확고한 지위와 명예를 얻을 수가 있다. 일을 시작할 때는 치밀한 계획을 세웠다가도 막상 일을 시작하게 되면 갑자기 마음이 바뀌어 아이디어를 제대로 활용하지 못하는 단점이 있다. 그러니 늘 마음을 긴장시키고 자기의 역

량을 곰곰이 생각하며 경험을 바탕으로 일을 처리하도록 노력
해야 할 것이다.

직업운

적성에 맞는 직업은 광산업, 무역업, 해운업, 음식업, 예능 분야
관계, 법률가, 보험업, 화장품 판매업, 화원이나 안경점, 미용실,
저술가, 안과의사, 인쇄업, 목장 경영 등이다. 물론 열심히 노력
하는 것도 중요하지만 말띠인 사람들은 단기간에 효과가 나타
나는 것을 좋아하기 때문에 쉽게 지치는 경우가 많다. 무엇보다
참을성을 기르도록.

첫인상에서 호감을 얻으려면…

많은 경험을 쌓아 온 산전수전 다 겪은 사람이라는 인상을 주
면 대인관계에서 실패를 초래하게 된다. 한 가지 일만을 꾸준히
계속해왔다는 인상을 주는 것이 도움이 된다. 천성적으로 타고
난 밝은 성격을 충분히 발휘할 수 있도록 노력할 것.

양띠
[未年生]

성격과 운세

양띠의 성격은 사려 깊고 인정미가 넘치며 얌전한 것이 특징이다. 다른 사람과의 의견 대립도 별로 없는 편이고 대인관계를 매우 중요하게 여긴다. 그러나 생각이 많은 편이라 모처럼 찾아온 기회도 놓쳐 버리는 일이 많고 궤도에 오른 일도 장애가 발생하면 쉽게 내팽개쳐버리는 경우가 있다. 일반적으로 사물을 대할 때 지나칠 정도로 재는 성격이기 때문에 서둘러야 하는 일이나 유행을 다투는 일에는 부적합하다. 하지만 겉으로는 약해 보여도 강한 성격을 감추고 있는, 즉 외유내강(外柔內剛)의 성격이기 때문에 큰 성공을 거두는 사람이 많은 것도 양띠만의 특징이다. 이성 문제로 애달캐달하는 경우가 많고 상냥한 성격이 애정 때문에 증오로 변하는 경우가 있으니 애정 문제에 각별히 신경을 쓸 것.

직업운

적성에 맞는 직업은 문학가, 수학자, 철학가, 미술가, 공예가, 승려, 디자이너, 미용사, 공무원, 은행원, 산부인과 의사 등이다. 신중하게 연구를 거듭하는 타입이기 때문에 빛을 보는 시기는 늦어도 기초만 꾸준히 유지해 나간다면 반드시 대성할 수 있을 것이다.

첫인상에서 호감을 얻으려면…

지나치게 겸손하면 오히려 자신감 없는 사람으로 보일 수도 있으니까 좀 더 당당하게 행동하는 것이 효과적이다. 일반적으로 양띠인 사람들은 인생살이에 능숙한 편이지만 조금이라도 난처한 처지에 놓이게 되면 자기주장을 제대로 하지 못하는 약점이 있다. 화술도 훈련해 둘 것.

원숭이띠
[申年生]

성격과 운세

원숭이띠의 성격은 약간의 불안으로도 가슴이 뛰고 인내력이 결핍되어 침착하지 못하다는 것이 특징이다. 하지만 인생을 꾸려나가는 재주가 뛰어나고 자신의 장래를 위해서라면 선배나 동료들을 자주 찾아다니며 아무리 싫은 사람이라 해도 겉으로는 전혀 티를 내지 않는다. 갑작스럽게 두각을 나타내 꾸준히 그 지위를 지켜나가는 사람이 많은 것도 원숭이띠의 특징인데 그만큼 화술이 뛰어나고 친구나 조직 사회에 적응을 잘한다는 것이다. 그러나 지속성이 없고 마무리를 제대로 하지 못해 주위에는 늘 새로운 사람들이 들끓는 편이다. 항상 바쁘게 돌아다니며 명상에 잠기는 것을 좋아하지 않고 임기응변과 상황 판단이 뛰어나며 일을 은밀히 처리하는 재능이 있고 사람을 다루는 솜씨도 보통 수준이 넘어 누구에게나 밉상으로 보이지 않는다.

직업운

적성에 맞는 직업은 샐러리맨, 중개업, 배우, 액세서리 제조 · 판매, 의상실, 수예점, 프로운동선수, 평론가, 리포터, 아나운서, 모니터 요원 등이다. 그 밖에 변호사, 내과 의사 등도 적성에 맞는 직업이라고 할 수 있다. 원숭이띠는 늘 아이디어가 번뜩이기 때문에 선견지명이 있는 타입이라고 말할 수 있다.

첫인상에서 호감을 얻으려면…

생각한 것을 그대로 말로 표현하면 입이 가벼운 사람이라는 인상을 심어주게 되어 오히려 손해를 보게 된다. 가능하면 비판적인 말을 하지 않도록 조심할 것. 너무 정직한 것은 융통성을 발휘하는 것만 못하다. 말을 앞세우지 말고 실천을 할 수 있도록 노력할 것.

닭띠

[酉年生]

성격과 운세

닭띠의 성격은 이해심이 많고 앞일을 꿰뚫어 보는 안목이 있다
는 것이 특징이다. 또한, 어려운 상황이 계속되면 일찌감치 포
기해버려 필요 이상의 고생을 회피하며 가능한 한 편하게 살고
싶어 한다. 일반적으로 일에 대한 의욕이 적은 편이고 자기 위
주로 생활하려 하며 남을 위해 봉사하는 마음이 부족하다. 끈기
가 부족하기 때문에 기회가 찾아와도 땀을 흘리려고 하지 않고
이익을 챙기려다가 오히려 손해를 보는 경우가 있다. 겉으로는
얌전해 보여도 내심으로는 투쟁심으로 가득 차 있어서 라이벌
과 맞설 기회만 엿보는 것도 특징이라고 말할 수 있다. 원래 닭
띠는 강한 운세를 타고났기 때문에 타성에 이끌리지 않고 한

가지 일만 꾸준히 밀고 나간다면 반드시 좋은 결과를 맞이할 수 있다.

직업운

적성에 맞는 직업은 홍보, 출판, 강사, 금융업, 음식점, 치과 의사, 화가, 마케팅, 음악가, 약사 등이다. 설득력이 뛰어나기 때문에 앉아서 활동하는 일보다는 외부에서 활동하는 일이 적성에 맞는다.

첫인상에서 호감을 얻으려면…

빈정거리는 말투는 삼갈 것. 책임감 있는 사람이라는 모습을 지나치게 부각시키려 하면 오히려 손해를 보게 된다. 있는 그대로 꾸밈없이 사람을 대하도록 노력할 것. 본성은 정직하지만, 말투가 좋지 않기 때문에 농담인지 진담인지 확실히 알 수 없게 만드는 것이 흠이니까 말투를 고치도록 노력할 것.

개띠

[戌年生]

성격과 운세

개띠의 성격은 어떤 일을 대하든 스스로 납득하지 않으면 결코 손을 대지 않는 용의주도함과 장기간에 걸친 일이라도 참을성 있게 대처한다는 것이 특징이다. 승부를 싫어하는 성격은 아니지만, 전법은 소극적이다. 자신의 분수를 알고 헌신적으로 노력하며 다른 사람의 영역은 가능한 한 침범하지 않는 규칙을 충실하게 지키는 타입이다. 일반적으로 개띠의 사람들은 고집이 세고 자기주장이 강하며 청렴결백을 자랑으로 여기는데 항상 심리적으로 걱정이 많은 편이며 인내심이 생길 때까지 내성적으로 자신을 지켜나가는 타입이기 때문에 어지간히 친숙해지지 않는 한, 마음을 털어놓는 일은 없다고 볼 수 있다. 어떤 그룹의 수뇌가 되는 것보다는 차석에서 움직이는 것이 어울린다. 사교술이 서툰 편이고 상당한 지위에 오른 뒤에도 점잖지 못한 행동을 하는 결점이 있으니 이 점을 고치도록 노력해야 한다.

직업운

적성에 맞는 직업은 판사, 변호사, 군인, 공무원, 교사, 종교가, 기계 판매업, 시계·귀금속상, 자동차 판매, 회사원, 저술가 등이다. 자존심을 만족시킬 수 없는 직업은 오래 유지할 수 없으며 지도력을 활용하여 서서히 구축해나가는 일이 가장 알맞다.

첫인상에서 호감을 얻으려면…

상대방의 말이 모두 끝나지도 않았는데 다 알고 있다는 식의 태도를 보이는 버릇이 인상을 나쁘게 만든다. 상대방에게 충분히 말할 수 있는 기회를 주고 나서 자기의 말을 할 것. 경험이 없는 일에 함부로 손을 대지 않는 것은 나쁘다고 볼 수 없지만, 너무 지나치면 진보성이 없다. 좀 더 투지를 불태우도록.

돼지띠
[亥年生]

성격과 운세

돼지띠의 성격은 독립심이 강하고 의협심이 두터우며 다른 사람으로부터 부탁을 받으면 자신의 몸을 아끼지 않고 돌보아 준다는 것이 특징이다. 일상생활은 검소한 편이어서 돈이 있어도 사치를 부리지 않으며 모든 일에 정직한 편이다. 또한, 어려운 처지에 처해 있는 사람이나 불쌍한 사람을 보면 그냥 지나치지 못한다. 그러나 한 번 배신을 당하거나 선한 마음으로 베푼 행동을 악으로 갚을 경우에는 상대가 누구이든 심하게 화를 낸다. 실력에 비해 출세가 늦는 사람이고 단기간에 성과를 거두려다가 오히려 일을 그르치는 경우가 있다. 열심히 노력해 온 일도 마무리 단계에서 그르치게 되는 경우가 많으니까 무엇보다도 끝까지 평정심을 잃지 않고 인내심을 유지해 나가도록 훈련을 쌓는 것이 중요하다. 천성적으로 타고난 실천력에 냉정한 판단력만 첨가한다면 반드시 큰 업적을 이루어낼 것이다.

직업운

적성에 맞는 직업은 설계사, 기계공작, 은행원, 창고업, 행정가, 무역회사 샐러리맨, 스포츠용품점, 고미술품 감정사, 교사, 통역, 교환수 등이다. 너무 정직한 것을 앞세우기 때문에 상하 간에 마찰이 자주 발생할 수 있으니 때로는 타협도 필요하다는 것을 명심하고 포용력을 기르도록 노력할 것.

첫인상에서 호감을 얻으려면…

일의 어려움도 생각해 보지 않고 쉽게 인수하는 단점이 있다. 잘못하면 약속을 지킬 줄 모르는 사람이라는 인상을 심어 줄 수 있으니까 가능한 일만을 맡도록 신경을 쓸 것. 상대방이 부탁해오면 정에 이끌려서 무엇이든지 들어주려 하는데, 그것도 결점이니까 객관적으로 사물을 판단하는 습관을 기를 것.

2. 생월로 보는 운세

여기에서는 생년(生年)을 토대로 태어난 달을 대입시켜 그 운세를 다루어 보기로 한다.

일반적으로 초·중년의 운을 보기 위한 것이지만, 총운과도 관계가 있으니 다른 운세와 잘 비교해 가며 살펴보면 도움이 될 것이다.

십이지(十二支)는 1월부터 12월까지 인(寅)으로부터 시작해서 묘(卯), 진(辰), 사(巳), 오(午), 미(未), 신(申), 유(酉), 술(戌), 해(亥), 자(子), 축(丑)으로 이어진다. 이를 더 구체적으로 설명하자면, 1월은 인월(寅月), 2월은 묘월(卯月), 3월은 진월(辰月), 4월은 사월(巳月), 5월은 오월(午月), 6월은 미월(未月), 7월은 신월(申月), 8월은 유월(酉月), 9월은 술월(戌月), 10월은 해월(亥月), 11월은 자월(子月), 12월은 축월(丑月)이 되는 것이다.

다음의 초·중년운세표를 참고하여 자신의 별을 찾아보도록 하자.

초·중년 운세표

생 년 운세\생월	자 (子)	축 (丑)	인 (寅)	묘 (卯)	진 (辰)	사 (巳)	오 (午)	미 (未)	신 (申)	유 (酉)	술 (戌)	해 (亥)
월귀성 (月貴星)	1	12	11	10	9	8	7	6	5	4	3	2
월액성 (月厄星)	2	1	12	11	10	9	8	7	6	5	4	3
월권성 (月權星)	3	2	1	12	11	10	9	8	7	6	5	4
월파성 (月破星)	4	3	2	1	12	11	10	9	8	7	6	5
월간성 (月奸星)	5	4	3	2	1	12	11	10	9	8	7	6
월문성 (月文星)	6	5	4	3	2	1	12	11	10	9	8	7
월복성 (月福星)	7	6	5	4	3	2	1	12	11	10	9	8
월역성 (月驛星)	8	7	6	5	4	3	2	1	12	11	10	9
월고성 (月孤星)	9	8	7	6	5	4	3	2	1	12	11	10
월인성 (月刃星)	10	9	8	7	6	5	4	3	2	1	12	11
월예성 (月藝星)	11	10	9	8	7	6	5	4	3	2	1	12
월수성 (月壽星)	12	11	10	9	8	7	6	5	4	3	2	1

월귀성
[月貴星]

★ 월귀성이란 월천귀(月天貴)라고도 하며 생월에 귀성(貴星:귀한 별)이 자리를 잡고 있다는 뜻으로 처음에는 고통이 따르더라도 나중에 결과를 얻을 운세라고 본다.

★ 초년에 가진 것이 넉넉하지 않아 고생해야 할 운세이지만 다정다감한 성격으로 많은 사람을 이끌고 다녀 서서히 운이 풀려 나간다고 본다.

★ 친구도 많고 활동적이며 재능도 풍부하지만 고집이 강해서 다른 사람의 모함을 받기 쉽다. 겸손함을 배우도록 힘쓸 것.

★ 가능하면 남의 일에는 신경 쓰지 말 것. 시비에 말려들면 명예를 잃기 쉽다. 학문에 재능이 있고 관직과도 인연이 있으니 지식을 쌓도록 노력할 것.

★ 자기 사업보다는 직장생활을 하는 것이 알맞으며 유행에 민감한 편이니까 그쪽 방면으로 진출하는 것도 괜찮다.

★ 횡재수가 있어서 뜻밖의 돈을 만질 수 있지만, 욕심은 내지 말 것. 재물에 욕심을 부리면 손해를 보기 쉬우니 모든 면에서 신중하게 처리하는 게 좋다.

★ 이성에 대한 관심이 많고 이성운도 따르는 운세지만 삼가는 것이 좋다. 어린 나이에 만난 이성은 내 배필이 아니다. 초년에 이끌려 다니게 되면 망신을 당할 우려가 크다.

★ 이동이 많고 변화도 많지만, 꾸준히 노력하면 중년에 들어서 큰돈을 만지게 될 것이다.

★ 대체적으로 초년고생을 겪은 뒤에 중년에 이르러 성공할 운세이니 초년에는 금전이나 이성의 유혹을 뿌리치고 중년을 대비하여 열심히 노력할 것.

월액성

[月厄星]

★ 월액성이란 월천액(月天厄)이라고도 하며 생월에 액성(厄星 : 액운을 상징하는 별)이 자리를 잡고 있다는 뜻으로 초년에 액운이 거듭되어 파란을 겪지만, 그것을 딛고 일어나 자수성가할 운세라고 본다.

★ 인생살이에 파란이 많고 굴곡이 심해 생에 대한 애착을 가지기 어려운 운세. 그러나 그런 좌절이나 실망은 미래를 위한 고통이니 참고 견뎌낼 것.

★ 욕심을 부리지 말라. 정직한 성격과 정의감을 바탕으로 고통을 딛고 일어서는 슬기를 갖추어야 다가올 운세를 붙잡을 수 있다.

★ 자수성가할 운으로 고향을 떠나 타향에서 기반을 구축하는 것이 좋으며 몸이 허약한 편이니 다툼이나 분쟁에 휘말리는 일이 없도록 조심할 것.

★ 부부 관계가 원만하지 않아 다툼이 자주 일어나겠지만, 원인은 당신의 자존심 때문이다. 부부 사이에 서로 자존심을 내세우는 것은 금물이다. 넓은 포용력으로 상대방을 감싸주는 여유를 기를 것.

★ 부모의 유산이 있어도 그것을 지키기 어렵고 공부를 계속하려 해도 갖가지 이유로 앞길이 막히지만, 중년에 들어서면서부터 운세가 트일 것이다. 주위로부터 아무리 고난이 닥쳐도 미래를 생각해서 절대로 굴복하지 말고 이겨 나갈 것.

★ 신경질적인 성격을 잘 컨트롤해서 친구들에게 소외당하는 일이 없도록 마음의 덕을 기르는 것이 좋다.

★ 중년에 들어서면 그동안의 고통이 열매를 거두게 되어 그 누구도 부럽지 않은 행복한 생활을 보낼 수 있을 것이다.

월권성

[月權星]

★ 월권성이란 월천권(月天權)이라고도 하며 생월에 권성(權星 : 권세가 있는 별)이 자리를 잡고 있다는 뜻으로 일찍부터 권세를 누리게 될 운세라고 본다.

★ 외유내강형인 성격에 주관이 뚜렷하고 끈기가 있기 때문에 초년부터 리더로서 활약한다.

★ 이성과의 인연이 좋고 사회생활을 하는 데 적응력이 뛰어나다. 축복 속에서 일찌감치 결혼식을 올리게 되고 만인의 선두에 서게 된다.

★ 의협심이 강해서 남들이 우러러보는 위치에 설 수 있지만, 그것이 지나치면 사기를 당할 염려가 있다. 주위 사람 중에서 간신과 충신을 구별해 낼 줄 아는 안목을 기를 것.

★ 성격이 급한 것이 흠이니 지나치게 자기주장을 내세우지 말

아야 한다. 그로 인해 들어오는 복을 차버릴 수 있으며 구설수에 휘말게 될 우려가 있다. 거만한 행동도 자제할 것. 모든 사람을 균등하게 대해 자신에게 주어진 운을 잘 살려 나가는 지혜가 필요하다.

★ 이성운과 결혼운이 좋아 일찍부터 안정된 가정을 꾸려나갈수 있지만, 생활이 편안해지면 나태해지기 쉬운 법, 가정을 등한시해서 아내의 마음에 불평불만이 쌓일 가능성이 크다. 바깥일도 중요하지만, 가정에도 신경을 쓰는 폭넓은 인간이 될 수있도록 최선을 다할 것.

★ 가능하다면 독단적으로 일을 처리하지 말고 주위 사람들과의 협력을 통해 완성도를 높이는 것이 미래를 위해 도움이 된다. 현실의 만족감에 도취해 함부로 행동하지 말고 미래를 위해덕을 많이 쌓아 놓을 것.

월파성

[月破星]

★ 월파성이란 월천파(月天破)라고도 하며 생월에 파성(破星 : 깨어지는 별)이 자리 잡고 있다는 뜻으로 성패의 굴곡이 심할 운세이다.

★ 인덕이 없는 운세라서 인생에 파란이 많고 믿고 의지할 사람이 없다. 진심으로 사람을 대하지만 돌아오는 것은 공허감뿐. 집안에도 내 편은 아무도 없으니 나오는 건 한숨이고 의욕은 식어만 간다. 남에게 의지하는 마음을 버리고 주관이 뚜렷하고 강인한 성격을 기르도록 노력을 하면 차츰 복이 굴러들어 올 것이다.

★ 고생을 많이 하다 보니 계획하는 일이 모두 일확천금을 노리는 것들뿐이다. 그러나 돈은 단숨에 벌리는 것이 아니다. 현실적으로 가능한 계획을 세워서 끝까지 관철해 나가는 집념을 기를 것.

★ 재능은 뛰어난데 지나치게 머리에만 의존하려 하고 발로 뛰는 노력을 게을리하는 것이 흠이다. 시작은 거창하지만, 끝이 허무해서 오히려 주위의 놀림감이 되기 쉽다. 성급한 마음을 버리고 참을성 있게 기다리는 인내심을 기르도록 노력할 것.

★ 어려운 상황에 처해 있다 보면 이성이 그리워지는 법. 그러나 아쉬울 때 선택한 이성은 배가 부르게 되면 하찮게 여겨진다. 이별수가 있어서 헤어져야 할 위기가 닥치는데, 그런 경우가 되더라도 어려울 때 만난 상대는 버리지 말 것. 평생을 함께 살 수 있도록 폭넓은 이해심을 배양하라.

★ 중년 이후가 되면 그때까지의 경험이 밑거름이 되어 큰일을 도모하게 될 것이다. 언제 그런 고생을 했나 싶을 정도로 좋은 운을 맞이할 수 있으니 항상 미래를 보고 노력을 게을리하지 말 것이며 건강에 신경을 쓰는 것이 좋다.

월간성
[月奸星]

★ 월간성이란 월천간(月天奸)이라고도 하며 생월에 간성(奸星: 재치가 있는 별)이 자리 잡고 있다는 뜻으로 머리를 지나치게 믿다가 복운을 그르칠 수도 있는 운세이다.

★ 지혜와 재능을 타고나서 공부를 잘하며 이해력이 빠르고 관운이 길하며 모든 방면에 뛰어난 머리를 가지고 있기 때문에 일찍부터 출세의 길이 열린다.

★ 주위 환경이 그리 좋은 편은 아니기 때문에 초년의 운은 한순간으로 끝나고 중년에 들어서면서 확실한 운을 잡게 된다.

★ 언변이 뛰어나서 사회생활에서 사람을 사귀는 데는 어려움이 없지만, 자기주장과 고집이 강해서 그 사람들을 쉽게 잃어버린다.

★ 여기저기 쓸데없이 나서서 다른 사람들의 따가운 눈총을 받

지 않도록 겸손한 마음을 배양한다면 출세를 하는 데는 별 어려움이 없어 보인다.

★ 직장생활하는 것이 좋고 배우자의 덕이 있을 운이지만 이성관계를 복잡하게 이끌어가는 것이 단점. 이성 문제를 절제하지 않으면 부부간의 별거·이별 수가 있다.

★ 횡재수는 있지만, 투기는 하지 말 것. 노름에 손을 대면 패가망신(敗家亡身)을 한다.

★ 리더십이 강하고 지혜가 뛰어나니 성실하게 학업에 정진하여 지혜를 쌓는다면 그야말로 금상첨화가 아닐 수 없다. 중년이 되면 금전과 권력을 양손에 쥐고 크게 이름을 떨치게 될 운이다.

월문성

[月文星]

★ 월문성이란 월천문(月天文)이라고도 하며 생월에 문성(文星: 문장에 뛰어난 별)이 자리를 잡고 있다는 뜻으로 학문에 뛰어나고 관운이 있는 운세다.

★ 복을 타고나서 의식이 풍족하며 학문과 지식이 풍부해서 일찍부터 학문의 문이 열려 대학은 물론 대학원이나 유학까지 다녀오게 될 것이다.

★ 삶에 대한 자신감이 충만하다고 할 수 있다. 욕심이 없는 만큼 도박이나 노름에는 관심이 없고 금전운이 풍부하여 출셋길이 순탄하다.

★ 쓸데없는 욕심이나 지나친 자만심은 금물이다. 운세가 좋다 하여 남을 업신여기지 말 것. 내 운세가 좋은 것은 다른 사람들이 도와주는 덕이다. 늘 사람들에게 감사하고 베푸는 마음을 가지도록 노력하면 타고난 의리와 동정심을 바탕으로 대중 위에

굳건히 올라설 수 있을 것이다.

★ 초년에 이성 문제로 한두 번의 난관에 부딪히지만, 그것은 한때 지나가는 바람일 뿐이다. 배우자 복을 타고나서 가정에는 늘 화목한 기운이 감돌 것이다. 학문 수양을 게을리해서는 안 된다.

★ 초년운도 좋지만 중년운은 더욱 좋은 편이어서 30대 후반에 들어서면 부러울 것이 없겠다. 상류층의 생활을 하며 사회적 지위도 확고해질 것이니 교만함을 가지지 않도록 늘 자중하는 것이 무엇보다 중요하다.

★ 학문을 닦는 자는 금전에 욕심을 보이지 않는 법. 인격 수양에 힘을 쓰고 돈거래는 삼가는 것이 좋다.

월복성

[月福星]

★ 월복성이란 월천복(月天福)이라고도 하며 생월에 복성(福星 : 복록이 가득한 별)이 자리를 잡고 있다는 뜻으로 복을 타고난 운세라고 본다.

★ 선천적으로 복을 타고났고 환경도 좋아서 하는 일마다 이루어지지 않는 것이 없고 학문과의 인연도 깊으며 출세 또한 빠르다.

★ 대인관계도 좋고 이성운도 있으니 부러울 것이 없다는 생각에 자칫 과욕을 부리거나 다른 사람의 아픔을 잊고 사는 경우가 있다. 나의 행복보다는 남의 불행에 신경을 더 쓰도록 노력하라.

★ 결혼운이 좋아서 멋진 배우자를 만날 수 있고 밝은 성격에 활동적이라 주위에 친구들이 가득 차 있지만, 사치나 낭비는 부리지 말 것. 오히려 좋은 친구를 잃을 수 있다.

★ 남을 돕는 것은 칭찬할 일이지만 도와주지 않아도 될 사람에게 돈을 쓰는 것은 사치와 같다. 사람을 잘 가려서 사귈 것.

★ 천성적으로 복을 타고난 운세지만 한두 번의 좌절을 맛보게 될 것이다. 큰 그릇이 되기 위한 밑거름으로 생각하라.

★ 부부 금실도 좋은 편인데, 자신의 주장 때문에 이별수가 있다. 상대를 감싸주도록 노력할 것. 자식과의 인연은 그다지 좋은 편이 아니다. 옳고 그른 것을 분명하게 가르치고, 스스로 올바른 행동을 보이도록 노력할 것.

★ 가능하면 고향을 떠나 타향에서, 또한 형제들과 떨어져 혼자서 생활하는 것이 좋다. 복을 타고났다는 것은 남을 도와줄 운세라는 뜻. 베풀고 살면서 가정만 잘 지켜나간다면 흠잡을 데가 없는 운세다.

월역성

[月驛星]

★ 월역성이란 월천역(月天驛)이라고도 하며, 생월에 역성(驛星: 바삐 움직이는 별)이 자리를 잡고 있다는 뜻으로, 이곳저곳을 돌아다니며 많은 경험을 쌓은 뒤에야 비로소 성공할 운세라고 본다.

★ 해가 뜨기도 전에 일어나 집을 나서면 자정이 지나서야 돌아올 정도로 바쁘게 돌아다닐 운세. 세상 경험이 풍부해지고 인생에 대한 희로애락을 빠짐없이 겪게 될 것이다.

★ 친구를 사귈 때 골라서 사귈 것. 허울만 친구라고 내세우고 행동이 올바르지 못한 친구는 오히려 원수만도 못하다. 내게만 잘한다고 친구가 아니니 그 점에 특히 신경을 쓸 것.

★ 재치가 뛰어나 사람을 잘 사귀지만 쉽게 헤어지고, 많은 일에 손을 대 보지만 집중력과 끈기가 부족해서 한 가지도 제대로 이루어내는 일이 없다.

★ 찾아다니며 도와주었던 친구들이 내가 어려울 때는 등을 돌린다. 그것을 인덕이 없기 때문이라고 한탄하지 말 것. 인덕은 자기가 할 탓이다. 자신의 잘못이 무엇인지 반성하고 변함없이 그들을 대한다면 중년에 들어서서 큰 도움을 받게 될 것이다.

★ 인정이 많아서 남의 일에 발 벗고 나서는 일이 많고 객지를 떠돌아다니다 보면 말재주만 늘어서 이성 문제가 복잡하다. 인정을 베풀 때는 기준을 세워서 행하고 이성을 사귈 때는 결혼을 염두에 두어야 뒤탈이 없다.

★ 중년 이후에는 화목한 가정과 풍부한 금전운에 둘러싸이게 되어 과거의 고통을 추억으로 웃어넘길 수 있을 것이다. 단, 경험이 풍부하다고 해서 아는 척하고 나서지는 말 것. 그것은 화를 초래할 뿐이다. 겸손이 약이다. 벼는 익을수록 머리를 숙이는 법이다.

월고성

[月孤星]

★ 월고성이란 월천고(月天孤)라고도 하며 생월에 고성(孤星 : 고독한 별)이 자리를 잡고 있다는 뜻으로 인간관계에서의 인연이 박한 운세라고 본다.

★ 철학적인 사상이 또래보다 늘 앞서가기 때문에 남들의 눈에는 늘 공상만 하는 사람처럼 보이고, 자신의 입장에서는 부귀공명과 희로애락이 모두 쓰잘데없는 것으로 비친다.

★ 부모와의 뜻이 맞지 않고 형제들과 의견이 대립되니 일찍부터 독자적인 길을 찾아 허무한 삶을 보낼 운세다.

★ 외로움이 사무치면 생각나는 건 이성이다. 이성운은 좋은 편이지만 철학자 같은 성격 때문에 오래 지속하기는 어렵다.

★ 모든 사람의 단점만 보이고 내 뜻을 내세우면 미친 사람 취급을 하니, 이런 외로움은 다시 겪기 어렵다. 하지만 그건 모두

대쪽 같고 정의로운 내 성격 때문인 것일지니, 세상살이는 양심만으로 헤쳐나갈 수 없다는 걸 인정하고 이해하는 마음이 필요하다.

★ 고독을 즐기고 주색을 가까이하는 탓에 부부 관계도 원만하지 못해 다툼이 자주 생긴다. 가까이 있는 것을 보지 않고 멀리 있는 것만 찾기 때문에 스스로 행복을 발견하지 못하고 있는 것. 사람들의 장점을 보도록 노력하고 내 주위의 웃음꽃을 찾도록 시야를 넓게 가져라.

★ 인정 많고 도량이 커서 불쌍한 사람을 감싸주다 보니 그것이 덕이 되어 중년 이후에는 모든 사람이 덕을 칭찬하고 사람됨을 존경하게 된다. 학문을 닦아 지식을 쌓아 두면 인생살이의 상담자로서 훌륭한 인격체가 될 것이다. 초년의 고생을 즐거움으로 생각하고 긍정적으로 세상을 보도록 노력할 것.

월인성

[月刃星]

★ 월인성이란 월천인(月天刃)이라고도 하며 생월에 인성(刃星 : 정의로운 별)이 자리를 잡고 있다는 뜻으로 고집스런 성격 때문에 다툼이 많을 운세라고 본다.

★ 성품은 온화한데 워낙 급하기 때문에 의사전달에 앞서 다투기부터 하는 단점이 있다. 이로 인해 초년에 몸에 흉터가 생길 수 있으며 그렇지 않을 경우, 몸이 허약해서 잔병치레가 많을 것이다.

★ 용두사미 격으로 시작은 좋은데 마무리가 좋지 않아 늘 일을 벌여만 놓고 제대로 수습을 하지 못하기 때문에 주위 사람들로부터 실없는 사람이라는 말을 듣게 되고 경계의 대상이 된다.

★ 이성을 얕잡아 보고 사람을 무시하니 가는 곳마다 언쟁이고 만나면 다툼이다. 자기의 자존심만 내세우려다가 사람들을 잃

게 될까 걱정이다. 인내가 최우선이다. 귀를 기울여 조언을 경청하고 남을 높여 주는 겸손함을 길러야 초년에 사람을 잃지 않을 수 있다.

★ 남의 일에 간섭하지 마라. 추진력과 의지가 강해서 중년에 접어들면 큰일을 해낼 것이다.

★ 직장생활은 맞지 않는다. 투쟁심이 강해서 상사와의 다툼이 많으니 가능하면 내 사업을 하는 것이 좋고 공무원이라면 나쁘지 않다.

★ 결혼은 될 수 있으면 늦게 하는 것이 좋다. 이성에게 인기가 있는 운세라 초년부터 구설이 끊이지 않겠으니 그 시기를 넘기고 자제심을 기른 뒤인 중년에 결혼을 한다면 좋은 배우자를 만나게 될 것이다.

월예성

[月藝星]

★ 월예성이란 월천예(月天藝)라고도 하며 생월에 예성(藝星 :재
주와 기예가 뛰어난 별)이 자리를 잡고 있다는 뜻으로 예술 방
면의 소질이 풍부한 운세라고 본다.

★ 천성적으로 감각이 뛰어나 예술적인 자질이 풍부하다. 음악,
미술, 무용 등 못 하는 것이 없으니 어렸을 때부터 주위의 관심
대상이 될 것이다. 그러나 팔방미인은 뚜렷한 재주가 없는 법.
일찍부터 길을 분명히 정해 놓고 목적을 위해 최선의 노력을
다하는 것이 좋다. 예술 분야라면 대성할 수가 있다.

★ 이상이 높아서 현실을 등한시할 수 있으니 그야말로 이상적·
현실적 감각을 잘 조화시켜 중용을 지켜나가는 방법을 몸에 익
히도록 할 것.

★ 성격이 활발하고 대인관계가 좋아서 대중의 우상이 될 운세
이니 쓸데없는 일에 시간을 버리지 말고 자신의 능력개발에 힘

쓰도록 하라. 복록은 저절로 일어나게 된다.

★ 초년에는 붙박이가 되지 못하고 이리저리 떠돌아다닐 운세이다. 이성 관계도 좋은 편이지만 육체적 쾌락보다는 감성적 쾌락을 즐기는 탓에 상대방이 쉽게 지치게 된다. 남녀 간의 사랑은 정신만으로 이루어지는 것이 아니다. 좀 더 현실적인 관계를 꾸려나갈 수 있도록 노력하면 행복이 가중될 것이다.

★ 부부간에 이별수가 있다. 첫 배우자가 가장 잘 어울리는 인생의 반려자다. 쓸데없이 공상에 젖지 말고 하늘이 내린 인연을 소중하게 생각할 것.

★ 예술적 재능이 현실과는 조화를 이루지 못해 가끔 비판적인 사고방식에 젖을 우려가 있다. 그러나 금전운이 함께 있기 때문에 평생 먹을 걱정은 하지 않을 운세이다.

월수성

[月壽星]

★ 월수성이란 월천수(月天壽)라고도 하며 생월에 수성(壽星 : 우러름의 대상인 별)이 자리를 잡고 있다는 뜻으로 말년에 존경의 대상이 될 운세라고 본다.

★ 집과는 인연이 없다. 희로애락의 감정에 얽매이는 것보다는 이상향을 찾아 특이한 생활을 하게 되며 예술이나 종교적 분야에 많은 관심을 보인다.

★ 스스로 고난과 역경을 찾아다니며 이상을 이루기 위해 많은 노력을 하게 되지만 결국 그것이 현실 속에서 찾아야 하는 단계적 이상임을 깨닫게 되기에, 중년에 들어서서야 안정을 찾게 된다.

★ 초년의 고생은 중년의 행복을 가져다주는 법이다. 가만히 있어도 남들이 존경하는 위치에 앉게 되고 인생살이를 꿰뚫는 안목이 있으니 종교인이나 교육자로 나서면 대성할 운세이다.

★ 세상의 이치나 인생살이는 달관했는데 더 이상 무슨 욕심이 필요하며 다툼이나 분쟁은 왜 일으키겠는가. 사람들을 위해 봉사하고 헌신하니 중년 후기에 이르러 거의 완성된 인격체로서 모든 사람의 우러름의 대상이 될 것이다.

★ 가정은 화목하고 배우자 또한 지적으로 뛰어난 사람이라 부부의 뜻이 맞아 다툼이 없을 것이며, 자식 또한 부모의 행동을 본받아 옳은 일을 찾아서 하니 금전적으로 풍요롭지는 못해도 남부러울 것이 없을 것이다.

★ 베푸는 자는 자존심을 내세우지 않는 법이고, 종교인이나 교육자는 금전을 앞세우지 않는 법이니, 덕으로 사람들을 이끌면 이름을 크게 떨칠 것이다.

3. 생일로 보는 운세

생일로는 중년과 장년의 운세를 본다. 초·중년의 운세와 마찬가지로 이 또한 다른 운세와 잘 비교해 가면서 찬찬히 살펴보도록 한다.

몇 가지의 예를 들어보기로 하자.

초·중년의 운세가 월귀성이고 생일이 음력 16일이라면 당신은 일파성에 해당하는 것이고, 초·중년의 운세가 월권성이고 생일이 음력 29일이라면 당신은 일복성에 해당하는 것이며, 초·중년의 운세가 월액성이고 생일이 음력 18일이라면 당신 또한 일복성에 해당하는 것이다. 또한, 초·중년의 운세가 월역성이고 생일이 음력 22일이라면 당신은 일간성에 해당하는 것이며, 초·중년의 운세가 월수성이고 생일이 음력 11일이라면 당신은 일인성에 해당하는 것이고, 초·중년의 운세가 월예성이고 생일이 음력 20일이라면 당신은 일문성에 해당하며, 초·중년의 운세가 월복성이고 생일이 음력 30일이라면 당신은 일수성에 해당하는 것이다.

이런 식으로 자신의 별을 찾아 중·장년의 운세를 살펴보기로 하자.

중·장년 운세표

초중년운세 / 중장년운세 생일	貴星(월귀성)	厄星(월액성)	權星(월권성)	破星(월파성)	奸星(월간성)	文星(월문성)	福星(월복성)	驛星(월역성)	孤星(월고성)	刃星(월인성)	藝星(월예성)	壽星(월수성)
일귀성 (日貴星)	1 13 25	12 24	11 23	10 22	9 21	8 20	7 19	6 18 30	5 17 29	4 16 28	3 15 27	2 14 26
일액성 (日厄星)	2 14 26	1 13 25	12 24	11 23	10 22	9 21	8 20	7 19	6 18 30	5 17 29	4 16 28	3 15 27
일권성 (日權星)	3 15 27	2 14 26	1 13 25	12 24	11 23	10 22	9 21	8 20	7 19	6 18 30	5 17 29	4 16 28
일파성 (日破星)	4 16 28	3 15 27	2 14 26	1 13 25	12 24	11 23	10 22	9 21	8 20	7 19	6 18 30	5 17 29
일간성 (日奸星)	5 17 29	4 16 28	3 15 27	2 14 26	1 13 25	12 24	11 23	10 22	9 21	8 20	7 19	6 18 30
일문성 (日文星)	6 18 30	5 17 29	4 16 28	3 15 27	2 14 26	1 13 25	12 24	11 23	10 22	9 21	8 20	7 19
일복성 (日福星)	7 19	6 18 30	5 17 29	4 16 28	3 15 27	2 14 26	1 13 25	12 24	11 23	10 22	9 21	8 20
일역성 (日驛星)	8 20	7 19	6 18 30	5 17 29	4 16 28	3 15 27	2 14 26	1 13 25	12 24	11 23	10 22	9 21
일고성 (日孤星)	9 21	8 20	7 19	6 18 30	5 17 29	4 16 28	3 15 27	2 14 26	1 13 25	12 24	11 23	10 22
일인성 (日刃星)	10 22	9 21	8 20	7 19	6 18 30	5 17 29	4 16 28	3 15 27	2 14 26	1 13 25	12 24	11 23
일예성 (日藝星)	11 23	10 22	9 21	8 20	7 19	6 18 30	5 17 29	4 16 28	3 15 27	2 14 26	1 13 25	12 24
일수성 (日壽星)	12 24	11 23	10 22	9 21	8 20	7 19	6 18 30	5 17 29	4 16 28	3 15 27	2 14 26	1 13 25

일귀성

[日貴星]

★ 일귀성이란 천귀성(天貴星)이라고도 하며 생일에 귀성(貴星)이 자리 잡고 있다는 뜻으로 중년에 이르러 사람이 귀하게 될 운세라고 본다.

★ 재물이 그득하고 사람이 귀하니 만사에 부족함이 없고 명성이 드높다. 그러나 부부 사이에 건강 문제가 대두되어 몸이 허약해지는 것이 두렵다.

★ 남달리 재주가 뛰어나고 초년의 인생 경험이 좋은 밑바탕이 되어 자수성가하였으니 장사를 했다면 큰돈을 만지게 되고 공직에 있었다면 높은 자리에 앉게 되어 모든 사람의 존경을 받는다.

★ 초년에 도와주었던 사람들이 꼬리를 물고 찾아와 그 은혜를 보답하려 하고 남을 위해 봉사했던 행실이 빛을 보아 주위로부터 존경하는 목소리가 끊이지 않는다.

★ 예술적 재능이 빛을 보지 못하다가 중년에 이르러 그 빛을 드러내니 예술 쪽으로 재능을 보이기 시작한다.

★ 건강을 유지하는 것은 인생에서 가장 중요한 문제다. 부러울 것이 없는 환경을 만들어 놓았더라도 건강을 잃게 되면 헛된 상념에 지나지 않는 것. 이제 쉰다는 기분으로 육체적 건강은 물론, 정신건강에도 신경을 써서 풍요로운 삶을 더욱 풍요롭게 다질 수 있도록 노력할 것.

★ 가정의 화목도 매우 중요한 일이다. 그동안 뒷받침을 해 주었던 배우자를 위해 많은 시간을 할애하여 기쁨을 줄 수 있도록 노력하고 자식들의 앞날을 위해 대비해 두는 자세를 기르도록 할 것.

★ 베푸는 것에는 끝이 없다. 자식이 행복해지기를 바란다면 주위의 어려운 사람들을 위해 아낌없이 베풀도록 하라.

일액성
[日厄星]

★ 일액성이란 천액성(天厄星)이라고도 하며 생일에 액성(厄星)이
자리를 잡고 있다는 뜻으로 중년에 신액(身厄 : 질병)을 조심해야
할 운세라고 본다.

★ 초년에 공직생활을 했다면 큰 빛을 보게 될 것이다. 사람됨
이 정직하고 사심이 없으니 모범 공직자가 아닐 수 없다. 중년
에 이르러 그 인생이 평가를 받게 되니 복이 굴러들어오고 기
쁨이 넘친다.

★ 자수성가할 운세에 남의 윗자리에 서서 빛을 보기는 하지만
바람 잘 날이 없는 탓에 끊임없이 구설수에 오르내리게 되고
모함을 받게 될 것이다. 그러나 그것도 한때의 풍파로 여기고
계속해서 덕을 베풀도록 하라. 공직에 있는 한 순조로운 인생을
보낼 수 있다.

★ 중년 초기에 겪은 고초가 중반기를 넘어서면서 빛을 발하여

사방에서 도움의 손길을 뻗치게 되니 부귀와 공명은 얻어도 몸이 견디지 못한다. 건강에 주의하고 부부 관계에 신경을 쓰지 않으면 말년운에서 병약함이 두렵다.

★ 부모·형제와의 인연은 두텁지 않은 편이다. 가능하다면 멀리 떨어져 살되 부모의 은공과 형제의 사랑을 갚는 일을 게을리하지 말 것. 다만 친척 간의 다툼이나 분쟁에는 나서거나 참견하지 않는 것이 좋다.

★ 자식이 성장하여 속을 썩이더라도 한때의 반항으로 여기고 옳은 행동을 가르치고 보여 주도록 하라. 사회생활에만 몰두한 자신의 탓이니 앞으로 가정에 좀 더 충실하도록 하면 말년에도 편안히 지낼 수 있다.

일권성

[日權星]

★ 일권성이란 천권성(天權星)이라고도 하며 생일에 권성(權星)이 자리 잡고 있다는 뜻으로 중년에 이르러 권세를 누리게 될 운세라고 본다.

★ 문무를 겸비한 인재가 출세를 거듭하여 사방에 권세를 떨치게 되니 무엇이 두려우랴. 모든 사람의 존경의 대상이 되어 타고난 지모와 정의감으로 은혜를 베풀고 부하를 다스리니 날이 갈수록 위풍이 당당해진다.

★ 풍선에 공기는 주입되는데 빠져나갈 구멍이 없으면 결국은 터지게 되는 법. 복록과 권세가 찾아와 나는 행복하지만, 주위의 애절함을 돌보고 베풀지 않으면 그것이 모함과 구설로 이어지게 된다. 들어오는 것의 절반은 남을 위해 베풀어야 한다고 여기고 늘 봉사하는 마음을 아끼지 않으면 중년의 복운이 말년으로 이어질 것이다.

★ 권세가 좋으니 주색을 가까이하지 않을 수 없고 주색을 가까이하다 보니 가정을 소홀히 하지 않을 수 없다. 배우자에게 행복을 안겨주는 건 금전이나 권력이 아닌 바로 당신의 애정이다. 말년에 이르러 마음을 의지할 사람은 배우자밖에 없다. 가정에 신경을 써서 화목한 가정을 꾸리도록 힘쓰고 자식 교육에도 남들보다 두 배 이상 신경 써서 명예를 더럽히지 않도록 하라.

★ 권불십년(權不十年)이라고 했다. 지금 누리는 권세는 앞으로 길게 가야 10년이다. 내가 힘이 떨어지면 보잘것없는 사람에게도 무시를 당할 수 있으니 믿을 만한 친구를 사귀는 데 최선을 다하고 가난한 자를 도와 말년의 벗으로 삼도록 하라. 인격이 갖추어져 있는 당신은 덕만 쌓는다면 부러울 것 없는 인생을 보낼 수 있다.

일파성

[日破星]

★일파성이란 천파성(天破星)이라고도 하며 생일에 파성(破星)이 자리를 잡고 있다는 뜻으로 주고도 받지 못하는 삶이지만 나름 대로 보람을 느끼며 살아갈 운세라고 본다.

★초년에 이미 겪어 볼 것은 모두 겪어 보았기 때문에 어떤 어려움과 고통이 있어도 이겨 낼 수 있는 힘이 배양되어 있다. 재물에도 깊은 관심이 없고 세상살이에도 애달캐달하지 않으니 남이 보기에는 힘들고 고통스런 삶을 살아가는 것 같아도 나 자신은 이미 세파를 초월했기에 인생을 달관한 듯 거듭나기에 주력하게 된다.

★덕을 베풀어도 구설수에 오르고 어려운 사람을 도와주어도 더 도와주지 않는다고 원망을 들으니 사람이 싫기가 더 이상 비길 데가 없다. 바삐 뛰어다니며 이것저것 손대어 보아도 들어온 재물은 쉽게 나가고 사람은 내 편을 만들기 어렵다.

★ 뛰어난 감각을 살려 유행을 타는 업종에서 일한다면 큰돈을 만질 수 있고 장사를 하게 되면 금전 관리를 배우자에게 맡겨야 축재할 수 있다. 무슨 일이든 시기가 있는 법, 서두르지 말고 확실한 계획을 세운 뒤에 실행에 옮기는 게 좋다.

★ 이상적인 사람을 생각하지 말고 현실적인 사람을 이해하는 데 힘쓰면 더불어 사는 사회의 구성원으로서 인기도 얻을 수 있고 재물도 모을 수 있다. 마음을 비우고 사랑을 쌓도록 노력할 것.

★ 아무리 어려운 고난이 닥쳐도 묵묵히 자기의 일을 완수하며 살아가는 모습이 마침내 인정받게 되어 많은 사람이 도움의 손길을 뻗쳐 오고 존경을 하게 되니 말년의 운세는 꽃이 피었다고 말할 수 있다.

일간성

[日奸星]

★ 일간성이란 천간성(天奸星)이라고도 하며 생일에 간성(奸星)이 자리를 잡고 있다는 뜻으로 빠른 두뇌와 뛰어난 재주로 중년을 슬기롭게 넘길 운세라고 본다.

★ 장사를 했으면 재물을, 공직에 있었다면 권세를, 직장인이라면 높은 지위에 오를 운세다.

★ 재주가 뛰어나고 인정이 많아 사람들에게 사랑을 받는다. 다만 고집스럽고 욱하는 성격이 공든 탑을 무너뜨릴 수 있으니 자제력을 기르도록 노력할 것.

★ 중년에 이르러 부귀공명을 양손에 쥐게 될 운명이다. 쓸데없이 이것저것 손대지 말고 한 가지 일에 전념할 것이며 주위에서 도움을 청하는 사람이 있으면 사심 없이 도와줄 것.

★ 생일에 간성이 깃들어 있어 두뇌 회전이 빠르기는 하지만 간

교한 말 때문에 일을 그르칠 수 있다. 누구를 대하든지 정직하고 진실한 모습을 보이도록 노력해서 덕망 있는 사람이 되도록 힘쓸 것.

★ 가정이 평탄치 않아 고독을 느낄 수 있다. 이것은 바쁜 사회생활 탓이니 가정에 좀 더 신경을 쓰도록 하고 가족에게 헌신적인 모습을 보이도록 하라.

★ 횡재수가 있어서 뜻밖의 재물이 들어오면 그것을 주체하지 못해 일을 확장하거나 낭비를 하게 된다. 그런 짓을 피할 것. 뜻하지 않은 재물은 남을 도우라고 생기는 것이다. 내가 어려울 때를 대비해서 선을 베풀도록 하고 사람을 사귀는 데 진심을 다하면 말년에 복록을 누릴 것이다.

일문성

[日文星]

★ 일문성이란 천문성(天文星)이라고도 하며 생일에 문성(文星)이 자리를 잡고 있다는 뜻으로 문학 쪽에서 크게 성공할 운세라고 본다.

★ 학문에 대한 의욕이 왕성하고 지식을 쌓는 일에 게을리하지 않으니 누구나 존경을 하게 되고 많은 사람들의 귀감이 될 것이다.

★ 문학·예술적 소질이 뛰어나 중년에 큰 인물이 될 수 있지만 자기의 주장과 고집을 지나치게 내세우게 되면 주위의 모함과 시기의 대상이 될 수 있으니 조언에 귀를 기울이는 한편, 자신의 장점을 드러내놓고 자랑하지 말 것.

★ 공직자나 교육자나, 문학가라면 더 이상 좋은 일이 없지만, 상업이나 금전과 관련된 일을 해왔다면 늘 책을 곁에 두고 마음을 수양해야 큰 인물이 될 수 있다.

★ 재주가 다양해서 대중을 위해 헌신적으로 일한다면 명예와 부를 모두 얻을 수 있다.

★ 배우자 덕이 좋아서 멋진 인연과 짝이 되겠지만 지나치게 바깥일에 신경을 쓰다 가족을 돌보는 일에 소홀해질 수 있다. 부부 관계에 신경을 써서 가정을 화목하게 이끌어가는 가장이 될 수 있도록 노력할 것.

★ 주거지가 불안정해서 약간의 고생이 뒤따를 것이며 몸이 허약해서 병원 출입이 빈번하지만, 그것은 한때의 풍파에 지나지 않는다. 시기가 지나면 안정된 생활 속에서 편안한 중년을 보내게 될 것이다.

★ 사회적으로 부와 명성을 얻게 되니 말년 운세를 앞두고 더 이상 좋을 수가 없다.

일복성

[日福星]

★ 일복성이란 천복성(天福星)이라고도 하며, 생일에 복성(福星)이 자리를 잡고 있다는 뜻으로 하늘의 복을 타고난 운세라고 본다.

★ 지금까지 베풀었던 공덕이 열매를 맺어서 사방에서 도움의 손길이 뻗쳐 오니 태평성세가 이보다 더 좋을 수 없다.

★ 초년기에 등을 돌리고 있던 사람들도 내 주위로 모여들어 앞다투어 뒤를 밀어주려 하고 수하가 되려고 애쓴다. 만약 공직에 있다면 큰 명예를 얻게 될 것이고 사업이나 장사를 하고 있다면 천금을 쥐고 희롱할 재벌의 운세다.

★ 바쁜 생활 속에서 건강을 잃을까 염려되고, 많은 사람들을 상대하다 보니 시기와 구설수에 휘말리게 되기가 쉽다. 자식을 크게 만들기 위해 노력하지만, 복록은 스스로 타고나는 법. 내 뜻대로 따라주지 않는다고 탓하지 마라. 지나친 요구는 오히려

자식의 앞날을 가로막는 장해물이 될 수 있다. 너그럽고 인자한 부모가 될 수 있도록 노력할 것.

★ 부부 관계에는 약간의 문제가 발생할 수 있으나 지나가는 바람 격이니 신경 쓸 것이 못 된다. 다만, 형제·친척과의 인연이 좋지 못해서 아무리 공을 들여도 알아주는 이가 없으니 그게 흠이다.

★ 초년의 객지 생활과 몇 번의 고비가 중년에 이르러 성공의 밑거름이 되고 말년에 이르러 인생에 대한 달관자적 입장에서 사물을 대할 수 있게 해 주니 말년으로 갈수록 좋아지는 운세다. 성실한 모습으로 생활에 임하며 가난하고 병든 자들을 도와 덕 있는 군자라는 말을 들을 수 있도록 선을 베풀 것.

일역성

[日驛星]

★ 일역성이란 천역성(天驛星)이라고도 하며 생일에 역성(驛星)이 자리를 잡고 있다는 뜻으로 바삐 움직이는 일을 해야 재물을 모을 수 있는 운세라고 본다.

★ 재물운이 있어서 가는 곳마다 돈이 들어오지만 한곳에 가만히 앉아 있어서는 돈을 만지기 어렵다.

★ 직업이 터를 잡고 앉아 있는 일, 즉 사무직이나 공무원이라면 큰돈을 만지기는 어렵고 영업직이나 무역업에 종사한다면 중년에 이르러 사방으로 돌아다니며 돈을 긁어모을 수 있다고 본다.

★ 일운(日運)에 역마살이 있는 격이니 타향·객지나 외국으로 떠돌아다녀야 운을 맞이할 수 있다. 그러나 들어오는 것만큼 나가는 것도 많으니 손재와 구설을 조심할 것.

★ 역마운은 형제·친척과의 인연이 적으니 그들에게 보답을 기대하지 말 것이며 가정을 돌보지 못하는 자신을 깨닫고 배우자와 자식에게 항상 감사하는 마음을 갖도록 노력하라.

★ 이곳저곳을 떠돌아다니며 금전운은 좋다지만 이성운 또한 굴곡이 심해서 늘 세파에 시달리게 된다. 정을 주는 것도 좋지만 일시적인 것으로 끝낼 것이며 가정의 배우자를 버리고 외부의 정에 이끌리는 어리석은 행동은 저지르지 말 것. 만약 배우자와 헤어지게 되면 말년에 의지할 곳 없는 외톨이가 되어 버린다.

★ 인생이란 사람의 입김 속에서 사는 것. 주위에 있는 사람들에게 늘 감사하는 마음을 가지고 언행에 조심해야 명예도 얻을 수 있다.

일고성

[日孤星]

★ 일고성이란 천고성(天孤星)이라고도 하며 생일에 고성(孤星)이 자리를 잡고 있다는 뜻으로, 대체로 고독을 즐기는 운세라고 본다.

★ 자존심이 강하고 의지도 지나치게 강하다 보니 주위 사람들이 쉽게 접근하지 않아 외로움에 젖어 살지만, 원래가 스스로의 노력으로 인생을 깨우쳐 온 사람이기 때문에 외로움 자체를 즐거움으로 여긴다.

★ 지혜와 재주가 뛰어나 사람들이 걱정거리가 생기면 상담을 하려고 모여든다. 그러나 그들을 도와주어도 덕을 보기 어려우니 현실과 이상 사이에서 옳고 그른 것을 판단하기 위해 세월을 낭비한다.

★ 노력에 비해 결과가 적고 심란한 마음에 몸은 허약하며 변화가 많고 재물이 흐트러지는 운세라 마음이 공허하다. 그러나 세

상살이를 달관한 탓에 굳이 사리사욕에 얽매이려 하지 않으니 가히 군자의 상이요, 철학가의 상이다.

★ 종교 계통에 있다면 대성할 것이고 만약 일반 직장인이라면 반드시 종교 쪽의 일에 헌신하게 될 것이다.

★ 주위 사람들의 어려움을 해결해 주는 해결사 같은 인생이니 사람을 상대로 인생을 상담해 주는 분야로 나서면 가장 좋고, 육친과의 인연이 적으니 가능하면 그들에게 봉사하는 마음으로 살아야 가정이 화목할 수 있다.

★ 중년을 넘기면서 깊은 사고력과 넓은 이해심이 밑거름되어 많은 사람이 그 덕을 칭송하니 드러나지 않는 왕좌에 앉게 될 것이다.

일인성

[日刃星]

★ 일인성이란 천인성(天刃星)이라고도 하며 생일에 인성(刃星)이 자리를 잡고 있다는 뜻으로 정의로운 생활로 복을 맞이할 운세라고 본다.

★ 의리가 있고 강자에게는 강하고 약자에게는 약한, 정의감으로 이루어진 사람으로 고향을 떠나 객지에서 큰돈을 만질 수 있다.

★ 자비로운 성품에 약자를 도와 앞장서서 강자와 맞서니 대중의 우상이고 지도자의 자질이다. 그러나 지도자는 고독한 법. 능력과 지혜가 출중하지만 많은 사람의 뒤를 돌보아 주다 보니 자신은 파란 많은 인생을 보내게 된다.

★ 가정을 등한시하지 말 것. 남의 뒤를 돌보아 주면서 자신의 가정을 등한시한다는 것은 대중의 우상은 될 수 있어도 자기의 앞가림은 하지 못하는 격으로 수신제가도 못 하는 위인이 치국

평천하를 꾀하는 것과 같다. 아예 가정을 갖지 말든가 그렇지 않다면 가정과 사회를 동일시하는 의식을 기르도록 노력해야 말년에 후회하지 않고 살 수 있다.

★ 정치가라면 중년 이후에 대성할 상이지만 사업가라면 허울만 좋을 뿐 돈은 만지기 어렵고 공직자라면 청렴결백한 관리이지만 집안에 끼니가 없을 정도로 가정을 돌볼 능력이 없는 사람이다.

★ 이것저것에 손대지 않고 한 가지 일만 꾸준히 계속한다면 마침내 헌신적인 인품이 빛을 보아 만인의 존경의 대상이 될 것이다.

일예성

[日藝星]

★ 일예성이란 천예성(天藝星)이라고도 하며 생일에 예성(藝星)이 자리를 잡고 있다는 뜻으로 뛰어난 재주로 중년에 빛을 볼 운세다.

★ 예술 방면의 타고난 재능이 발전에 발전을 거듭하여, 중년에 이르러 유명한 예술가가 되거나 한 직종에서 선두주자가 될 운세이다.

★ 예술가는 초년에 고생하는 것이 보통이다. 그러나 한번 빛을 발하면 그 빛이 쉽게 꺼지지 않는 법. 기술이나 예술 방면의 일을 하고 있다면 포기하지 말고 꾸준히 노력하여 큰 인물이 되도록 할 것. 만약 공직에 있거나 일반 직장인이라면 상당한 인기인일 것이다.

★ 시간은 금이다. 쓸데없이 이것저것 손을 대 시간 낭비하지 말고 느긋한 마음으로 한 가지 일에 전념한다면 반드시 대성할

수 있다.

★ 이성운이 복잡해서 주위가 산만하다. 이성을 보기를 예술가적 안목으로 보기 때문에 모두가 사랑스럽고 나름대로 가치가 있다고 여기는 것은 좋지만, 그 가치에 빠져 헤어나지 못하다 보면 가정을 소홀히 하기 쉽다. 각각 다른 사람에게서 한 가지씩의 가치를 찾는 것도 중요하지만 한 사람이 가지고 있는 가치를 모두 발견해 내는 것도 그에 못지않은 중요한 일이다. 자신의 배우자가 지니고 있는 가치가 무엇인지 그것부터 발견하여 개발해 주는 것이 진정한 예술가가 아닐까.

★ 감수성에 얽매여 지나친 이상만을 추구하지 말고 현실 속에서 유토피아를 찾을 수 있도록 노력할 것.

일수성

[日壽星]

★ 일수성이란 천수성(天壽星)이라고도 하며 생일에 수성(壽星)이 자리를 잡고 있다는 뜻으로 정직한 인품으로 존경의 대상이 될 운세라고 본다.

★ 공적인 일과 사적인 일의 판단과 처리가 분명하고 인품이 정직해서 공직자라면 귀감이 될 수 있는 인물이지만 장사나 사업은 맞지 않다.

★ 주관이 너무 뚜렷해서 자칫 고집으로 보일 수 있기 때문에 주위로부터 질투의 대상이 될 여지가 있다. 주위의 목소리에도 귀를 기울이도록.

★ 딱딱한 말투와 행동이 이성 간에는 오히려 악영향을 끼쳐 고독할 운세다. 부드러운 행동으로 누구를 대하든 솔직한 감정이 엿보이도록 행동하는 것이 좋다.

★ 자존심을 꺾고 헌신적인 자세를 유지한다면 사업이나 장사도 그다지 나쁜 직업은 아니다. 부업을 경영하는 것도 괜찮고 직장생활도 좋은데, 다만 지나치게 곧은 성격이 문제가 되어 시비구설이 빈번하니 이 점에 신경을 쓸 것.

★ 새옹지마와 같은 변화무쌍한 인생을 단편적인 말로 결론을 내리려 한다면 당연히 고민이 따를 것이다. 각자의 인생살이를 내 잣대로 재려 하지 말고 그들의 개성을 존중하여 내가 그 잣대에 맞출 수 있도록 노력한다면 그동안에 쌓은 신용이 밑천이 되어 중년 이후에는 신임이 두터운 믿음직한 사회의 일꾼으로 자리를 잡게 될 것이다.

★ 부부 관계는 공적인 일이 아니다. 배우자를 감싸주는 마음을 길러 가정의 화목에도 힘쓸 것.

4. 생시로 보는 운세

여기에서는 생월의 운세를 토대로 생시(生時 : 태어난 시간)를 대입시켜 말년운과 총운을 알아보자. 일반적으로 말년운을 보기 위한 것이지만 총운을 보는 자료로도 삼고 있음을 참조하자. 우선 자신의 생시를 아는 방법은 다음과 같다.

- 자시(子時) : 오후 11시 ~ 오전 1시
- 축시(丑時) : 오전 1시 ~ 오전 3시
- 인시(寅時) : 오전 3시 ~ 오전 5시
- 묘시(卯時) : 오전 5시 ~ 오전 7시
- 진시(辰時) : 오전 7시 ~ 오전 9시
- 사시(巳時) : 오전 9시 ~ 오전 11시
- 오시(午時) : 오전 11시 ~ 오후 1시
- 미시(未時) : 오후 1시 ~ 오후 3시
- 신시(申時) : 오후 3시 ~ 오후 5시
- 유시(酉時) : 오후 5시 ~ 오후 7시
- 술시(戌時) : 오후 7시 ~ 오후 9시
- 해시(亥時) : 오후 9시 ~ 오후 11시

이것으로 자신의 생시에 해당하는 지지를 찾은 다음에 <말년 운세표>에서 자신의 말년 운세에 해당하는 별을 찾는 것이다. 만약 중장년의 운세가 일권성이고 태어난 시가 축시(丑時)라면 사파성이 되는 것이고, 중장년의 운세가 일수성이고 태어난 시가 해시(亥時)라면 말년운은 시예성이 되는 것이다.

말년 운세표

말년 운세 / 생시	일귀성(日貴星)	일액성(日厄星)	일권성(日權星)	일파성(日破星)	일간성(日奸星)	일문성(日文星)	일복성(日福星)	일역성(日驛星)	일고성(日孤星)	일인성(日刃星)	일예성(日藝星)	일수성(日壽星)
시귀성(時貴星)	자	해	술	유	신	미	오	사	진	묘	인	축
시액성(時厄星)	축	자	해	술	유	신	미	오	사	진	묘	인
시권성(時權星)	인	축	자	해	술	유	신	미	오	사	진	묘
시파성(時破星)	묘	인	축	자	해	술	유	신	미	오	사	진
시간성(時奸星)	진	묘	인	축	자	해	술	유	신	미	오	사
시문성(時文星)	사	진	묘	인	축	자	해	술	유	신	미	오
시복성(時福星)	오	사	진	묘	인	축	자	해	술	유	신	미
시역성(時驛星)	미	오	사	진	묘	인	축	자	해	술	유	신
시고성(時孤星)	신	미	오	사	진	묘	인	축	자	해	술	유
시인성(時刃星)	유	신	미	오	사	진	묘	인	축	자	해	술
시예성(時藝星)	술	유	신	미	오	사	진	묘	인	축	자	해
시수성(時壽星)	해	술	유	신	미	오	사	진	묘	인	축	자

시귀성

[時貴星]

★ 말년에 이르러 귀성(貴星)이 들었으니 지금까지 살아온 인생이 모두 추억거리가 될 수 있을 정도로 풍요로운 삶을 누릴 수 있다.

★ 어진 마음에 착한 성품이 지혜와 더불어 빛을 발하는 격이라 집안에는 재물과 웃음이 가득하고 밖으로는 명예와 신임이 하늘 높은 줄 모르고 치솟아 오르기만 한다.

★ 부귀공명은 덧없는 허상. 오히려 내 한 몸 편히 쉴 수 있는 단란한 가정이 그립구나. 그동안 제대로 돌보지 못한 가족의 마음에 쌓여 있는 굶주린 정을 풀어 줄 수 있는 사람은 당신뿐이다. 이제 가정에 신경을 써서 편안한 인생을 보내도록 할 것.

★ 먹고살 만한 여유 있는 생활을 하다 보니 여기저기에서 도움을 청하는 손길이 줄을 잇는다. 하지만 옳고 그름을 가려서 돕도록 할 것. 찾아오는 사람들을 무작정 도와주다 보면 오히려

많은 지출 때문에 신경성 질병을 얻어 고생할 수 있다. 그러나 베푸는 것이 많으면 많을수록 덕망 높은 지도자가 될 수 있음은 자명하다.

★ 공직자라면 그 방면에서 최고의 지위에 올라 존경을 받으며 퇴직할 것이고 사업가라면 명예직으로 물러나 조언을 해 주는 위치에 서게 될 것이다.

★ 자손운이 찾아들어서 그동안 공들인 자식이 귀하게 되어 가문을 더욱 빛내니 한가하게 여유를 즐기며 인생의 보람을 만끽할 운세다.

시액성

[時厄星]

★ 인생이란 완전한 예측이 불가능한 것. 그동안 벌여 놓은 일들을 한꺼번에 처리하려 하니 할 일은 많고 힘에 겨워 바쁘게 돌아다녀야 할 운세이다. 열심히 노력했지만 인간성이 좋다는 평은 들어도 거두어들일 열매가 없다. 게다가 내 일도 힘에 버거운데 남의 일까지 도와주려 하니 몸에 병이라도 생기지 않을까 걱정이다.

★ 한숨과 한탄이 절로 나와 마음고생은 많겠지만 그래도 베풀고 사는 인생이려니 생각하고 등 돌리는 사람을 원망하거나 꾸짖지 말 것. 내가 받지 못하는 덕은 자손이 받을 수 있다. 말년이 좋지 않다는 건 그다음의 운세, 즉 자손의 운세가 좋다는 뜻이 되니 그것을 희망으로 알고 음덕을 쌓는 일에 더욱 정진할 것.

★ 말년에 이르러 일을 시작한다는 것은 새롭기는 하지만 매우 위험스러운 행동이다. 쓸데없이 이것저것 욕심을 내어 손을 대

다 보면 어느 것부터 정리해야 될지 몰라 난관에 부딪히게 된다. 가능하다면 한 가지 일이라도 차근차근히 매듭을 지어나가는 습관을 기르도록 해야 자기의 능력을 살려 여생을 편안히 보낼 수 있다.

★ 가족과 친척의 운이 좋지 않으니 서로 의지하며 살려면 너그러운 이해와 폭넓은 포용력이 필요하다. 재산 관리를 철저하게 해서 자신의 노년기를 대비하는 것도 좋은 방법이 될 것이다.

시권성

[時權星]

★ 초·중년의 권세도 위용이 대단하지만, 말년의 권세는 그야말로 말 한마디로 일을 처리할 수 있을 정도로 엄청난 위용을 발휘한다. 말년에 권성이 자리 잡고 있는 당신은 어느 장소에서든지 마치 수하를 부리듯 사람들 위에서 군림할 수 있지만 급한 성격을 잘 다스리지 않으면 적을 만들 수 있으니 이 점을 조심할 것.

★ 공직에 있다면 관운이 좋은 탓으로 높은 자리에 오를 것이고 사업을 경영한다면 노년기에 이르기까지 권세를 누릴 수 있을 것이다.

★ 권력은 다른 사람을 위해 쓰는 것. 이 사람 저 사람 도와주며 생활하다 보니 자신의 앞가림을 등한시할 수 있다. 그러나 존경의 대상이 되고 만인이 우러러보니 저절로 웃음꽃이 피는 삶을 보낼 수 있을 것이다.

★ 건강에 신경을 써서 더욱 활동적으로 생활할 수 있도록 하고 귀하게 자란 자식의 뒷바라지에도 신경을 써서 가문을 더욱 빛낼 수 있도록 만들 것.

★ 많은 사람과의 교류를 통해서 인생을 새롭게 인식해 가며 늘 보람을 느낄 수 있는 운세이니 부디 사람을 미워하지 않도록 할 것. 좋아하는 사람과 미워하는 사람이 지나치게 뚜렷하다 보면 지도자로서의 덕을 갖추기 어렵다. 어차피 밝은 인생에 행복을 누리며 살기 좋은 운세이니 모든 사람을 사랑할 수 있도록 마음의 문을 더욱 넓힐 것.

시파성

[時破星]

★ 가진 것을 관리하는 능력이 빈약하고 재산을 모아 축적하는 일에 게을리하기 쉬운 당신은 늘 새로운 것만 쫓아다니다가 시간을 낭비하는 일이 많다.

★ 확실한 계획과 추진력이 동반되지 않은 채 일을 벌였다가 마무리를 하지 못해서 포기하다 보니 결국 일을 벌이기만 하면 손해를 보게 되고 그때마다 반복해서 좌절을 겪게 된다. 작은 것부터 시작해서 이익은 적어도 보람을 느낄 수 있도록 노력할 것.

★ 지혜는 총명하고 아이디어도 번뜩이기 때문에 새로운 일을 찾아 나서는 데는 뛰어난 능력을 가지고 있다. 초·중년의 고통이 마음을 상하게 했지만, 말년에 이르면 그것들이 바탕이 되어 무슨 일에든 경험을 가지고 있는 믿음직한 인물로 부각될 것이며 안정된 생활을 할 수 있게 된다.

★ 도박이나 노름, 주색잡기를 조심할 것. 투기에 덤벼들면 손재수가 있으니 정직하게 노력하는 일로 인생을 좀 더 보람 있게 보내도록 신경을 쓸 것.

★ 자식과의 인연은 그다지 좋다고 볼 수 없다. 그러니 가능하다면 함께 살지 않는 것이 좋다. 부부 사이에도 다툼이 자주 생길 수 있지만, 당신이 하기에 달렸다. 배우자를 아끼고 사랑하며 사치와 낭비를 멀리하면 반드시 말년에 이르러 행복의 꽃이 필 것이다.

시간성

[時奸星]

★ 지혜가 뛰어나고 재주가 비상해서 일찍부터 출세 가도를 달려온 덕분에 재물더미에 올라앉아 살아왔지만, 그런 반면에 여기저기에서 손을 벌리는 사람이 많고 소비 또한 많은 탓에 여러 번의 성공과 실패를 거듭한 뒤에야 비로소 안정된 생활을 누릴 수 있다.

★ 무슨 일을 하든지 마지막 단계에서의 마무리가 부족해서 이루기는 하지만 완벽하지 못한 것이 흠이다. 그러니까 급하게 서두르지 말고 처음에 세웠던 계획대로 여유 있게 일을 매듭지을 수 있도록 신경 쓸 것.

★ 활발한 성격에 시원시원한 행동이 주위에 친구들이 모여들도록 만들어주고 사회생활도 임기응변과 융통성이 뛰어나 다른 사람들의 부러움을 사겠지만 뛰어난 사람에게는 반드시 적이 있는 법, 모함과 구설을 조심해야 대인관계를 성공적으로 이끌이 길 수 있다.

★ 학문에 관심이 높고 새로운 것을 개발하는 능력이 뛰어나니 공직생활을 하고 있다면 말년에 빛을 볼 것이고, 감각과 감수성이 뛰어나니 예술 방면의 일을 하고 있다면 인기인이 될 수 있다. 또한, 헌신적으로 봉사할 운세라 교육자도 좋고 종교가도 괜찮다.

★ 가정생활과 부부 관계가 그다지 좋은 편은 아니다. 고독을 느끼고 외로움에 한숨이 새어 나오지만, 그 이상으로 다른 사람들의 존경과 선망의 대상이 되니 하나를 얻으면 하나를 잃는 것은 어쩔 수 없는 일이다.

시문성
[時文星]

★ 학문에 대한 의욕이 매우 강해서 문학이나 연구직에 종사하는 것이 가장 좋다고 볼 수 있으며 공직에 근무하는 것도 나쁘지는 않지만, 장사는 맞지 않는다.

★ 일찍부터 주위의 인정을 받아 어려움을 모르고 살 운세지만 다른 사람을 돌보아 주다가 자신의 가정을 소홀히 하기 쉬우니 이 점을 명심할 것.

★ 무슨 일을 대하든지 조용히 관찰을 하고 깊이 심사숙고를 해본 다음에야 결정을 내리는 성격이다. 그렇기 때문에 하는 일에 빈틈이 보이지 않으며, 어떤 모임에서든지 리드를 하는 입장에 서게 된다.

★ 예술 분야에도 재능과 관심이 있어서 그쪽으로 재능을 발휘해 팔방미인이라는 말을 듣지만, 배우자에게는 그것이 불만의 대상이 될 수 있다. 가능하다면 배우자의 불만부터 해소시켜 줄

수 있는 일을 찾아보도록.

★ 문학·예술 쪽으로 재능이 있다는 건 감각이 뛰어나고 감수성이 예민하다는 뜻으로, 결과적으로 신경이 예민하다는 말이다. 희로애락의 표현이 뚜렷하다 보니 감정의 기복이 심해서 정신적으로 많은 에너지를 소비할 수 있다. 항상 건강에 신경을 쓰도록 할 것.

★ 자식운이 좋아서 귀한 자식을 두게 될 것이다. 말년에 이르러 자식이 가문을 빛나게 할 것이니, 이보다 즐거운 일이 어디 있겠는가.

시복성
[時福星]

★ 초·중년보다 말년에 복록이 깃드는 것이 가장 좋다. 부귀와 공명을 누리며 편안한 생활을 할 운세. 공직자라면 더 이상 부러울 것이 없고 사업가라면 지금 가지고 있는 재물을 지키는 것만도 힘에 버거울 정도다. 중년에 어려움을 겪겠지만 그것도 한때, 여기저기서 도움을 주어 말년에는 부러울 것 없는 여생을 보낼 것이다.

★ 사람이 악한 구석이 없으니 남에게 싫은 소리를 하지 못하고 나서기를 좋아하지 않으며 묵묵히 자기가 할 일을 해나가는 인품이다. 그러나 선한 사람은 약해지기 쉬운 법. 역경에 부딪히면 스스로의 힘으로 헤쳐나가지 못하고 남에게 의지하려고 하는 경향이 있는데 그때마다 모든 사람이 도와주려 하니 이 또한 복이 아니겠는가.

★ 다른 사람을 위해 헌신하고 도움을 주는 일을 많이 하도록 하라. 그리하여 말년에 이르게 되면 모두가 내 친구·수하가 될

것이다.

★ 재물이 넉넉하고 부귀공명이 곁에 있으니 부러울 것이 없다. 다만 바쁜 생활 속에서 건강을 해칠 수 있으니 그 점을 유의해서 행동하도록 할 것.

★ 자식복이 있어서 훌륭한 자식이 가문을 빛내고 효를 다하니 무엇을 더 바라리오. 인생의 행복을 한껏 누릴 수 있는 좋은 운세이다.

★ 부부 관계에 신경을 써서 배우자의 노고를 칭찬해 주고, 더욱 깊은 정을 나눌 것. 당신이 행복을 누릴 수 있는 건 모두 배우자 덕이다.

시역성
[時驛星]

★ 이곳저곳을 돌아다니며 큰돈을 만질 수 있지만, 한곳에 머무르지 않고 늘 새것만 찾아다니니 고생을 사서 하는 운세다. 직장인이라면 영업직이 적성에 맞고 사업가라면 외국 출입이 잦을 것이다. 공직자인 경우는 건설·교통 분야에서 일하면 대길할 운세다.

★ 주거지가 불안정하고 가족과의 인연이 박해서 홀로 떠돌아다니는 신세처럼 보일 수 있지만 가는 곳마다 인정을 받고 새로운 사람을 사귀게 되니 그것을 낙으로 삼아 대인관계를 넓혀두면 말년에 큰 도움이 될 것이다.

★ 무역업 분야에 종사하고 있다면 국제적으로 이름을 떨칠 수 있다.

★ 안정된 생활을 하지 못하기 때문에 늘 마음이 불안하지만, 큰돈을 움켜쥐고 사방을 돌아다니며 큰소리를 치니 이 또한

행복이다. 다만 이것저것 손만 대다가 한 가지 일도 뚜렷하게 처리하지 못해 아까운 세월만 보내게 되고 가족의 마음에 불만이 쌓이게 되어 의지할 곳이 없게 될 수 있으니 그것이 걱정이다.

★ 부부간에 얼굴을 대할 시간이 부족하니 애정 문제에 금이 갈 수 있다. 그 점에 신경을 써서 배우자의 마음을 다스리도록 노력할 것.

★ 객지를 떠돌아다니다 보면 건강을 해치기 쉽다. 건강에 신경을 써야 한다.

★ 자식과는 함께 사는 것보다 떨어져 사는 것이 좋다. 말년에는 자식의 효를 듬뿍 받을 수 있을 것이다.

시고성
[時狐星]

★ 고독하고 쓸쓸해서 술 한 잔 앞에 놓고 달 보고 한숨을 내쉬는 허무주의자. 흥망의 굴곡이 심하고 무슨 일을 하든 지나치게 신중해서 남들의 눈에 답답하게 비치니, 늘 외톨이로 지내는 운세다.

★ 재주는 뛰어나고 인품은 정직해서 비록 알아주는 사람은 없다 해도 말년에 이르면 더 이상 고상한 인품은 없을 것이며 부귀공명도 함께 할 것이다.

★ 고독은 믿음을 유도하고, 의탁할 대상을 찾게 한다. 종교에 대한 집착이 강하고 만약 그것을 직업으로 삼는다면 대성할 것이다.

★ 사람은 누구나 자기가 가장 잘났다고 생각하는 법. 다른 사람의 행동이 마음에 들지 않는다고 해서 그를 탓하지 말고 자신의 부족한 점부터 반성할 것. 다른 사람의 행동에 나를 맞춰

나간다면 사람만큼 친해지기 쉬운 대상은 없다. 마음을 넓게 가지고 내 잘못부터 반성하는 자세가 고독에서 벗어날 수 있는 좋은 방법이다.

★ 일을 하기 전에 너무 두드려 보지 말고 사람을 사귀기 전에 지나치게 신중하지 마라. 어떤 경우에는 이성보다 감정이 더 큰 역할을 할 수 있는 법. 사람도 결국은 감정을 토대로 이성이 발달된 존재다. 배우자가 자기의 뜻과 맞지 않는다고 한탄만 하지 말고 배우자를 위해 무엇을 해 줄 수 있는가를 생각하는 것이 현명한 일이다.

★ 말년에 이르러 모든 고통이 행복으로 바뀌니 이제야 인생의 값진 보람을 느끼게 되고 여생을 편안히 보낼 수 있을 것이다.

시인성
[時刃星]

★ 의협심이 강하고 인품이 굳건해서 불의를 보면 참지 못하는 사람이다. 모든 사람을 친구로 여기고 믿음으로 대하지만 사회는 그것을 이용하려고 하는 경우가 있다. 정의는 알아주는 사람에게나 통하는 법이다. 사악한 인간에게까지 정의를 베푸는 것은 휴머니즘에 입각해서 볼 때는 훌륭한 행동이 될지 몰라도 자신에게는 해가 될 뿐이다. 사람을 잘 가려서 사귈 것을 권한다.

★ 주위로부터의 도움이 많아 생활에는 여유가 있고 재물보다는 인간관계를 더 중시하기 때문에 사람들이 늘 드나든다. 하지만 사람을 상대하다 보면 좋은 인연도 있지만 나쁜 인연도 있을 터이니, 구설수에 휘말리지 않도록 행동거지에 신경을 써야 한다.

★ 직장인이라면 태평스러운 운세이고 사업가라면 흥망성쇠의 굴곡이 심하겠다. 가능하다면 한 가지 일을 꾸준히 지켜나가 보

람을 얻도록 하는 것이 좋다.

★ 의리를 앞세워 이 사람 저 사람 도와주려다 보니 자연히 가
정에 소홀하기 쉽고 건강이 염려된다. 배우자를 힘들게 하지 말
것. 남을 돕기 위해 집안 식구를 고통스럽게 만드는 것만큼 한
심한 행동은 없다.

★ 자식은 내 뜻대로 되지 않는 법이다. 내 뜻이 아무리 옳다 해
도 자식에게 강요하지 말 것. 보듬어주는 마음으로 감싸주고 이
해해 주는 것이 자식과의 인연을 잘 이어나가는 비결이라고 할
수 있겠다.

시예성
[時藝星]

★ 팔방미인이 따로 없고 인기인이 따로 없다. 못 하는 일이 없고 갖추지 못한 재주가 없으니 만물박사에 재주꾼이지만 신중하지 못하고 성격이 급한 탓에 일을 그르치기 쉽고, 머리만 믿고 나태하게 행동하다 보니 뿌린 것은 많아도 거둘 것은 적은 운세다.

★ 무슨 일을 하든지 인내심을 앞세워 참고 견디며 시기를 기다려야 좋고 노력하는 모습을 인정받게 되면 큰일을 성사시킬 수 있다.

★ 예기(藝技)에 뛰어나니 타고난 재능을 썩히지 말고 갈고 다듬어서 내 인생은 물론이고 사회에도 봉사할 수 있는 기틀을 마련할 것. 남에게 베푼다는 것은 결국 자기 자신을 위한 것이 된다. 재능 위에 인품까지 갖춘다면 더 이상 바랄 것이 없을 운세이다.

★ 어떤 상황, 어떤 환경에든 잘 적응하는 성격이 사람을 불러 모으고 대인관계의 원동력이 되어 어려움에 처할 때마다 도움의 손길이 뻗쳐 오니 인복(人福)을 타고났다고 본다. 다만 대인관계도 노력의 일종이니까 나태한 마음이나 교만스러운 마음으로 사람을 대하지는 말 것. 그런 행동은 베풀어 주고 뺨 맞는 결과를 낳을 우려가 있다.

★ 말년에 이르러 모든 사람이 그 재주를 칭찬하니 더욱 겸손하고 덕을 갖춘 군자로, 가정생활에서도 행복을 만끽할 수 있다. 예능 방면에서의 운세가 가장 좋으니 그 방면에 종사하고 있다면 크게 이름을 떨칠 것이다.

시수성
[時壽星]

★ 느긋한 마음과 너그러운 이해심을 바탕으로 모든 사람의 윗자리에서 조언을 들려주고 화해 역을 담당하게 되어 우러름의 대상이 된다.

★ 고상한 인품과 낙천적인 성격 또한 보는 이에게 편안함을 안겨주니 누구나 좋아하는 타입이지만, 간혹 자신의 어기찬 주장과 고집이 운세를 그르칠 수 있으니 나중에 후회하지 말고 사람을 대할 때는 늘 상대방의 입장에서 생각하는 자세를 갖추도록 할 것.

★ 가는 곳마다 복록이 깃들어 있으니 활동적으로 뛰어다녀도 좋고 집안에서 한가로운 생활을 해도 복록이 굴러들어온다. 그러나 지금의 행복을 지나치게 자만하면 주위로부터 시기의 대상이 될 수 있으니 남의 불행부터 살펴보도록 신경을 쓰는 것이 좋다.

★ 가정에서도 존경받는 부모의 위치에 설 수 있고 배후 조종자 적 위치에서 배우자를 밀어줄 수 있으니 더 이상 바랄 나위가 없지만, 배우자를 얕보고 무시하는 습관이 있어서 흠이다. 내가 편한 것은 배우자 덕이다. 그 덕을 잊지 말고 늘 감사하는 마음 으로 가정에 충실한 것이 좋다.

★ 바깥일에 신경을 쓰다 보면 내 자식에게 소홀하기 쉽다. 단 정한 인품의 부모를 닮아 자식 또한 효자·효녀일 테지만 그래 도 부모의 역할은 중요한 것. 자식의 인품을 형성시켜 주는 책 임은 부모에게 있다. 내 집안 단속에 철저해야 나중에 후회하지 않을 것이다.

제2장

사주추명학

四柱推命學

☆태극과 사상의 원리 ☆오행의 이해

☆사주의 구성 ☆대운의 구성

☆행운세수 ☆사주 완성도

☆합과 충

1. 태극과 사상의 원리

1) 태극(太極)

태초에 이 세상이 생겨날 때 기본적으로 갖추어진 것은 아무것도 없었다. 공기만이 존재했던 무(無)의 세계이며 공(空)의 세계이던 당시에 아무런 학문도 존재하지 않다가 역(易)이라는 사상이 발생하면서 모든 것은 하나에서 시작된다는 태극의 진리가 탄생하였고 그것은 존재와 비존재의 양극적인 결과론을 낳았다. 즉, 이 세상에서 눈에 보이는 모든 것들은 존재하는 것이며 눈에 보이지 않는 것들은 비존재의 영역으로 들어간 것이다. 존재하는 것들은 태극의 범주에 속하고 비존재인 것들은 공(空)에 포함된다는 뜻이다.

나중에 이것을 토대로 하여 종교도 발생하게 되는데, 존재(存在)는 비존재(非存在)의 영역보다 그 가치가 떨어진다든가 존재하는 모든 것들은 비존재하는 영역만큼의 자리를 차지하고 있는 것이라는 색불이공(色不異空), 공불이색(空不異色), 색즉시공(色卽是空), 공즉시색(空卽是色)의 원리도 태극사상(太極四象)과 일맥상통하며, 3차원이라는 형체가 존재하는 것은 4차원이

라는 공간이 비어 있기 때문이라는 차원론과도 깊은 관계가
있다.

　결과적으로 태극사상이란 존재와 비존재를 하나로 인식하는
유일사상이며 삶과 죽음을 하나의 기반 위에서 이승과 저승이
라는 관점의 차이로 해석하는 추상적 개념으로 자리를 잡게 되
는데, 이것은 나중에 존재의 영역과 비존재의 영역에서 나란히
발달하며 양의(兩儀)로 이어지게 된다.

2) 양의(兩儀)

태극에서 출발한 사상은, 존재하는 어떤 사물이든 서로 대립된
관계에 있다가 하나로 합일되면서 태극으로 이어져 완전한 모
습을 갖추게 된다는 음양사상(陰陽思想)으로 발전하게 되는데,
이것을 양의라고 한다.

　역학(易學)에서 태극은 하나의 괘(卦)로 표시되며, 양의는 이
괘가 음양의 기운을 띠고 나누어졌다는 의미로 양괘(兩卦: ─)와
음괘(陰卦: ─ ─)로 표시된다. 즉, 음양사상은 만물의 발생 근본이
되며 원래 하나였던 물체가 둘로 갈라져 대립된 양상을 보이는
것으로 그 두 물체가 합일(合一)되는 순간에 완전한 물체로 성
립된다는 것을 의미한다.

　인간이라는 존재를 음양(陰陽)에 비유한다면 남자는 양(陽)이
며 여자는 음(陰)이 되는데 자식을 얻기 위해서는 그 둘이 하나

로 합해져야만 가능하다는 것이 바로 음양조화의 기본원리라고 볼 수 있다.

이것은 작용·반작용의 법칙과도 같으며 물체와 공기의 존재·비존재적인 이론에도 근거가 되는 것으로 우주사상의 가장 기본적인 토대로 자리를 잡게 되는데 태극사상이 근본원리라면 음양사상은 그것을 토대로 한 모든 우주적 존재의 기초원리라고 말할 수 있다.

음양사상은 오행(五行)과 결합하여 사주를 해석하는 가장 중요한 원리로 작용하게 된다.

3) 사상(四象)

음양으로 구성된 양의는 다시 크고 작은 조합을 이루어 사상(四象)이라는 세분화된 형체를 갖추게 되는데 양(陽)은 소양(少陽)과 태양(太陽)으로 나뉘고, 음(陰)은 소음(少陰)과 태음(太陰)으로 나뉘어 그 기운이 강하고 약한 것을 나타내는 자료가 되며 이것은 한의학의 사상의학(四象醫學)이라는 토대를 이루고 있다.

예를 들어 사계절인 경우, 봄은 더운 기운이 있지만 여름보다 못하다 하여 소양(少陽)에 속하는 것이고, 여름은 더운 기운이 가장 강하니까 태양(太陽)이며, 가을은 추운 기운이 서려 있다 해서 소음(少陰)이고, 겨울은 추운 기운이 가장 왕성하다 해서 태음(太陰)이 되는 것이다.

이 이론은 음양으로 나뉘는 모든 것들에 적용되며, 사람도 남자다운 남자가 태양에 속한다면 여자다운 남자는 소양에, 또한 여자다운 여자가 태음에 속하고 남자다운 여자는 소음에 속한다는 식으로 해석하는 것이다.

결국 사상(四象)은 역학에서 팔괘(八卦)를 형성하는 단위이며 인간사에서 음양을 기본으로 더욱 세밀한 검토를 하기 위한 전체적 개념이 되는 것이다. 다만, 음양의 구분이 뚜렷하게 정립되어 있지 않기 때문에 아직은 사상에 의한 해석(사상의학도 포함된)이 완벽하지 못하다는 점이 아쉽다.

4) 팔괘(八卦)

역학에서 기본이 되는 단위가 바로 팔괘이며 태극에서 출발한 사상은 양의(음양)와 사상을 거쳐 학문적인 기본 토대를 팔괘에서 완성시킨다.

물론, 팔괘(八卦)는 역학에 속하는 분야로 사주학(四柱學)에는 많은 영향을 끼치는 것은 아니라고 할 수 있지만, 사주학의 기본 토대로 이용되고 있으며 구성학(九星學), 방위학(方位學), 가상학(家相學) 등의 해석 원리로 이용되는 것이기 때문에 동양학(東洋學)의 기초는 모두 이 팔괘에서 비롯된다고 말할 수 있다.

태극사상팔괘도

일기 (一氣)	태극 (太極)							
양의 (兩儀)	양 (陽)				음 (陰)			
사상 (四象)	소양(少陽) 춘(春)		태양(太陽) 하(夏)		소음(少陰) 추(秋)		태음(太陰) 동(冬)	
팔괘 (八卦)	일건천 (一乾天)	이태택 (二兌澤)	삼이화 (三離火)	사진뢰 (四震雷)	오손풍 (五巽風)	육감수 (六坎水)	칠간산 (七艮山)	팔곤지 (八坤地)
괘상 (卦象)	건삼련 (乾三連)	태상절 (兌上絶)	이허중 (離虛中)	진하련 (震下連)	손하절 (巽下絶)	감중련 (坎中連)	간상련 (艮上連)	곤삼절 (坤三絶)
지지 (地支)	술해 (戌亥)	유 (酉)	오 (午)	묘 (卯)	진사 (辰巳)	자 (子)	축인 (丑寅)	미신 (未申)
성질 (性質)	굳셈 (剛)	온화 (和)	밝음 (明)	분발 (發)	유순 (順)	지혜 (智)	고요함 (精)	적막 (寂)
인간 (人間)	노부 (老父)	소녀 (少女)	중녀 (中女)	장남 (長男)	장녀 (長女)	중남 (中男)	소남 (少男)	노모 (老母)
계절 (季節)	늦가을~ 초겨울 (晩秋~ 初冬)	가을 (秋)	여름 (夏)	봄 (春)	늦봄~ 초여름 (晩春~ 初夏)	겨울 (冬)	늦겨울~ 초봄 (晩冬~ 初春)	늦여름~ 초가을 (晩夏~ 初秋)
방위 (方位)	서북 (西北)	서 (西)	남 (南)	동 (東)	동남 (東南)	북 (北)	동북 (東北)	서남 (西南)
동물 (動物)	말 (馬)	양 (羊)	꿩 (雉)	용 (龍)	닭 (鷄)	돼지 (豚)	개 (狗)	소 (牛)
신체 (身體)	목 (喉)	입 (口)	눈 (眼)	발 (足)	넓적다리 (大腿)	귀 (耳)	손 (手)	배 (腹)
괘 (卦)	☰	☱	☲	☳	☴	☵	☶	☷

팔괘는 건(乾)·태(兌)·이(離)·진(震)·손(巽)·감(坎)·간(艮)·곤(坤)으로 이루어져 있으며 각각의 괘상(卦象)과 뜻하는 의미는 다음과 같다.

- 건(乾) : 하늘(天) : ☰
- 태(兌) : 연못(澤) : ☱
- 이(離) : 불 (火) : ☲
- 진(震) : 벼락(雷) : ☳
- 손(巽) : 바람(風) : ☴
- 감(坎) : 물 (水) : ☵
- 간(艮) : 산 (山) : ☶
- 곤(坤) : 땅 (地) : ☷

우리나라의 태극기는 바로 음양과 팔괘를 응용하여 만들어진 것으로 역학은 동양학의 가장 심오하고 숭고한 학문이라고 말할 수 있다.

2. 오행의 이해

음양(陰陽)이 서로 대립된 하나의 개체라고 본다면 오행(五行)은 순환을 되풀이하며 서로 도와주기도 하고 상하게도 하는 5대 원소의 상용조합이라고 볼 수 있다.

기본이 되는 5대 원소는 목(木)·화(火)·토(土)·금(金)·수(水)이다. 이것들이 서로 돕는 작용을 하는 것을 상생(相生)이라 하고, 서로 상하게 작용을 하는 것을 상극(相剋)이라고 하며, 각각의 원소마다 음과 양을 갖추고 있어서 같은 원소라 해도 음양에 의해 성격이 좌우된다.

오행(五行)은 사주추명학(四柱推命學)에서 가장 중요한 요소이며, 운명 판단의 80퍼센트 이상은 바로 이 오행의 순환원리에 의한 것이다.

일단, 자연계의 사물이 기본으로 어떤 원소에 속하는가를 잘 이해한 다음에 상생과 상극의 활용을 살펴 그 사람의 운명이 어떤 경로를 밟게 되는지 판단하는 것이니 사주추명학을 이해하기 위해서는 오행이 나타내는 의미를 분명하게 알아두는 것이 무엇보다 중요하다.

오행의 기능과 관계표

구별 \ 오행	목(木)	화(火)	토(土)	금(金)	수(水)
오간(五干)	갑　을	병　정	무　기	경　신	임　계
십이지(十二支)	인　묘	오　사	진·술　축·미	신　유	자　해
음양(陰陽)	양　음	양　음	양　음	양　음	양　음
수(數)	1　2	3　4	5　6	7　8	9　10
오방(五方)	東	南	中央	西	北
오색(五色)	靑	赤	黃	白	黑
계절(季節)	春	夏	四季	秋	冬
오상(五常)	仁	禮	信	義	智
오성(五性)	仁愛	剛孟	實容	殺伐	和桑
오미(五味)	酸	苦	甘	辛	鹹
오관(五官)	眼	舌	身	鼻	耳
오직(五職)	文官	藝術	農土	武官	水業
오음(五音)	牙	舌	喉	齒	脣
오지(五志)	驚怒	喜	悲	憂	恐
오장(五臟)	肝	心	脾	肺	腎
육부(六腑)	肝膽	小腸	胃腸	大腸	膀胱
오기(五氣)	風	熱	濕	燥	寒
오체(五體)	筋	血脈	肉	皮	骨髓
오궁(五窮)	眼	舌	身	鼻	耳
오영(五榮)	爪	色	脣	毛	髮
오축(五畜)	犬	羊	牛	鷄	猪
오취(五臭)	臊	焦	香	腥	腐
오과(五菓)	李	杏	棗	桃	栗
육신(六神)	靑龍	朱雀	句陳·螣蛇	白虎	玄武
구성(九星)	三壁·四綠	九紫	二黑·五黃·八白	六白·七赤	一白
오성(五星)	歲星	惑星	鎭星	日星	辰星
팔괘(八卦)	震·巽	離	艮·坤	乾·兌	坎
격(格)	曲直	炎上	稼穡	從革	潤下
오액(五液)	淚	汗	涎	涕	唾
오섭(五攝)	生	長	化	收	藏

오행상생표 (五行相生表)

- 목(木)은 화(火)를 생(生)하고
- 화(火)는 토(土)를 생하며
- 토(土)는 금(金)을 생하고
- 금(金)은 수(水)를 생하고
- 수(水)는 목(木)을 생한다.

오행상극표 (五行相剋表)

- 목(木)은 토(土)를 극(剋)하고
- 토(土)는 수(水)를 극하고
- 수(水)는 화(火)를 극하고
- 화(火)는 금(金)을 극하고
- 금(金)은 목(木)을 극한다.

3. 사주의 구성

1) 십간과 십이지

십간(十干)은 하늘에서 일어나는 우주자연의 규칙과 규율을 알기 쉽게 풀어 놓은 부호 같은 것이다. 고대 중국에서는 한 달을 3순(三旬)으로 나누어 1순을 10일로 정한 다음, 그 10일에 해당하는 부호로서 갑(甲)·을(乙)·병(丙)·정(丁)·무(戊)·기(己)·경(庚)·신(辛)·임(壬)·계(癸)를 만들고 이것을 십간으로 삼아 음양오행에 접목시켰다. 그리고 이것은 하늘에서 일어나는 현상이라 해서 천간(天干)이라고 부르게 되었다.

십이지(十二支)는 땅에서 일어나는 현상으로 땅의 기운을 따라 지상의 변화를 해석하기 위한 부호이며 8장소의 방위와 1년 12개월의 계절 변화를 바탕으로 만들어진 것이었지만 후에 12마리 동물의 이름이 붙여져 오늘에 이르게 되었다. 이것이 자(子)·축(丑)·인(寅)·묘(卯)·진(辰)·사(巳)·오(午)·미(未)·신(申)·유(酉)·술(戌)·해(亥)이며 땅의 변화에 맞추어 만들어졌다 해서 지지(地支)라고 한다.

천간과 지지는 나무의 줄기와 가지 같은 것으로 서로 짝을 이루어 년·월·일·시를 상징하고 음양오행과 더불어 사주의 구성 원리가 된다.

이렇게 서로 짝을 이루어 나가다 보면 서로 다른 짝이 모두 60개가 되는데 이것을 육십갑자(六十甲子)라고 부르며, 환갑(還甲)이란 자기가 태어난 지 60년 만에 다시 똑같은 간지(干支)에 해당하는 해를 맞이했다는 뜻으로 육십갑자가 한 바퀴 순환했다는 것을 의미한다. 또한, 일흔 살을 칠순(七旬), 여든 살을 팔순(八旬)이라는 식으로 표현하는 것은 십간이 한 번 순환하는 10년을 1주기(一旬)로 보기 때문이다. 그래서 십간이 일곱 번을 순환한 70년은 칠순이 되는 것이다.

2) 사주와 팔자

천간과 지지는 짝을 이루어 년·월·일·시를 나타낸다고 했다. 이런 식으로 각각 하나씩 조합되어 하나의 기둥을 이루는 것들이 네 개가 있다 해서 네 기둥, 즉 사주라고 하며 한 기둥에 두 글자씩, 모두 여덟 글자가 있기 때문에 팔자라고 하는 것이다.

갑(甲)	정(丁)	갑(甲)	임(壬)	→ 팔자(八字)
인(寅)	묘(卯)	오(午)	신(申)	
|	|	|	|	
연주	월주	일주	시주	→ 사주(四柱)
(年柱)	(月柱)	(日柱)	(時柱)	

연주(年柱)는 생년에 해당하는 간지(干支 ; 천간과 지지), 월주(月柱)는 생월에 해당하는 간지, 일주(日柱)는 생일에 해당하는 간지, 시주(時柱)는 생시에 해당하는 간지로, 이것들은 각각의 의미를 지니고 있으며, 이 의미를 토대로 운명을 산출한 것이 앞서 소개한 <분야별 운세>이고, 이 각각의 의미를 일간(日干 ; 생일의 천간)을 중심으로 대입시켜가며 풀이하는 것이 <사주추명학>이다. 즉, 사주추명학은 법칙과 순리를 따라 이루어지는 것으로 결코 단편적인 이해나 단순화된 이론으로 해석하는 것이 아니라는 걸 이해해야 한다. '팔자가 좋다', '팔자가 나쁘다'는 표현은 사주의 구성이 좋고 나쁨을 뜻하는 말이다.

3) 연주(年柱) 세우는 법

일반적으로 우리가 사용하는 달력은 1월 1일이 되면 해가 바뀌는 것으로 되어 있지만, 사주추명학에서는 절기를 중심으로 달을 계산하기 때문에 입춘(立春)이 지나야 해가 바뀐 것으로 본다. 즉, 1996년(병자년) 12월 28일(음력)은 절기로 볼 때 입춘이 지났기 때문에 다음 해인 1997년, 그러니까 정축년이 되며, 따라서 연주를 정축으로 세워야 하는 것이다.

사주추명학에서는 입춘이 드는 날이 1월 1일이 되기 때문에 1997년 1월은 음력으로 1996년 12월 27일 인시(寅時)부터라고 보아야 하는 것이다. 입춘이 언제 드는가 하는 것은 만세력(萬歲

曆 ; 약 100년 정도의 달력을 모아 놓은 책)을 보면 알 수 있다.

달력을 보면 그 해의 간지가 나와 있다고 해서 무조건 그것을 사용하는 것이 아니라 절기를 중심으로 해가 정해지고 간지가 정해진다는 것을 확실하게 인식해야 할 필요가 있다.

4) 월주(月柱) 세우는 법

연주(年柱)가 입춘에 의해 좌우된다는 말은 월주(月柱)도 절기에 따라 정해진다는 것을 의미한다. 각각의 달은 다음과 같이 정해지며, 1월부터 인(寅)으로 시작해서 묘(卯), 진(辰)……의 순으로, 12월은 축(丑)에 해당한다.

- 1월 : 입춘(立春) ~ 경칩(驚蟄) 전까지 → 인월(寅月)
- 2월 : 경칩(驚蟄) ~ 청명(淸明) 전까지 → 묘월(卯月)
- 3월 : 청명(淸明) ~ 입하(立夏) 전까지 → 진월(辰月)
- 4월 : 입하(立夏) ~ 망종(芒種) 전까지 → 사월(巳月)
- 5월 : 망종(芒種) ~ 소서(小署) 전까지 → 오월(午月)
- 6월 : 소서(小署) ~ 입추(立秋) 전까지 → 미월(未月)
- 7월 : 입추(立秋) ~ 백로(白露) 전까지 → 신월(申月)
- 8월 : 백로(白露) ~ 한로(寒露) 전까지 → 유월(酉月)
- 9월 : 한로(寒露) ~ 입동(立冬) 전까지 → 술월(戌月)
- 10월 : 입동(立冬) ~ 대설(大雪) 전까지 → 해월(亥月)

- 11월 : 대설(大雪) ~ 소한(小寒) 전까지 → 자월(子月)
- 12월 : 소한(小寒) ~ 입춘(立春) 전까지 → 축월(丑月)

예로, 1996년 12월 28일(음력)에 태어난 사람이라면 입춘이 12월 27일에 들어오기 때문에 1997년 1월 즉, 정축년 인월에 해당한다고 보는 것이다. 이런 식으로 월지(月의 地支)가 정해지면 월간을 정해야 하는데, 그것은 <월건조견표>를 참조하면 된다.

월건(月建) 조견표

월별	생년 절기 월주	갑을년 (甲乙年)	을경년 (乙庚年)	병신년 (丙辛年)	정임년 (丁壬年)	무계년 (戊癸年)
1월	입춘(立春)	병인	무인	경인	임인	갑인
2월	경칩(驚蟄)	정묘	기묘	신묘	계묘	을묘
3월	청명(淸明)	무진	경진	임진	갑진	병진
4월	입하(立夏)	기사	신사	계사	을사	정사
5월	망종(芒種)	경오	임오	갑오	병오	무오
6월	소서(小暑)	신미	계미	을미	정미	기미
7월	입추(立秋)	임신	갑신	병신	무신	경신
8월	백로(白露)	계유	을유	정유	기유	신유
9월	한로(寒露)	갑술	병술	무술	경술	임술
10월	입동(立冬)	을해	정해	기해	신해	계해
11월	대설(大雪)	병자	무자	경자	임자	갑자
12월	소한(小寒)	정축	기축	신축	계축	을축

1996년 12월 28일생은 병자년 12월이 아닌 정축년 1월생이 된다고 설명했다. 그러니까 이 사람의 경우에는 천간이 정(丁), 1월은 인(寅)이 되어 월주가 임인에 해당한다는 것을 알 수 있다.

5) 일주(日柱)·시주(時柱) 세우는 법

일주(日柱)는 만세력을 보면 그날에 해당하는 일진(日辰)이 나와 있는데 그걸 그대로 사용하면 된다. 달력을 보면 숫자 밑에 갑인, 을묘라는 식으로 간지가 쓰여 있는데, 그것이 그날의 일진이다. '일진이 나쁘다'는 말은 그날의 간지가 나쁘다는 뜻이다.

시주(時柱)는 몇 시에 태어났는가를 보는데 시간별로 12지가 정해져 있으니 지지(地支)는 그것을 보고 정하면 되는 것이다.

- 오후11시 ~ 오전 1시 : 자시(子時)
- 오전 1시 ~ 오전 3시 : 축시(丑時)
- 오전 3시 ~ 오전 5시 : 인시(寅時)
- 오전 5시 ~ 오전 7시 : 묘시(卯時)
- 오전 7시 ~ 오전 9시 : 진시(辰時)
- 오전 9시 ~ 오전11시 : 사시(巳時)
- 오전11시 ~ 오후 1시 : 오시(午時)
- 오후 1시 ~ 오후 3시 : 미시(未時)
- 오후 3시 ~ 오후 5시 : 신시(申時)
- 오후 5시 ~ 오후 7시 : 유시(酉時)
- 오후 7시 ~ 오후 9시 : 술시(戌時)
- 오후 9시 ~ 오후11시 : 해시(亥時)

단, 자시(子時)인 경우에는 밤 12시까지를 야자시(夜子時)라 해서 그날의 일진을 적용하지만 밤 12시 이후부터 1시까지인 경우에는 정자시(正子時)라 해서 그다음 날의 일진을 적용해야 한다. 다시 말해서 병인일(丙寅日) 밤 1시에 태어난 사람은 일진이 병인이 아닌 다음 날에 해당하는 정묘가 되어 정묘일(丁卯日) 새벽 자시에 태어난 것으로 해석해야 한다는 것이다.

시지(時支)는 시간마다 정해져 있는 12지를 대입시키면 쉽게 알 수 있지만, 시간(時干)을 정하는 것이 문제인데 시간은 아래의 <시간조견표>를 참조하면 된다. 예를 들어 일진이 갑인이며 오후 2시 30분에 태어난 사람이라면 생일의 천간은 갑(甲)에 해당하고 오후 2시 30분은 미시(未時)에 해당하니까 신미시(辛未時)가 된다는 것을 알 수 있다.

시간(時干) 조견표

시 간 / 시주·시지 / 생일	시지	갑·기일 (甲己日)	을·경일 (乙庚日)	병·신일 (丙辛日)	정·임일 (丁壬日)	무·계일 (戊癸日)
23시~01시	자시	갑자	병자	무자	경자	임자
01시~03시	축시	을축	정축	기축	신축	계축
03시~05시	인시	병인	무인	경인	임인	갑인
05시~07시	묘시	정묘	기묘	신묘	계묘	을묘
07시~09시	진시	무진	경진	임진	갑진	병진
09시~11시	사시	기사	신사	계사	을사	정사
11시~13시	오시	경오	임오	갑오	병오	무오
13시~15시	미시	신미	계미	을미	정미	기미
15시~17시	신시	임신	갑신	병신	무신	경신
17시~19시	유시	계유	을유	정유	기유	신유
19시~21시	술시	갑술	병술	무술	경술	임술
21시~23시	해시	을해	정해	기해	신해	계해

6) 지장간(地藏干)에 대해서

지장간이란 사주의 각 지지 속에 암장(暗藏)되어 있는 천간(天干)을 말하는데 지지는 1년 12개월을 기준으로 이루어진 것이기 때문에 1개월에 해당하는 지지를 다시 세분화하여 여기(餘氣)·중기(中氣)·정기(正氣)라는 식으로 나누어 각각의 기운을 나타낸 것이다.

<여기>란 지난달의 기운이 남아있다는 뜻이고, <중기>란 그달의 기운이 들기 시작했다는 뜻이며, <정기>란 그달이 지니고 있는 원래의 기운을 완벽하게 갖추었다는 뜻이다.

인월(1월)을 예로 들면, 인월은 입춘이 들어오면서부터 경칩 전날까지 해당되는데 지장간을 보면 여기(戊), 중기(丙), 정기(甲)로 되어 있다.

즉, 입춘날부터 7일째 되는 날까지는 여기인 무(戊)의 기운이 가장 강하고, 8일째 되는 날부터 7일, 즉 입춘날부터 14일째 되는 날까지는 중기인 병(丙)의 기운이 가장 강하며, 15일째 되는 날부터 30일까지는 인(寅)의 본래 기운인 갑(인도 양목-陽木이고 갑도 양목이기 때문에 음양오행의 성질이 똑같다)의 기운이 가장 강하다는 것이다.

결국, 정기는 그 지지와 음양오행이 똑같은 천간이 되는 것이고, 여기는 전달의 지지와 오행이 같은 것이며(음양은 다른 경우도 있다), 중기는 전달과 이번 달의 기운이 조화되어 새로운 오행을 형성하게 되는 것이다.

그렇기 때문에 사주 판독에서 매우 중요한 위치를 차지하는 월지(月支)는 지장간을 보고 그것으로 대처하여 판단하는 경우도 있다.

예를 들어 축월(12월 소한 이후~입춘 전)에 태어난 사람이 있다면 소한~9일까지는 여기인 계(癸)를 소한 후 10일 ~ 소한 후 13일까지는 중기에 해당하는 신(辛)을 소한 후 14일~입춘 전까지는 정기인 기(己)를 적용하여 사주를 판독하는 것이 더 정확할 수 있다는 것이다.

물론 이 밖에도 여러 가지 견해가 있기는 하지만 우선 여기에서는, 사주의 각지지 마다 숨어 있는 천간이 있으며, 그 천간은 그달의 며칠에 태어났느냐에 따라 작용이 달라질 수 있다는 것, 그리고 사주 해석에는 반드시 지장간을 잘 활용할 줄 알아야 한다는 사실만 알아두도록 하자.

만약 월지(月支)에 축(丑)이 있고 일지(日支)에 사(巳)가 있을 경우에는 지지(地支)만으로 볼 때 사축(巳丑)은 금(金)으로 변하지만(사·유·축은 합하여 금이 된다. 삼합 참조) 사(巳)의 지장간에 있는 무(戊)와, 축(丑)의 지장간에 있는 계(癸)가 암합(暗合:드러나지 않고 합이 되는 것)하여 오히려 화(火)로 변한다고(무계는 합하여 화가 된다. 천간합을 참조) 해석할 수도 있다는 것이다.

이런 식으로 지장간은 사주 해석에서 중요한 위치를 차지하고 있으며 사주가 어느 격(格)에 해당하는가를 알아보는 격국론

(格局論)에서는 반드시 사용되는 것이다.

여기에서는 일단 지장간(地藏干)이 대략 어떤 것인가를 이해하는 정도로 넘어가기로 하고, 다만 각 지지의 지장간을 외워서 기본적인 사주 해석에는 활용할 수 있도록 하는 것으로 그치기로 하자.

지장간 표출법

기운＼십이지	자	축	인	묘	진	사	오	미	신	유	술	해
여기(餘氣)	임	계	무	갑	을	무	병	정	무	경	신	무
관장일수	10	9	7	10	9	7	10	9	7	10	9	7
중기(中氣)		신	병		계	정	기	을	임		정	갑
관장일수		3	7		3	7	9	3	7		3	7
정기(正氣)	계	기	갑	을	무	병	정	기	경	신	무	임
관장일수	20	18	16	20	18	16	11	18	16	20	18	16

사주 작성 문제
아래에 나타난 세 사람의 사주를 작성해 보도록 하자. 모두 음력 기준이다.

❶ 1933년 12월 23일 오후 2시 30분
❷ 1974년 1월 11일 오전 7시 5분
❸ 1977년 12월 27일 오후 2시 20분

❶의 경우

1933년에는 12월 21일에 입춘이 들기 때문에 계유년(癸酉年)이 아닌 갑술년(甲戌年)이 되며 12월이 아닌 1월, 즉 병인월(丙寅月)에 해당한다. 일주는 그대로 무신일(戊申日)이 되고 시주는 오시(午時), 그러니까 시간조견표에 의해 무오시(戊午時)가 된다. 결국 이 사람의 사주는 다음과 같다.

년	월	일	시
갑(甲)	병(丙)	무(戊)	무(戊)
술(戌)	인(寅)	신(申)	오(午)

❷의 경우

1974년에는 입춘이 1월 14일에 들기 때문에 1월 11일은 갑인년(甲寅年)이 아닌 전해, 즉 1973년에 해당하는 계축년(癸丑年)이 되며, 월주도 1월이 아닌 전해의 12월, 즉 을축(乙丑)이 되어야 한다. 일주는 그대로 갑술(甲戌)이 되고 시주는 시간조견표에 의해 오전 7시 5분은 진시(辰時)니까 무진시(戊辰時)가 되는 것이다. 이 사람의 사주는 다음과 같다.

년	월	일	시
계(癸)	을(乙)	갑(甲)	무(戊)
축(丑)	축(丑)	술(戌)	진(辰)

❸의 경우

1977년에는 12월 27일이 입춘이 들어오는 날이다. 그러나 입춘이 들어오는 시간은 미시(未時) 이후인데, 이 사람은 오후 2시 20분이니까 오시(午時)에 해당이 되므로 해가 바뀌었다고 볼 수가 없으며, 따라서 사주는 그대로 적용되어 1977년(丁巳) 12월(癸丑) 27일(丁酉) 병오시(丙午時)가 되기 때문에 다음과 같이 구성된다.

년	월	일	시
정(丁)	계(癸)	정(丁)	병(丙)
사(巳)	축(丑)	유(酉)	오(午)

4. 대운의 구성

사주를 구성하게 되었으면 이제 대운(大運)을 구성해야 하는 단계로 들어가야 하는데, 대운이란 기본적인 총운을 나타내는 사주를 바탕으로 10년 주기로 변화하는 운세의 흐름을 나타내는 것이다.

남자인 경우에는 생년의 간지가 양(陽)에 해당하면 월주를 기본으로 육십갑자대로 차례로 적어나가고 생년의 간지가 음(陰)에 해당하면 월주를 기본으로 육십갑자에서 거꾸로 적어나가는데, 차례로 적어나가는 것을 정순(正順)이라 하고 거꾸로 적어나가는 것을 역순(逆順)이라고 한다.

여자인 경우에는 생년이 음(陰)에 해당하면 월주로부터 정순이고 생년이 양(陽)에 해당하면 월주로부터 역순이 된다.

예)

년 →　월 →　일 →　시 →

갑(甲)　정(丁)　기(己)　임(壬)

술(戌)　묘(卯)　유(酉)　신(申)

생년이 양(陽)에 해당한다.

남자 : 월주를 기본으로 정순

　　　무(戊) 기(己) 경(庚) 신(辛) 임(壬) 계(癸) 갑(甲) 을(乙)

　　　진(辰) 사(巳) 오(午) 미(未) 신(申) 유(酉) 술(戌) 해(亥)

여자 : 월주를 기본으로 역순

　　　병(丙) 을(乙) 갑(甲) 계(癸) 임(壬) 신(辛) 경(庚) 기(己)

　　　인(寅) 축(丑) 자(子) 해(亥) 술(戌) 유(酉) 신(申) 미(未)

예)

년 →　　월 →　　일 →　　시 →

을(乙)　　기(己)　　갑(甲)　　을(乙)

해(亥)　　묘(卯)　　진(辰)　　축(丑)

생년이 음(陰)에 해당한다.

남자 : 월주를 기본으로 역순

　　　무(戊) 정(丁) 병(丙) 을(乙) 갑(甲) 계(癸) 임(壬) 신(辛)

　　　인(寅) 축(丑) 자(子) 해(亥) 술(戌) 유(酉) 신(申) 미(未)

여자 : 월주를 기본으로 정순

　　　경(庚) 신(辛) 임(壬) 계(癸) 갑(甲) 을(乙) 병(丙) 정(丁)

　　　진(辰) 사(巳) 오(午) 미(未) 신(申) 유(酉) 술(戌) 해(亥)

5. 행운세수

행운세수(行運歲數)란 대운의 주기가 시작되는 시점, 즉 나이를 나타내는 숫자로 예를 들어 행운세수가 3이라면 대운은 10년 주기라고 했으니까 3, 13, 23, 33, 43, 53…의 순서가 되는 것이다.

행운세수의 산출은 정순일 경우에는 자기의 생일부터 다음 절기(다음 달)가 드는 날까지, 역순일 경우에는 자기의 생일부터 그날의 절기가 들어온 날까지 거꾸로 계산해서 3으로 나누어 그 몫을 취하는 것이다. 단, 나누어서 나머지가 1일 경우에는 버리고 2일 경우에는 반올림하는 식으로 계산해야 한다. 예를 들어 17 ÷ 3은 5 나머지 2니까 반올림하여 행운세수는 6이 되고, 13 ÷ 3은 4 나머지 1이니까 1은 버려서 행운세수는 4가 되는 것이다. 3의 배수인 경우에는 당연히 몫이 행운세수가 된다.

1954년 2월 16일 오후 3시 30분의 남자라면 사주는 갑오년 정묘월 을해일 갑신시가 되니까 생년은 양, 즉 정순이므로 다음 절기가 드는 청명일까지 계산하면 16일이 되고 이것을 3으로 나누면 5 나머지 1, 여기에서 1은 버리니까 행운세수는 5가 되는 것이다.

행운세수는 만세력을 보면 나와 있으니 그것을 참조하는 것이 편하다.

6. 사주 완성도

지금까지 공부한 것을 바탕으로, 다음 사람의 경우를 예로 삼아 사주를 구성해 보기로 하자.

<1985년 2월 25일(음력) 오후 10시 15분에 태어난 여자>

1985년은 을축년이고, 2월은 원래 을묘월이지만 2월에는 16일에 3월의 절기인 청명(淸明)이 들어오므로 이 사람의 월건은 3월, 즉 경진월이 된다.

일주는 그대로 적용해서 25일은 계미일, 오후 10시 15분은 해시니까 시간조견표를 보면 계일(癸日)에 해시인 경우, 계해시가 되는 것을 알 수 있다.

대운은, 여자이며 생년이 음에 해당하니까 월주부터 정순으로 나가며 행운세수는 정순일 경우 다음 절기가 드는 날까지니까 다음 절기인 입하까지는 21일, 이것을 3으로 나누면 7이 되는 것을 알 수 있다.

이제 사주를 작성해 보자.

년	월	일	시

을(乙) 경(庚) 계(癸) 계(癸) → 사주

축(丑) 진(辰) 미(未) 해(亥)

  7   17   27   37   47   57   67   77 → 행운세수

신   임   계   갑   을   병   정   무 → 대운

사   오   미   신   유   술   해   자

 12   22   32   42   52   62   72   82

이제 기본적인 사주를 완성하는 방법을 공부했다.

여기에 육신(六神)과 십이운성(十二運星), 형충파해(刑沖破害) 등을 대입시켜 운세를 풀이해 나가는 것이다.

7. 합과 충

사주를 공부하고 풀이하는 데 있어서 결코 빼놓아서는 안 되는 것이 바로 천간(天干)과 지지(地支)의 합(合)과 충(沖)이라고 할 수 있다.

일반적으로 합은 화합을 의미하며 인정을 뜻하고, 충(沖)은 다툼과 분쟁을 의미하지만 그건 기본적인 개념일 뿐 각각의 사주가 어떻게 구성되어 있고 어떤 대운을 맞이하느냐에 따라서 많은 차이를 보인다.

여기에서는 기본적인 이해를 위해 간단하게 설명해 놓기로 한다.

합은 간과 지가 본래 가지고 있던 오행의 성질이 합에 의해 바뀌는 것이며, 충은 본래 가지고 있던 오행의 성질이 바뀌어 제힘을 발휘하지 못하는 것이라고 생각하면 이해하기 쉬울 것이다.

1) 천간(天干)의 합·충

천간(天干)의 합(合)은 간합(干合)이라고 하며 두 개의 천간이 만나 본래 가지고 있던 오행(五行)의 성질을 잃고 다른 오행을 만드는 것으로 다음과 같이 구성된다.

- 갑(陽木) + 기(陰土) : 합하여 토(土)가 된다.
- 을(陰木) + 경(陽金) : 합하여 금(金)이 된다.
- 병(陽火) + 신(陰金) : 합하여 수(水)가 된다.
- 정(陰火) + 임(陽水) : 합하여 목(木)이 된다.
- 무(陽土) + 계(陰水) : 합하여 화(火)가 된다.

이런 식으로 오행이 바뀌는 것이다.

천간의 충은 간충(干沖)이라고 하며 두 개의 천간이 만나 서로를 극하는 것과 마찬가지로 7번째의 천간과 살(殺)을 이루므로 칠살(七殺)이라고도 한다.

- 갑(甲)은 경(庚)을 만나면 상충(相沖)을 한다.
- 을(乙)은 신(辛)을 만나면 상충(相沖)을 한다.
- 병(丙)은 임(壬)을 만나면 상충(相沖)을 한다.
- 정(丁)은 계(癸)를 만나면 상충(相沖)을 한다.

간충은 이렇게 4개뿐이며 사랑과 인정을 뜻하는 합과는 반대로 증오와 이별을 뜻하는 살(殺)로써 작용한다.

2) 지지(地支)의 합·충

지지(地支)의 합은 지합(支合)이라고 하며, 12개의 지지가 서로 짝을 이루어 오행상 다른 성질을 가지게 되는 것으로, 모두 6개다.

- 자(水) + 축(土) : 합하여 토(土)가 된다.
- 인(木) + 해(水) : 합하여 목(木)이 된다.
- 묘(木) + 술(土) : 합하여 화(火)가 된다.
- 진(土) + 유(金) : 합하여 금(金)이 된다.
- 사(火) + 신(金) : 합하여 수(水)가 된다.
- 오(火) + 오(土) : 합하되 제 성질을 유지한다.

이것을 더욱 알기 쉽게 설명하면 아래와 같다.

자 축 인 묘 진 사 오 미 신 유 술 해
축 자 해 술 유 신 미 오 사 진 묘 인
合 合 合 合 合 合 合 合 合 合 合 合
土 土 木 火 金 水　　 水 金 火 木

지지의 충은 지충(支沖)이라고 하며 쉽게 설명하면 다음과 같다.

- 자(水) + 오(火) : 상충(相沖)
- 축(土) + 미(土) : 상충(相沖)
- 인(木) + 신(金) : 상충(相沖)
- 묘(木) + 유(金) : 상충(相沖)
- 진(土) + 술(土) : 상충(相沖)
- 사(火) + 해(水) : 상충(相沖)

3) 삼합(三合)과 방합(方合)

삼합(三合)이란 3개의 지지(地支)가 모여 강력한 오행의 기운을 만드는 것으로 지합(支合)보다 그 의미가 더욱 강하다고 볼 수 있다.

- 해(亥) + 묘(卯) + 미(未) : 목국(木局)을 이룬다.
- 인(寅) + 오(午) + 술(戌) : 화국(火局)을 이룬다.
- 사(巳) + 유(酉) + 축(丑) : 금국(金局)을 이룬다.
- 신(申) + 자(子) + 진(辰) : 수국(水局)을 이룬다.

또한, 삼합은 3개가 모두 갖추어져 있지 않고 2개만 있다고 하더라도 합(合)을 이루어 다른 오행을 형성하므로 함께 기억해 두어야 한다.

방합(方合)이란 동서남북과 사계절을 이루는 3개의 지지(地

亥)들이 모여서 이루어진 것으로 사계절의 성질을 모두 지니고 있는 토(土)에 해당하는 진·술·축·미(辰·戌·丑·未)가 동남서북을 상징하는 목·화·금·수(木·火·金·水)에 해당하는 8개의 지지와 합하여 본래의 성질을 잃고 그 기운에 휩쓸린다는 뜻으로 이 또한 삼합과 마찬가지로 2개만 있어도 합을 이룬다고 본다.

- 인(木) + 묘(木) + 진(土) : 목(木)
- 사(火) + 오(火) + 미(土) : 화(火)
- 신(金) + 유(金) + 술(土) : 금(金)
- 해(水) + 자(水) + 축(土) : 수(水)

{제3장}

사주풀이

四柱解釋

☆육신으로 보는 운세 ☆십이운성으로 보는 운세
☆십이신살로 보는 운세 ☆길흉성으로 보는 운세
☆형·충·파·해와 원진·공망 ☆응용편
☆사주의 실제 감정

1. 육신으로 보는 운세

1) 육신 표출법

사주에서는 일반적으로 연주(年柱)를 조상운으로 보고 월주(月柱)를 부모와 형제의 운, 일주(日柱)를 나와 배우자의 운, 시주(時柱)를 자손운으로 보는데, 특히 일간(日干)은 나를 상징하는 것이기 때문에 그 의미가 가장 중요하며 운세를 판단할 때는 일간을 중심으로 오행과 신살의 관계를 살피는 것이 기본이다.

육신(六神)은 십신(十神)이라고도 하며 음양과 오행의 관계로 돌출된다. 이렇게 육신을 찾아내서 운세를 판단하는 것을 십신간법(十神看法)이라고 한다.

여기에서는 각 신(神)들이 나타내는 의미와 육친(肉親)과의 관계 및 음양(陰陽)의 조화를 밝혀 자신의 운을 알아보기로 하자.

육신을 찾는 방법은 다음과 같은데 일간의 오행이 목에 해당하고 양에 속할 경우 오행이 목이며 양에 속하면 일간에서 볼 때 비견에 해당하는 것이고, 오행은 목인데 음에 속할 경우에는 겁재, 오행이 화이고 양에 속하면 식신, 오행이 화이고 음에 속하면 상관에 해당하는 것이다.

이런 식으로 일간과 나머지 별들의 오행관계를 살펴서 육신의 어디에 해당하는지를 파악한 뒤에 그 육신에 대한 해설을 읽어보면 된다.

육신을 찾는 방법은 <육신표출법>을 보면 쉽게 해결할 수 있다. 그러나 원리를 이해해 두는 것이 편하다는 것은 말할 필요도 없을 것이다.

- 오행(五行)이 일간과 같고 음양도 같은 것 : 비견(比肩)
  　　　　　　　　　　음양이 다른 것 : 겁재(劫財)
- 일간이 오행을 생(生)하고 음양이 같은 것 : 식신(食神)
  　　　　　　　　　　음양이 다른 것 : 상관(傷官)
- 일간이 오행을 극(剋)하고 음양이 같은 것 : 편재(偏財)
  　　　　　　　　　　음양이 다른 것 : 정재(正財)
- 오행이 일간을 극(剋)하고 음양이 같은 것 : 편관(偏官)
  　　　　　　　　　　음양이 다른 것 : 정관(正官)
- 오행이 일간을 생(生)하고 음양이 같은 것 : 편인(偏印)
  　　　　　　　　　　음양이 다른 것 : 인수(印綬)

단, 오(火 ; 陽)·사(火 ; 陰)와 자(水 ; 陽)·해(水 ; 陰)는 육신표출법에서는 음양이 바뀌어 오와 자는 음(陽)으로, 기와 해는 양(陽)으로 취급하니 이 점을 주의할 것.

육신 표출법

六神＼日干		갑(甲)	을(乙)	병(丙)	정(丁)	무(戊)	기(己)	경(庚)	신(辛)	임(壬)	계(癸)
비견(比肩)	天干	갑	을	병	정	무	기	경	신辛	임	계
	地支	인	묘	사	오	진·술	축·미	신申	유	해	자
겁재(劫財)	天干	을	갑	정	병	기	무	신辛	경	계	임
	地支	묘	인	오	사	축·미	진·술	유	신申	자	해
식신(食神)	天干	병	정	무	기	경	신辛	임	계	갑	을
	地支	사	오	진·술	축·미	신申	유	해	자	인	묘
상관(傷官)	天干	정	병	기	무	신辛	경	계	임	을	갑
	地支	오	사	축·미	진·술	유	신申	자	해	묘	인
편재(偏財)	天干	무	기	경	신辛	임	계	갑	을	병	정
	地支	진·술	축·미	신申	유	해	자	인	묘	사	오
정재(正財)	天干	기	무	신辛	경	계	임	을	갑	정	병
	地支	축·미	진·술	유	신申	자	해	묘	인	오	사
편관(偏官)	天干	경	신辛	임	계	갑	을	병	정	무	기
	地支	신申	유	해	자	인	묘	사	오	진·술	축·미
정관(正官)	天干	신辛	경	계	임	을	갑	정	병	기	무
	地支	유	신申	자	해	묘	인	오	사	축·미	진·술
편인(偏印)	天干	임	계	갑	을	병	정	무	기	경	신辛
	地支	해	자	인	묘	사	오	진·술	축·미	신申	유
인수(印綬)	天干	계	임	을	갑	정	병	기	무	신辛	경
	地支	자	해	묘	인	오	사	축·미	진·술	유	신申

2) 육신의 의미

육신(六神)은 각각 기본적인 의미를 가지고 있다. 비견의 경우에는 인간관계에서 자기 자신과 형제·동료 등을 상징하고 성격으로는 독립심과 자존심, 행동으로는 실천력을 상징하는데 이런 식으로 각각의 육신이 가지고 있는 기본적인 의미를 토대로 하여 사주 상의 관계와 운세를 판단하는 것이 십신간법이다.

예를 들어, 비견이 뒤에서 설명할 백호대살에 해당할 경우에는 형제나 시아버지가 객사를 했다고 판단하고, 도화살이나 홍염살에 해당할 경우에는 형제나 시아버지가 음탕했다고 판단하며, 충이나 형에 해당할 경우에는 외롭게 지내거나 고질병을 앓을 가능성이 높다는 식으로 판단하는 것이다.

십신간법은 사주 판단의 여러 가지 요소 중에서 가장 기본이 되는 판단 방법이다.

일단 육신이 가지고 있는 기본적인 의미를 간단하게 알고 넘어가자.

- 비견(比肩) : 자신, 형제, 동료, 친구, 친척, 독립심, 실천력, 시아버지, 시고모 등
- 겁재(劫財) : 자매, 이복형제, 경쟁, 투쟁, 과감성, 속성속재, 손재, 파손 등
- 식신(食神) : 투자, 사교성, 자식, 장모, 제자, 후배, 결혼, 활

동, 진출 등

- 상관(傷官) : 총명, 예술, 자식, 할머니, 사유재산, 관재, 구설, 상해, 수단, 이탈 등
- 편재(偏財) : 아버지, 횡재, 융통성, 첩, 애인, 감추어진 재산, 손해 등
- 정재(正財) : 아내, 내 재산, 인정, 시어머니, 자본주, 현모양처, 아버지, 시조부 등
- 편관(偏官) : 과감, 개혁, 투쟁, 애인, 의리, 무력, 자식, 시동서, 관재, 반항 등
- 정관(正官) : 정의, 통솔력, 지배력, 남편, 자식, 존경, 승진, 당선, 신용, 사업 등
- 편인(偏印) : 계모, 뛰어난 머리, 할아버지, 이모, 적자, 채무, 학업 중단, 고독 등
- 인수(印綬) : 어머니, 학식, 덕성, 선생, 은인, 문서, 명예, 귀인, 승진, 표창 등

3) 사주와 육신

이번에는 <육신표출법>을 바탕으로 사주 작성하는 연습을 해보기로 하자.

앞서 예를 들었던 1985년 2월 25일(음력) 오후 10시 15분에 태어난 여자의 사주에 육신을 대입해 보자.

년	월	일	시
을(식신)	경(인수)	계	계(비견)
축(편관)	진(정관)	미(편관)	해(겁재)

이 사주에서 일간은 계(水·陰)다. 이것을 중심으로 사주의 육신을 표출한 것이다.

- 을은 오행상 일간인 계가 생(生)하고 음양이 같으니까 식신
- 축은 오행상 일간인 계를 극(剋)하고 음양이 같으니까 편관
- 경은 오행상 일간인 계를 생(生)하고 음양이 다르니까 인수
- 진은 오행상 일간인 계를 극(剋)하고 음양이 다르니까 정관
- 미는 오행상 일간인 계를 극(剋)하고 음양이 같으니까 편관
- 계는 오행상 일간인 계와 같고 음양도 같으니까 비견
- 해는 오행상 일간인 계와 같고 원래는 음에 속하지만 육신에서는 음양이 바뀌어 양으로 사용한다고 했으므로 계와는 음양이 다른 것이 되어 비견이 아닌 겁재가 된다.

4) 육신과 신강(身强)·신약(身弱)

흔히 사주가 강하다든가 약하다는 표현을 '신강이다', '신약이다'라고 말하는데 여기에서 (身)은 나, 즉 일간(日干)을 가리키는 말로 신강(身强)이라는 뜻은 사주의 다른 오행들이 일간을 도와주

는 기운이 강하거나 일간과 같은 오행에 해당하는 별들이 많이 있다는 뜻이다.

다시 말해서, 일간을 중심으로 육신을 표출했을 때 일간과 같은 오행인 비견·겁재가 많든가, 일간을 생하여 주는 오행인 편인·인수가 많으면 일간이 힘을 얻어 강해지기 때문에 신강이라고 말하는 것이다.

신약(身弱)은 이와 반대되는 뜻으로, 사주에 일간을 극하는 편관·정관이 많든가, 일간의 힘을 약화시키는 식신·상관이 많을 경우를 가리키는 말이다. 사주에 나를 극하는 별이나 나의 힘을 약화시키는 별들이 많이 있을 경우에는 나의 힘이 약해진다는 것도 당연한 이치다.

가능하면 사주에 오행이 모두 갖추어져 있어야 사고방식이 객관성을 띠게 되고 한쪽으로 치우치지 않기 때문에 평탄한 인생을 보낼 수 있다고 본다. 오행이 어느 한두 가지로 치우치는 경우에는 성격이나 생활이 왜곡되어 있다고 보기 때문에 인생에 파란이 많다고 해석한다.

물론 내격론(內格論)이나 외격론(外格論) 같은 격국론으로 들어가면 오히려 치우쳐야 좋은 경우도 있기는 하지만 그건 특별한 경우에 속하며 기본적으로는 오행을 골고루 갖추고 있어야 좋다고 판단한다.

이제 <육신표출법>을 이용해서 각각의 별의 육신을 찾아냈으면 그 육신들의 기본적인 의미를 토대로 자신의 운세를 알아보기로 하자.

비견
[比肩]

연주(年柱)에 비견이 있는 경우

조상의 공덕으로 출세하지만 응석받이이며 만약 형제나 자매가 있다면 자기가 태어나면서부터 집안이 가난해졌을 것이다. 또한 일찍 집안을 떠나 객지 생활을 하게 되며 어린 나이에 아버지를 잃을 가능성이 높다고 해석한다.

월주(月柱)에 비견이 있는 경우

부모 곁을 떠나 객지에서 자수성가할 운이며 성격은 곧은데 생활에 굴곡이 많고 반드시 형제가 있지만, 정이 별로 없다. 몸은 건강하지만, 금전에 대한 욕심이 없어서 빚을 지며 살게 될 운이다.

월지(月支)가 비견인 경우

자존심이 매우 강하고 남에게 지기를 싫어하며 남의 지시를 받는 것보다는 자기 뜻대로 행동하는 것을 좋아하고 누구에게든 굽히기 싫어하는 독립심이 강한 성격이다. 자기의 마음에 드는 사람에게는 무엇이든지 베풀어주려고 하지만 마음에 들지 않는 사람에게는 인정사정없이 냉정한 태도를 보이는, 감정의 흐름대로 행동을 하는 사람으로 결단성이 강하다고 볼 수 있다. 내 것은 내 것이고 남의 것은 남의 것이라는 식으로 분명한 것을 좋아하는 성격이며 아부를 싫어하고 지나치게 솔직하기 때문에 오히려 손해를 보는 경우가 있고 무슨 일이든 자기 손으로 처리해야만 직성이 풀리는 사람이다. 지나친 주장을 펼침으로 인해 주위 사람을 잃을 수 있으니 성격대로의 언행을 자제하는 버릇을 기르도록 할 것. 대부분 키도 크고 날씬한 편으로 신경질적으로 보이며 겉으로는 양심적이지만 내면적으로는 야심가이며 이익에 밝은 경우가 많다. 목소리는 대부분 강하고 큰 편이다.

일지(日支)에 비견이 있는 경우

일지(日支)는 배우자의 자리인데 이곳에 비견이 있으면 내가 없어도 배우자가 내 자리를 지켜주는 격으로 똑똑한 배우자를 얻게 되지만 정이 없어서 인연은 박하다고 본다. 독신으로 지내거나 별거·이혼하는 사람이 많으며 결혼을 늦게 해야 부부인연을 잘 이끌어 갈 수 있는 사주로 본다.

시주(時柱)에 비견이 있는 경우

성격이 신경질적이어서 신경성 병을 앓을 수 있으며 이사를 자주 하게 되고 자식과의 인연이 박해서 말년을 고독하게 지낼 운세로 본다. 죽는 날까지 자기가 재산을 관리하는 것이 좋다.

사주에 비견이 두 개 이상인 경우

비견은 형제·자매와 분배를 상징하는데, 이것이 두 개 이상 있으면 비견과다라 하여 부모의 유산을 물려받지 못할 운세로 보며 형제·자매와의 정이 없고 배우자나 자식과의 인연도 박해서 고독하게 지내게 되며 여자인 경우에는 색정(色情)이 끊이지 않아 구설과 가정불화에 시달릴 운세다.

사주에 비견이 없는 경우

동료나 친구의 힘이 없고 독립심과 실천력이 결여되어 리더가 되기는 어렵다. 여자인 경우에는 남편에게 순종할 운세라 해서 그다지 나쁘게 보지 않지만, 남자인 경우에는 자존감이 부족하고 줏대가 없다고 본다.

겁재
[劫財]

연주(年柱)에 겁재가 있는 경우

이복형제가 있는 경우가 많고 구설수에 휘말리기 쉬우며 투쟁심이 강하다. 친척 중에 부정을 저지르는 사람이 있을 수 있고 부모와 일찍 이별하여 사업을 일으키지만, 첫 사업은 실패하기 쉽다.

월주(月柱)에 겁재가 있는 경우

일찍이 고향을 떠나 객지에서 자수성가할 운이지만 재산을 모아도 새어나가는 것이 많고 부부간에 이별수가 있다. 결혼은 늦게 하는 것이 좋고 생활에 기복이 심하며 인덕이 없는 생활을 한다.

월지(月支)에 겁재가 있는 경우

겉으로는 얌전해 보이지만 자존심이 강하고 남을 낮추어 보며 교만하고 질투심이 많은 데다 투기와 횡재를 바라는 한탕주의의 성격을 가지고 있다. 무엇이든 자기가 최고라고 생각하며 승부욕이 강하고 안하무인 격이면서 아부를 잘해 이중인격자라고 말할 수 있다. 배우자를 억누르려 하고 금전적인 면과 물질적인 면, 그리고 색정에 늘 마음을 쏟는 성격이다. 그러나 강자에게는 강하고 약자에게는 약해서 약한 사람을 보면 도와주고 친구들과는 물질보다 의리를 중시하는 기백이 있다. 여자인 경우에는 월지에 겁재가 있으면 남편 복이 없고 스스로 생활전선에 뛰어들어야 할 팔자다. 말은 무뚝뚝하며 욕을 많이 하고 힘찬 목소리에 흥분하면 말이 떨려 나온다. 대부분 보통 키에 약간 살이 찐 편이고 인내심이 많다고 본다.

일지(日支)에 겁재가 있는 경우

배우자 인연이 없어서 별거·이별수가 있으며 재산을 모아도 오래도록 간직하기가 어렵고 생활고에 허덕일 운이다. 인덕이 없다고 원망을 해 보지만 그건 모두 자기가 할 탓. 교만한 마음을 버릴 것.

시주(時柱)에 겁재가 있는 경우

자식과의 인연이 없으며 주위로부터 신용을 얻기 어렵고 말년에 질병에 허덕일 운세이며 투기심이 많다. 하지만 마음은 정직한 편이고 눈에 거슬리는 일은 그냥 넘기지 못한다. 아내와 자식을 지나치게 억누르지 말고 자유로운 가정환경을 유지하도록 힘쓸 것.

사주에 겁재가 두 개 이상 있는 경우

겁재는 비견과 비슷하지만, 비견보다는 나쁜 의미가 더 강하다. 비견이 내 형제일 경우에는 겁재는 이복형제를 의미하며 화합보다는 투쟁을, 겸손보다는 교만을 앞세우는 별이기 때문에 겁재가 많으면 투쟁과 분쟁에 자주 휘말리고 재물 손실이 많다고 본다.

사주에 겁재가 없는 경우

겁재는 차라리 없는 것이 좋다고 말할 수 있다. 다만 경찰이나 군인 같은 경우에는 다른데, 투쟁을 상징하는 겁재가 있어야 하기 때문에 오히려 많은 것이 좋다. 여자인 경우에는 겁재가 없으면 모든 사람과 잘 동화하는 부드러운 성격의 소유자라고 본다.

식신

[食神]

연주(年柱)에 식신이 있는 경우

조상의 공덕이 많아 초년을 행복하게 보내게 되며 좋은 가문에서 났다고 본다. 지혜가 뛰어나 모범생이며 집안이 문필을 사용하는 교육자나 학자인 경우가 많다. 다만 신장 계통이나 비장 계통의 병을 조심해야 한다.

월주(月柱)에 식신이 있는 경우

미식가이며 마음이 너그럽고 효성이 지극해서 효자·효녀인 경우가 많다. 몸도 건강하고 대인관계가 좋으며 풍요로운 생활을 보낸다. 다만 공부에는 별 재주가 없고 결혼을 늦게 하게 되며 자식 또한 늦게 얻을 운세다.

월지(月支)에 식신이 있는 경우

마음이 너그럽고 예의가 밝으며 문학과 기예에 능하고 유흥을 즐기는 편이다. 음식은 가리지 않는 편이어서 몸이 뚱뚱한 사람이 많고 낙천적인 성격에 이상보다는 현실에 더 중점을 둔다.

처세술과 대인관계가 뛰어나 주위에 사람이 많으며 이기적인
면에 강하고 반항심은 없는 편이다. 다른 사람의 눈에 성실하고
재미있는 사람으로 보이기 때문에 인덕이 좋은 편이고, 목소리
또한 부드럽고 조심스러워 상대의 기분을 잘 맞추는 편이어서
남자인 경우에는 여성적으로 보이고 여자인 경우에는 인기가
좋다.

일지(日支)에 식신이 있는 경우

부부 인연이 좋고 금전운도 좋지만 상부상처(傷夫傷妻)하기 쉽
고 말년에 고독하게 지낼 운세로 본다. 배우자는 대부분 비만
체격을 유지하고, 마음이 너그럽지만 자식운은 그다지 좋은 편
이 아니다.

시주(時柱)에 식신이 있는 경우

자식운이 좋아서 여러 명의 자손을 두게 되는 운세로 보며, 재
물복도 좋아서 말년에는 풍요로운 생활을 하게 된다. 수명도 길
어서 건강하게 무병장수할 운세이다. 다만 남자인 경우에는 자
식에 대한 근심이 좀 있겠고, 여자인 경우에는 효자·효녀를 두
게 된다.

사주에 식신이 두 개 이상 있는 경우

식신은 내가 생하여 주는 별이기 때문에 사주가 신강이어야 좋
고 신약이면 좋지 않은 작용을 한다. 특히 월주(月柱)에 있는 것

을 좋게 해석하는데 두 개 이상 있을 경우에는 나의 기운이 새어나가는 것과 같아서 힘겨운 인생을 보낸다고 해석하며, 식신이 많은 경우에는 주색에 빠지기 쉬워 가정운이 매우 나쁘다고 본다.

사주에 식신이 없는 경우

자식운이 없다고 보며 주위 사람에게 인기를 얻을 수 없고 임기응변이나 재치가 뒤떨어져 고독한 인생을 보내기 쉽다. 여자인 경우에는 만약 상관(傷官)도 없다면 자식을 두지 못한다고 보며 설사 둔다고 해도 난산의 우려가 있다고 본다.

상관
[傷官]

연주(年柱)에 상관이 있는 경우

할아버지 대에 가문이 기울었다고 보며 내가 귀하게 얻은 자식인 경우가 많다. 복록이 깨지는 운세로 상스러운 꼴을 많이 당하고 집안에 젊은 나이로 죽은 친척이 많은 편이다. 집안은 대부분 기술자의 가문으로 학식과는 인연이 없는 경우가 많고 조상의 공덕이 없다.

월주(月柱)에 상관이 있는 경우

부모 대에 이르러 가문이 기울었다고 보며 형제·자매가 있다 해도 서로 간에 덕이 별로 없고 가족·친척 간에 분쟁이 많은 집안이다. 초년에 가출한 경험이 한두 번은 있고 일찍이 집안과 인연을 끊다시피하고 객지로 나가 생활할 운세이다. 재주와 기능은 뛰어나지만 특출나게 해내는 건 하나도 없으니 어이할까. 여자인 경우에는 남편을 극(魁)하는 운세라 그다지 좋다고 보지 않는다.

월지(月支)에 상관이 있는 경우

겉으로 보기에는 인자하고 자비심이 있어 보이지만 안하무인에 거만하기 짝이 없고 강자에게는 더욱 강하고 약자는 도와주는 의리가 강한 사람이며 누구를 대하든 마음에 들어 하지 않는다. 무슨 일을 하든 이겨야 직성이 풀리며 비밀을 간직하는 것보다는 속 시원히 털어 놓는 성질이다. 머리가 뛰어나고 자존심이 매우 강하며 사치와 허영을 즐기고 시시비비를 가리기 좋아하는, 말이 많은 사람이다. 대부분 부드러운 목소리지만 차가운 말을 뱉는 경우가 많고 몸매는 홀쭉해서 멋쟁이이며 신경질적으로 보인다. 여자인 경우에는 미인이 많고 예술적 기능과 운동신경이 뛰어나다.

일지(日支)에 상관이 있는 경우

예술적인 재주가 뛰어나고 재물운이 좋지만 배우자운이 별로 없고 관재수가 있으며 직업이 뚜렷하지 않다. 남자인 경우에는 미인을 아내로 맞이하게 되고 여자인 경우에는 남편과 이별수가 있다.

시주(時柱)에 상관이 있는 경우

자식운이 좋지 않다고 보며 특히 시간(時干)에 상관이 있으면 여자인 경우 기생 팔자로 본다. 말년에 질병을 얻거나 질병으로 고생하며 뇌질환이 염려되고 고독하다.

사주에 상관이 두 개 이상 있는 경우

상관은 식신과 같은 오행이지만 음양이 다른 것으로 온후하고 인정 많은 식신에 비해 투쟁과 교만이 날뛰는 별이라고 보는데 상관이 많은 경우에는 당연히 머리가 뛰어나고 사람들의 윗자리에 서는 기품과 재능을 갖추었다고 보지만 사주가 신약일 때는 매우 안 좋게 해석한다. 그 이유는 상관도 역시 내가 생하여 주는 별인데 그것이 많으면 나는 힘을 잃게 되어 남의 윗자리에 서고 싶어도 뜻대로 되지 않으니 자연히 모든 일의 방해자가 되기 때문이다.

사주에 상관이 없는 경우

멋을 낸다 해도 아름답게 보이지 않으며 여자인 경우에는 자식운이 좋지 않다. 사람들의 윗자리에 서거나 형사나 의사가 되기는 어렵고 겁재도 없다면 사람이 너무 유순해서 남에게 잘 이용당하게 된다.

편재

[偏財]

연주(年柱)에 편재가 있는 경우

조상의 가업을 계승할 운세라고 보는데 만약 연간(年干)에 편재가 있고 연지(年支)에 비견이 있으면 남자인 경우 아버지가 객사할 운이다. 조상대에는 부자였지만 부모 대에 이르러 가문이 기울었고 아버지는 조상의 가업을 잇지 못해 결국 내가 집안을 이끌어갈 운세다.

월주(月柱)에 편재가 있는 경우

아버지가 완고한 성품이며 물질을 우습게 보고 주색잡기를 좋아해 가정을 몰락시킬 수 있다. 대부분 연애결혼을 하게 되며 남에게 베풀어 줄 때는 생색을 잘 내고, 배짱이 좋아 잘 살지만 겉은 화려해도 실속이 없다. 월간(月干)에 편재가 있으면 아내보다 첩이나 애인을 좋아하고 돈만 보면 써버리는 나쁜 습관을 가진다.

월지(月支)에 편재가 있는 경우

횡재수가 있어서 뜻밖의 재물이 많이 들어온다. 의리를 위해서 이거나 유흥을 즐기기 위해 쓰는 돈은 아까워하지 않으며 돈을 버는 것이라면 수단과 방법을 가리지 않아서 도박을 즐기는 사람이 많고 특히 여자인 경우에는 윤락가로 빠지기가 쉽다. 어렵게 돈을 벌어도 씀씀이는 헤픈 편이고 남을 잘 돌보아 주는 편이지만 남의 도움을 받는 것은 싫어하고 술이나 여자(남자) 중에서 반드시 한 가지를 탐닉하게 된다. 목소리는 명랑한 편이지만 함부로 말을 하는 타입이고 대부분 잘생긴 미남미녀 형이다. 귀족과 같은 인상을 풍기며 키도 큰 경우가 많고 이성에게 인기가 있다. 여자인 경우에는 유흥업계로 진출하면 큰돈을 벌 수 있다.

일지(日支)에 편재가 있는 경우

남자인 경우 두 번의 결혼을 하게 될 운이고 처가와의 인연이 좋지 않으며 주색을 좋아한다. 연애결혼을 하게 되며 낭비가 심하고 만약 정재도 있다면 남자인 경우 여자 문제로 구설수에 오른다. 여자인 경우에는 일지에 편재가 있으면 잔소리가 심하고 의처증이 있는 남편을 만나게 된다.

시주(時柱)에 편재가 있는 경우

남자인 경우에는 아내 덕으로 성공하거나 자수성가하여 말년에는 넉넉한 생활을 보내게 된다. 여자인 경우에는 말년에는 금전운과 식복(食福)이 좋아서 넉넉한 생활을 누리게 된다.

사주에 편재가 두 개 이상 있는 경우

편재는 남의 재산과 횡재를 의미한다고 했으니 돈은 많이 만져도 내 것은 아니라는 뜻이다. 하지만 금전 융통이 좋아서 씀씀이가 헤픈데 사주에 편재가 많으면 그만큼 금전융통이 좋다는 뜻이다. 신강사주에 편재가 많으면 평생 돈 걱정을 하지 않을 운이고, 신약사주인 경우에는 구두쇠가 되기 쉽다. 남자인 경우에는 편재는 아버지와 첩을 상징하므로 편재가 많다면 아버지를 일찍 여의거나 외방출입이 잦다고 보며, 여자인 경우에는 편재는 시어머니이니까 많을 경우에는 둘 이상의 시어머니를 모실 팔자로 본다.

사주에 편재가 없는 경우

만약 정재도 없다면 재성(財星 ; 편재와 정재)이 없는 격이 되어 남자인 경우에는 금전운과 여자운이 없다고 보며, 여자인 경우에는 살림살이가 가난하다고 본다. 단, 사주의 구성에 따라 특별한 경우도 있다.

정재
[正財]

연주(年柱)에 정재가 있는 경우

집안이 부귀했던 가문이며 조상의 공덕이 많고 장남 노릇을 하게 된다. 생활환경도 좋은 편이며 가문을 이을 운세지만 설사 집을 떠나 객지로 나간다 해도 자수성가하여 새로운 가문을 세울 운세다.

월주(月柱)에 정재가 있는 경우

성격이 부지런하며 효자일 가능성이 높다. 부모 대에 가문이 번성했으며 남자는 아내를 사랑하는 애처가다. 건강한 신체에 편안한 생활을 하며 독립심이 강하다. 혼자 힘으로 성공할 운세이고 경제적으로 풍요롭고 계산이 철저하지만 돈에 너무 인색한 것이 흠이다.

월지(月支)에 정재가 있는 경우

분명하고 정확한 것을 좋아하는 성격으로, 성실하며 의식주가 풍족하고 인정이 많다. 한 직장에서 수십 년씩 근속하는 경우가 많으며 지출은 수입의 범위 내에서 알뜰하게 이루어지기 때문에 낭비가 없다. 푼돈을 모아서 목돈을 만드는 성격이며 자손에게 물려줄 유산까지 계산해 놓을 정도로 경제적으로 치밀하고 투철하다. 만약 연주와 월주에 정재와 정관이 나란히 있다면 귀한 가문의 출생자라고 본다. 목소리는 가는 편에 속하고 남자는 약간 작은 키에 눈이 크고 무엇이든지 아끼려 하는 성격을 지니고 있다.

일지(日支)에 정재가 있는 경우
남자인 경우에는 아내 덕이 있지만, 그 권세에 눌려 살며, 여자인 경우에는 알뜰한 살림꾼이지만 인색한 편이고 인정 없는 시부모를 만나게 된다.

시주(時柱)에 정재가 있는 경우
자수성가할 운세로 말년에 높은 지위에 오르며 태평스러운 가정생활을 하게 된다. 중년에 들어서면서부터 운세가 필 것이며, 자손운도 좋지만, 말년이 되어야 더 큰 행운을 잡을 수 있다고 본다.

사주에 정재가 두 개 이상 있는 경우
정재는 재산과 번영을 의미하며 남자에게는 아내가 되는데 신강사주인 경우에는 정재가 많을 경우 돈과 여자를 양손에 움켜쥐고 권세를 누릴 팔자지만 신약사주인 경우에는 힘도 없는 자가 여자만 많이 거느린 형국이 되어 가난하게 살게 된다. 이런 것을 재다신약(財多身弱)의 사주라 한다.

사주에 정재가 없는 경우

신강사주인 경우에는 정재가 없으면 금전운이 없기 때문에 가난하게 살기 쉽고, 신약사주인 경우에는 오히려 좋은 운세로 본다. 정재는 사주가 신강이냐 신약이냐에 따라 운세가 크게 달라지니 이 점을 주의해야 한다. 여자인 경우에는 정재가 없으면 남성적인 부분이 많다고 본다.

편관
[偏官]

연주(年柱)에 편관이 있는 경우

잔병치레가 많고 형제·친척과 불화를 자주 일으켜 흩어질 운세이며, 떳떳하지 못한 집안의 출신일 경우가 많다. 조상 덕이 별로 없으며, 하고자 하는 일에 장애가 많고 차남이나 차녀로 태어난다고 보는데, 만약 장남이나 장녀일 경우에는 불효자가 되기 쉽다.

월주(月柱)에 편관이 있는 경우

부모 덕이 없으며 직업이 뚜렷하지가 않고 주거지가 불분명하다고 본다. 하지만 체력이 좋아서 군인이나 경찰직에 어울리고 혼자서 학문을 닦지만, 질병이 있어서 약을 곁에 두고 살 운세이다.

월지(月支)에 편관이 있는 경우

일찍이 고향을 떠나서 타향을 돌아다닐 운세를 타고났다. 형제간에 불화한다. 사람됨이 분명하고 강자에게는 강하고 약자는 도와주는 기질이 있다. 타협을 싫어하고 자신의 힘만을 앞세워 다른 사람을 무시하며 주색을 가까이하고 다투기를 좋아하지만, 머리는 영리해서 사람을 잘 다룬다. 성질이 급해서 물불을 가리지 않으며 남에게 굽실거리는 것을 죽기보다 싫어한다. 신경질적인 말투를 사용하며 외모는 잘난 편이지만 얼굴이나 신체 중 어느 한 부분에 흉터가 있다. 남자인 경우에는 허우대가 좋고 여자인 경우에는 체격이 크고 힘은 좋지만, 여성적인 면이 부족하다.

일지(日支)에 편관이 있는 경우

머리가 뛰어나서 사람을 잘 다루지만, 몸에 수술 자국이나 흉터가 있고 직업이 자주 바뀐다. 형제·친척과는 불화할 운세이며 남녀 관계에서 변태적인 사랑을 하는 경우도 가끔씩 볼 수가 있다.

시주(時柱)에 편관이 있는 경우

늦게 둔 자식이 출세할 확률이 높으며 말년에는 어려운 병에 걸릴 수 있다. 자식과의 인연은 좋은 편이지만 그 자식 때문에 말년에 근심이 많을 것이라고 본다.

사주에 편관이 두 개 이상 있을 경우

편관은 투쟁과 급한 성질을 나타내는 것으로 힘을 앞세우는 별인데, 이것이 많으면 군인이나 경찰직으로 나서게 될 경우 크게 출세할 수 있지만 그렇지 않은 경우에는 집안이 조용할 날이 없고 빈천한 신세를 면하기 어려우며 감금 생활도 당해볼 우려가 크다.

사주에 편관이 없는 경우

관직이나 공직에서 출세하기는 어렵고 일반 직장이나 상업이 길하며 남의 윗자리에 서는 것보다는 평범한 생활을 보낼 팔자로 본다. 여자인 경우에는 편관·정관이 하나도 없으면 시집을 가기 어렵다고 보며 정관만이 한 개 나타나 있으면 좋은 남편을 얻는다고 본다.

정관
[正官]

연주(年柱)에 정관이 있는 경우

가문을 잇거나 상속을 받을 사람이며 훌륭한 가문의 출생자로
본다. 대부분 장남으로 태어나며 학문을 좋아하여 가문의 이름
을 드높인다. 또한 사람됨이 정직하다. 여자인 경우에는 남편운
이 좋다.

월주(月柱)에 정관이 있는 경우

복록(福祿)을 타고났기에 국가의 녹을 먹는 공무원이 직업으로
서는 가장 좋다. 명예를 중시하며 남에게 의지하기 싫어하고 봉
사 정신이 투철해서 크게 이름을 날릴 것이다. 다만 장사나 사
업은 그다지 맞는 직업이 아니다. 여자인 경우에는 남편이 출세
한다.

월지(月支)에 정관이 있는 경우

공(公)과 사(私)를 분명하게 가려내는 능력이 뛰어나기 때문에
만사를 깨끗하게 처리해 나가며, 형제간에 우애 있고 부모에게

효도하는 정의로운 사람이다. 학교에서는 모범생이나 우등생이며 직장에서는 청렴한 인물이기 때문에 사회적으로 존경을 받는다. 금전보다는 명예를 중시하고 윗사람을 공경할 줄 알며 아랫사람의 허물을 고쳐줄 줄 아는 사람으로 존경을 받는 군자형이다.

일지(日支)에 정관이 있는 경우

자수성가할 팔자이며 남자인 경우에는 아내 덕이 있어서 아름답고 어진 아내를 얻는다. 맞벌이하는 부부가 많고 외로운 사람들을 도와주며 부부 인연이 좋아서 주위의 부러움을 산다. 여자인 경우에는 집안일을 잘 돌보는 남편을 만나게 되며 현모양처감이다.

시주(時柱)에 정관이 있는 경우

애초에 이렇다 하고 내세울 수 있는 배경이 없다 해도, 자신의 남다른 능력으로 출세를 해서 늦게까지 그 권세를 누리게 된다. 비록 돈은 없다 해도 훌륭한 자식을 두어 효도를 받게 되며 자식이 가문을 빛낼 것이다.

사주에 정관이 두 개 이상 있는 경우

정관은 덕을 상징하는 정의로운 별이라고 할 수 있다. 남자인 경우에는 자식을, 여자인 경우에는 남편을 가리키는데, 사주에 이것이 많다는 말은 남자라면 배다른 자식을 둘 수 있다는 뜻이고 여자라면 남편이 바뀌거나 남편 이외에 다른 남자를 곁에 둔다고 해석한다.

사주에 정관이 없는 경우

남자인 경우에는 훌륭한 자식을 두기 어렵고 여자인 경우에는 좋은 남편을 만나기 어렵다. 또한 정의감이 부족해서 편협한 사고방식을 가진 사람이 많으며 공직에서 크게 성공하기는 어렵고 장사나 사업을 하는 것이 좋다.

편인

[偏印]

연주(年柱)에 편인이 있는 경우

부모 대에서 가문이 기울었다고 보며 어렸을 때 죽을 고비를 넘긴다고 해석한다. 잔병치레에 힘이 들고 자식과의 인연이 좋지 않으며 조상의 공덕이 없을 운이다.

월주(月柱)에 편인이 있는 경우

부모 중에 이복형제가 있으며 자식을 늦게 두게 되고 돈을 벌어도 지키지 못해 가난하게 사는 경우가 많고 내게 의지하려는 사람이 많아서 힘겹다. 무슨 일이든 저질러 벌여 놓기는 잘하지만, 마무리를 제대로 하지 못해 버는 돈보다 나가는 돈이 많을 팔자이다.

월지(月支)에 편인이 있는 경우

무슨 일을 하든 걸리적거리는 것이 많아서 자유롭지 못하지만, 재치가 있어서 기회 포착에 능하며 어학과 예술 쪽의 재능이 남달리 뛰어나다. 요령을 좋아하고 꾀를 부려 게으른 편이며,

성격의 기복이 심해서 이중인격자로 보이는 경우가 있고 신경이 예민해서 히스테리적인 행동을 자주 보여 준다. 겉으로는 화해와 대인관계를 즐기는 것처럼 보이지만 내면적으로는 비밀이 많다. 말은 잘하지만, 앞뒤가 맞지 않는 경우가 많고 꾸밈이 많다. 체격은 뚱뚱한 편이고 얼굴색이 밝지 못하며 허리가 굵다. 단, 편·정재와 편인이 함께 들어 있을 경우는 마른 체격인 사람이 많다.

일지(日支)에 편인이 있는 경우

결혼운이 좋지 않아 늦게 결혼하든가 동거 생활을 하게 된다. 성격이 급하고 모든 일에 성실하지 않다. 부부간의 금실도 좋은 편이 아니어서 별거 생활을 해 보거나 일시적으로 이별을 경험할 운세다.

시주(時柱)에 편인이 있는 경우

자식운이 좋지 않아 늦게 둘 팔자이며 말년에는 잔병치레가 많고 고독하게 지내게 된다. 내 자식보다 양자에게 의지할 운세라고 본다.

사주에 편인이 두 개 이상 있는 경우

편인은 고독과 이별과 색난(色難) 등을 뜻하는 별로 보며, 눈치는 빠르지만, 변덕이 심하고 일 처리가 용두사미(龍頭蛇尾) 격인 의미를 지니고 있다. 이것이 많을 경우에는 어학과 예술 분야에 뛰어나지만 쓸데없는 사람들이 주위에 들끓게 되어서 늘 그들을 돌보아주느라고 정작 자신은 허덕이며 살게 될 팔자다. 또는 계모(繼母)와 서모(庶母)가 있다고 본다.

사주에 편인이 없는 경우

언변이 뛰어나지 못하고 재치와 지혜가 부족해서 여러 가지 재주를 가지기는 어렵다. 신강사주인 경우에는 없는 것이 좋고 신약사주인 경우에는 있는 것이 도움이 된다. 여자인 경우에 편인이 없으면 말투가 무뚝뚝한 경우가 많다.

인수
[印綬]

연주(年柱)에 인수가 있는 경우

좋은 가문의 출생자로 보며 교육가로서 대성할 운세다. 학문을 좋아하고 인덕이 많아서 초년에 사랑을 받으며 자라고 외가 쪽의 덕을 많이 보게 된다.

월주(月柱)에 인수가 있는 경우

머리가 좋고 문장이 남달리 뛰어나서 선비의 팔자로 보며, 요즘과 같은 시대에는 학자나 교육자, 또는 다른 사람의 목숨을 구하는 의사나 변호사로 출세한다고 본다. 자식은 일찍 두는 것이 좋은데 만약 늦게 두게 되면 게을러지기 쉬우니 이 점을 주의할 것.

월지(月支)에 인수가 있는 경우

전형적인 현모양처에 인자하고 자비로우며 머리가 총명하고 학문과 예능 방면에 뛰어나다. 몸도 건강하고 명랑한 성격에 의리가 있으며 기품을 갖춘 사람이 많아서 그야말로 신사 · 숙녀가 바로 이런 타입이다. 사람에 따라서 멋 내는 것을 좋아하는 한편 금전적으로는 인색한 경우가 있으며 자존심이 강한 반면에 게으른 경우도 있으나 전체적으로 볼 때 풍요로운 삶을 누릴 운세이다. 말씨는 부드럽고 설득력이 있지만 퉁명스러운 게 흠이고 보통 체격에 항상 단정한 용모를 갖추고 있으며 솔직하다.

일지(日支)에 인수가 있는 경우
부부간에 지나칠 정도로 예의를 찾는 배우자를 만나게 되어 오히려 좋지 않다고 본다. 배우자의 가문은 학자, 선비 집안인 경우가 많고 남자인 경우에는 처가에, 여자인 경우에는 시가에 잘한다. 재물에는 그다지 큰 욕심이 없으며 자식은 늦게 둘 팔자이다.

시주(時柱)에 인수가 있는 경우
자식 인연이 박해서 늦게 자손을 두게 되며, 그 자손은 교육계로 진출하거나 학자로 이름을 날리게 된다. 그러나 나하고는 인연이 그리 좋은 편이 아니며, 배우자의 인연도 그리 좋다고 볼 수 없다.

사주에 인수가 두 개 이상 있는 경우
인수는 지혜와 덕망 그리고 학문과 자비 등을 뜻하는 별로 편인보다는 행복을 암시하지만 이것이 많을 경우에는 사람이 지나치게 좋아서 오히려 바보 같은 취급을 받게 되거나 너무 인색해서 구두쇠가 되기 쉬우므로 좋지 않다고 본다.

사주에 인수가 없는 경우

신강사주라면 오히려 인수가 없어야 조화를 이룰 수 있어서 좋다고 보지만 신약사주인 경우에는 인수가 없으면 나를 돌보아주는 어머니가 없는 것과 같아서 배경이 없는 상태에서 자수성가를 하려니 어려움이 많고 신병이 많아 고독한 생활을 보내게 된다. 인수는 사주 중 월지에 단 하나 있는 것이 가장 좋다고 본다.

2. 십이운성으로 보는 운세

십이운성(十二運星)이란?

십이운성이란 십이포태성운법(十二胞胎星運法)이라고도 하며, 사람이 임신이 되어서 어머니의 자궁을 거쳐 이 세상에 태어나 초·중년기를 지나 말년에 이르러 죽음을 맞이하기까지의 상태를 12시기로 나누어 운명에 적용시킨 것으로 <연해자평(淵海子平)>이나 <명리정종(命理正宗)>, <자평진전(子平眞傳)> 등에서 약간씩의 차이를 보이고 있지만, 여기에서는 현재 역리학에서 가장 많이 취급되고 있는 <연해자평>설을 따르기로 한다. 십이운성은 원래 <지리학>에서 다루었던 것이 명리학에 응용되었다고 하는데, 일반적으로 장생(長生), 목욕(沐浴), 관대(冠帶), 건록(建祿), 제왕(帝旺)을 기운이 왕성한 별로 보고 쇠(衰), 병(病), 사(死), 묘(墓), 절(絶)을 약한 기운의 별로 보며 태(胎), 양(養)을 보통 기운의 별로 본다.

사주 중의 육신이 십이운성의 어느 자리에 해당하느냐에 따라 그 육신에 해당하는 사람의 운세를 알아볼 수도 있고, 어느 기둥(연주, 월주 등)에 속하느냐에 따라 초·중·말년의 운세를 판가름할 수 있기 때문에 십이운성의 판단은 사주추명학에서 매우 중요한 부분을 차지한다고 말할 수 있다.

십이운성은 일간을 중심으로 네 개의 지지를 보는 것이다. <십이운성표출법>을 보고 각각의 지지가 해당하는 별을 찾아보자.

십이운성 표출법

일간 십이운성	갑 (甲)	을 (乙)	병 (丙)	정 (丁)	무 (戊)	기 (己)	경 (庚)	신 (辛)	임 (壬)	계 (癸)
장생(長生)	해	오	인	유	인	유	사	자	신	묘
목욕(沐浴)	자	사	묘	신	묘	신	오	해	유	인
관대(冠帶)	축	진	진	미	진	미	미	술	술	축
건록(建祿)	인	묘	사	오	사	오	신	유	해	자
제왕(帝旺)	묘	인	오	사	오	사	유	신	자	해
쇠(衰)	진	축	미	진	미	진	술	미	축	술
병(病)	사	자	신	묘	신	묘	해	오	인	유
사(死)	오	해	유	인	유	인	자	사	묘	신
묘(墓)	미	술	술	축	술	축	축	진	진	미
절(絶)	신	유	해	자	해	자	인	묘	사	오
태(胎)	유	신	자	해	자	해	묘	인	오	사
양(養)	술	미	축	술	축	술	진	축	미	진

예를 보자. 아래 사주는 일간이 계(癸)다. 그러니까 계를 중심으로 보는데 연지는 축이니까 관대, 월지는 진이니까 양, 일지는 미니까 묘, 시지는 해니까 제왕이 되는 것이다.

년	월	일	시
을(乙)	경(庚)	계(癸)	계(癸)
축(丑)	진(辰)	미(未)	해(亥)
관대(冠帶)	양(養)	묘(墓)	제왕(帝旺)

1) 장생(長生)

★ 내길(大吉)의 별로 보니 사람으로는 싱장의 시기를 나타내 발전성이 있으며 사랑과 유덕함을 뜻한다.

★ 사주에 장생이 있으면 조용한 인품에 머리가 영리하고 예술적 자질과 독창성이 풍부하다고 보며, 대체적으로 혼자의 힘으로 성공하는 사람이 많다.

★ 연주에 장생이 있으면 조상의 덕이 있다고 보며, 어린 시절에 귀여움을 받으며 자랐고 말년에 이르러 편안한 생활을 보내게 된다.

★ 월주에 장생이 있으면 부모·형제의 덕이 좋고 대인관계가 원만하며 주위에 나를 도와주는 사람이 많아서 중년에 이르러 성공을 거두게 된다.

★ 일주에 장생이 있으면 온화한 성품을 가진 사람으로 배우자 덕이 있고 가족과도 화목하게 지내며 장수할 상으로 본다.

★ 시주에 장생이 있으면 귀한 자식을 두게 되며 말년에 이르러 그 자식의 효도를 받게 된다고 보며, 수명도 길고 건강하게 살다가 이승을 하직할 상이다.

★ 사주에 장생이 두 개 이상 있으면 어리광이 심한 편이며 남에게 의지하려는 마음이 강한 사람이라고 본다.

★ 사주에 장생이 없으면 의지력이 강하고 독단적인 성격을 가지기 쉬우며 부모·형제의 덕을 보기는 어려운 상이다.

2) 목욕(沐浴)

★ 대체로 흉(凶)한 별로 보며, 사람으로 치면 자주 옷을 갈아입는 상이기 때문에 색난과 구설에 휘말릴 가능성이 많다. 그래서 도화살(桃花殺)과 같은 의미로 해석한다.

★ 사주에 목욕이 있으면 사치와 허영을 좋아하고 주색잡기에 빠지기 쉬워 구설수에 휘말리기 쉬우며 좌절을 맛보기 쉽다.

★ 연주에 목욕이 있으면 조상대에 색난으로 인하여 큰 낭패를 본 일이 있으며 일찍 결혼하면 이별수가 있다고 본다.

★ 월주에 목욕이 있으면 부모·형제 중에 색난이 있거나 내가 바람둥이기 때문에 부부간에 사소한 다툼이 잦고, 월주에 목욕이 있고 도화살도 있으면 어머니가 재취인 경우가 많다.

★ 일주에 목욕이 있으면 고향을 떠나 살게 되며 배우자나 내가 바람둥이일 가능성이 크지만 배우자 덕은 있어서 풍류를 즐기는 사람과 짝을 이룬다고 본다.

★ 시주에 목욕이 있으면 자식이 밖으로 떠도는 형국이라 자식과의 의견이 맞지 않아 속을 썩이게 된다. 말년에 고독할 운이다.

★ 사주에 목욕이 두 개 이상 있으면 결혼을 두 번 이상 하게 된다고 보며 대체로 유흥업계에서 인기를 얻을 상이다.

★ 사주에 목욕이 없으면 성실하고 정직한 사람이지만 풍류와 멋을 모르고 이성 문제에 둔감해 인생을 재미있게 보내는 비결을 천성적으로 모르는 경우가 많다.

3) 관대(冠帶)

★ 대길(大吉)의 별도 보며, 사람으로 치면 관을 쓰고 관식에 오르거나 결혼을 하는 형상으로 마음껏 활개 치고 다닐 수 있는 좋은 상이라는 뜻이다.

★ 사주에 관대가 있으면 성실하고 명랑한 성격이지만 자기의 주장만을 앞세우고 남의 말을 무시하는 단점이 있다.

★ 연주에 관대가 있으면 조상 덕은 있지만, 초년기에 부모의 속을 썩이거나 일찍 결혼하면 부부의 인연이 바뀔 수 있다. 그러나 중년기에 접어들면서 운이 열려 크게 성공할 상이다.

★ 월주에 관대가 있으면 봉건적인 부모 밑에서 자라며 사회적으로 크게 명성을 떨칠 상이다. 그러나 가정에는 불화가 잦다.

★ 일주에 관대가 있으면 고집이 세고 처세술에 능하며 중년 이후에 크게 발전하게 된다. 자식 또한 총명하고 영리해서 말년에는 편안한 생활을 보내게 된다.

★ 시주에 관대가 있으면 재능이 뛰어난 자식을 두게 되어 가문을 빛낼 것이며 말년에 덕망 있는 인사로 대접 받을 상이다.

★ 사주에 관대가 두 개 이상 있으면 지나치게 보수적이고 고집이 세 융통성이 없어 보이지만 공직으로 진출하면 대성한다.

★ 사주에 관대가 없으면 공직은 맞지 않고 어느 장소에서든지 리더로 나서는 것보다는 배후 조종자의 위치에 서는 경우가 많고 장사나 사업이 어울린다.

4) 건록(建祿)

★ 대길의 별로 보며, 사람으로 치면 부모의 품 안에서 벗어나 자신의 힘으로 홀로서기를 이루는 시기로 어느 장소에서든 앞에 나서길 좋아하고 리더가 되어야 직성이 풀리는 성격이다.

★ 사주에 건록이 있으면 원칙과 이론을 중시하고 싫고 좋음이 분명하며, 자존심이 강해서 차가운 인상을 주지만 능력이 있기 때문에 남의 윗자리에서 충분히 명예를 지킬 수 있다고 본다.

★ 연주에 건록이 있으면 조상 대에 자수성가했다고 보며 초년운이 좋은 상이다.

★ 월주에 건록이 있으면 부모 대에 성공한 집안이며 그 유산을 물려받을 수 있다. 형제·자매도 자수성가할 상이며 자신은 중년 이후에 크게 발전한다고 본다.

★ 일주에 건록이 있으면 집안의 대를 이을 상이지만 배우자 덕이 평범하고 서로의 주장이 강해서 사소한 다툼이 많다.

★ 일주에 건록이 있으면 훌륭한 자식을 두게 되며 말년에 이르러서도 행복한 생활을 하게 될 상이다.

★ 사주에 건록이 두 개 이상 있으면 크게 이름을 떨쳐 유명해지지만, 가정 내에 풍파가 많아 말년에 고독해질 수 있다.

★ 사주에 건록이 없으면 남에게 의지하려는 마음이 있고 무슨 일을 하든지 누군가와 함께 움직이려는 경향이 강해서 줏대가 없는 사람처럼 보이기 쉽다.

5) 제왕(帝旺)

★ 대체로 실(吉)한 별로 보며 사람으로 치면 세상 경험이 풍부한 중년의 나이로 힘이 넘치는 시기여서 강한 기운을 활용해 굳건한 지위에 오를 수 있는 운세다.

★ 사주에 제왕이 있으면 남의 간섭이나 지배를 받는 것을 극단적으로 싫어하며 요행이나 큰 것만을 바라고 작은 것은 하찮게 여기는 거만하고 독선적인 성격이어서 운세가 좋으면 대성하지만, 운세가 약할 경우에는 큰 실패를 하게 된다.

★ 연주에 제왕이 있으면 조상 대에 권력과 부를 지닌 집안의 출신이며 어렸을 때부터 자신감에 찬 생활을 하게 된다.

★ 월주에 제왕이 있으면 부모 대에 부를 축적했다고 보며 역량이 넘치고 수단이 뛰어나 모든 일에 앞장서고 자존심이 강하다.

★ 일주에 제왕이 있으면 성격이 강하고 자신을 지나치게 앞세워 다른 사람을 우습게 여기지만 마음에 드는 사람에게는 무엇이든지 베풀어 주려 하는 나름대로의 인정이 있다.

★ 시주에 제왕이 있으면 자손 한 명이 가문을 빛낼 것이지만 자신은 노년기에 질병으로 고생할 상이다.

★ 사주에 제왕이 두 개 이상 있으면 자존심이 강해 대인관계나 부부인연이 좋지 않지만, 경찰이나 군인으로 나서면 대성한다.

★ 사주에 제왕이 없으면 성격이 나약하고 온화하며 노력한 만큼의 대가를 얻기가 어렵다.

6) 쇠(衰)

★ 대체로 흉(凶)한 별로 보며 사람으로 치면 기운이 빠져서 힘을 잃는 것과 같아서 스스로 뭔가를 이룰 능력은 없지만 세상 풍파를 많이 겪어 본 만큼 권모술수에 능하다고 본다.

★ 사주에 쇠가 있으면 분위기를 좋아하며 온순한 성격이지만 부모 대에는 미치지 못하는 살림을 하게 되며 뜻밖의 재난을 당할 염려가 있다.

★ 연주에 쇠가 있으면 조상과 부모덕이 없으며 말년에 이르러 몸과 마음의 고생이 크다고 본다.

★ 월주에 쇠가 있으면 결단력이 없고 마음이 약해서 남의 말에 쉽게 넘어가며 형제·친척의 덕이 없어서 고독하다.

★ 일주에 쇠가 있으면 부모덕이 없으며 스스로 험난한 인생을 선택해 일찍 집을 떠나서 살게 된다. 여자인 경우에는 남편운이 없으며 결혼을 한다 해도 병약한 남편을 얻게 된다.

★ 시주에 쇠가 있으면 자식운이 좋지 않아 말년에 고독한 인생을 보내게 되며 배우자와 일찍 사별하게 된다.

★ 사주에 쇠가 두 개 이상 있으면 초년기부터 잔병치레를 자주 하며 재물운이 없어서 열심히 일해도 넉넉한 생활을 하기 어렵다고 보며 고독한 인생이다.

★ 사주에 쇠가 없으면 재치나 권모술수보다는 정의감과 성실감을 앞세우는 사람으로 노력만큼의 결과를 얻을 수 있다고 본다.

7) 병(病)

★ 쇄 흉한 별로 보며 사람으로 치면 늙어서 병드는 시기와 같아서 사물을 비판적으로 대하며 공상이 많고 감정이 풍부하다.

★ 사주에 병이 있으면 조용한 것을 좋아하며 몸이 약한 편이고 초년기에 죽을 고비를 넘겨 본 경험이 있고 배우자와의 인연이 좋지 않다고 본다.

★ 연주에 병이 있으면 조상의 가문이 힘이 없었다고 보며 초년기에 질병으로 큰 고생을 할 운세다.

★ 월주에 병이 있으면 마음은 착하지만, 부모·형제 중 질병으로 고생할 사람이 있고 중년에 들어서면서 운세가 약해진다.

★ 일주에 병이 있으면 부부의 운이 좋지 않아 한쪽이 질병으로 큰 고생을 하게 되거나 이별할 운세라고 보며 자신의 건강도 좋은 편은 아니다.

★ 시주에 병이 있으면 자식운이 좋지 않고 자녀 중 한 명이 병 치레할 것이며, 말년에 이르면 거동이 불편해질 운세다.

★ 사주에 병이 두 개 이상 있으면 가족 중의 한 명이 갑작스럽게 병을 얻어 죽었을 가능성이 높고 자신은 초년기부터 고질병을 앓을 우려가 크다.

★ 사주에 병이 없으면 신체가 건강하고 정신도 맑아서 일하는 데 어려움이 없고 배우자도 건강한 사람을 얻게 된다. 일반적으로 병은 사주에 없는 것이 좋다.

8) 사(死)

★ 대흉(大凶)의 별로 보며 사람으로 치면 병이 들어 죽음에 이르는 것과 같아서 욕망과 의욕이 없으며 적극성이 결여되어 있다.

★ 사주에 사가 있으면 마음이 여리고 수줍음을 잘 타며 한 가지 일을 생각하면 거기에 몰두하는 외골수적인 기질이 있다. 결단력과 적극성은 없지만 용의주도한 판단력과 분별력이 있어서 유비무환의 인생을 살아가는 운세다.

★ 연주에 사가 있으면 괜찮은 가문에서 태어났지만, 부모와의 인연이 없어서 일찍 객지로 나와 타향살이를 하게 될 운세다.

★ 월주에 사가 있으면 형제와의 인연이 없고 활동력과 적극성이 부족하지만, 머리는 좋은 편이고 공부하는 것을 즐긴다.

★ 일주에 사가 있으면 가정이 적막하고 부부운이 좋지 않고 초년기에 질병으로 고비를 넘긴 적이 있고 남자는 외아들인 경우가 많고 여자는 스스로 생활전선에 뛰어들어야 하는 경우가 많다.

★ 사주에 사가 있으면 자식운이 없고 말년에 자식으로 인해 마음고생이 클 운세다.

★ 사주에 사가 두 개 이상 있으면 무능하고 급한 성격에 결단력도 없으며 부부인연과 대인관계가 좋지 않고 고독한 일생을 보내게 된다.

★ 사주에 사가 없으면 흉한 의미들이 많이 사라지게 되어 이로운 점이 있어도 해로운 점은 없다.

9) 묘(墓)

★ 대흉(人凶)의 별로 보며 사람으로 치면 죽어시 관 속으로 들어가는 격이라 사방이 답답하고 내성적인 성격이며 안정된 생활을 좋아하게 된다.

★ 사주에 묘가 있으면 부모 · 형제와의 인연이 없고 거주지가 뚜렷하지 않으며 늘 걱정과 근심을 안고 살게 되며 부부 사이의 운세도 좋지 않다고 본다.

★ 연주에 묘가 있으면 조상의 무덤을 지키는 격으로 가문을 잇는 경우가 많고 안정된 생활을 좋아한다.

★ 월주에 묘가 있으면 부모 · 형제와의 인연이 없고 재물 손실이 많으며, 초년에 고생이 많을 운세다.

★ 일주에 묘가 있으면 일찍 집을 떠나 타향살이를 하게 되며 중년 이후부터 운이 열린다고 보는데, 배우자와의 인연도 늦게 결혼해야 좋을 운세다.

★ 시주에 묘가 있으면 말년에 자식운이 없으며 고독하고 병약한 생활을 하게 된다고 본다.

★ 사주에 묘가 두 개 이상 있으면 가정이 적막하고 사방팔방이 막힌 격이라 되는 일이 없으며 고집이 있어서 잘 어울리지 못해 중년 이후에는 약간 운이 열릴 운세라고 본다.

★ 사주에 묘가 없으면 흉한 의미들이 많이 사라지게 되어 이로운 점은 있어도 해로운 점은 없다.

10) 절(絶)

★ 대흉(大凶)의 별로 보며, 사람으로 치면 한 사람의 시대가 끝나고 다음 사람의 새로운 시대가 열리는 격으로 계승을 한다는 의미가 있고 허무함과 기대, 즉 양면성을 갖추고 있다고 해석을 한다.

★ 사주에 절이 있으면 인정에 이끌리기 쉽고 순종하는 마음이 강해서 직장생활이 알맞고 여자인 경우에는 남자의 감언이설에 쉽게 몸을 허락한다.

★ 연주에 절이 있으면 조상덕이 부족하여 어린 시절에 고생이 많고 대를 잇기 어렵다.

★ 월주에 절이 있으면 부모·형제와의 인연이 없고 초년기에 많은 고생을 하며 학업이 중단되었다가 다시 이어지는 경우가 많다.

★ 일주에 절이 있으면 대를 자주 바꾸는 격이라 이성 문제로 인해 부부 사이에 다툼이 많아서 올바른 가정을 꾸려나가기 어렵다고 본다. 일방적으로 성격이 급한 사람이 많다.

★ 사주에 절이 있으면 대가 끊어지는 격이라 자식운이 좋지 않고 자식 때문에 속을 썩어 말년에 고독한 생활을 하게 된다.

★ 사주에 절이 두 개 이상 있으면 결혼을 두 번 이상 하게 되며 자식을 두기 어려운 운세로 대가 끊길 운세라고 해석한다.

★ 사주에 절이 없으면 흉한 의미들이 사라지기 때문에 좋은 의미로 해석한다.

11) 태(胎)

★ 대체적으로 길(吉)한 별로 사람으로 치면 어머니의 뱃속에 잉태된 격이라 희망적이고 진취적이라고 보지만 힘이 부족해서 마무리 짓지 못하는 단점이 있다고 해석한다.

★ 사주에 태가 있으면 남에게 의지하는 마음이 있고 초년에 편안한 생활을 하게 되지만 뛰어난 구상과는 다릴 실천력과 행동력이 뒤떨어진다고 본다.

★ 연주에 태가 있으면 괜찮은 집안에서 태어나지만, 초년기에 고생이 많으며 중년이 지나야 운이 들어오게 된다.

★ 월주에 태가 있으면 부모·형제의 기운이 약하고 큰일을 이루기 어렵다. 작은 희망이라면 이룰 수 있고 결혼한 뒤에 운세가 열린다고 본다.

★ 일주에 태가 있으면 부부운이 안 좋고 서로 비밀이 많다. 초년기는 몸이 약하며 중년 이후 운세와 함께 건강도 되찾는다.

★ 시주에 태가 있으면 집안을 이을 아들을 두기 어려우며 딸을 많이 두게 되고 말년이 고독하다.

★ 사주에 태가 두 개 이상 있으면 남자인 경우에는 추진력이 없고 게으르며 여자인 경우에는 마음속에 고민이 많고 남편에게 불만이 많은 인생을 보내게 된다.

★ 사주에 태가 없으면 아이디어는 부족하지만, 성격이 강하며 추진력과 결단력이 좋다고 볼 수 있다.

12) 양(養)

★ 대체로 길한 별로 보며 사람으로 치면 부모의 보호를 받는 아이와 같고 사물의 시작과 같아 계획성이 있는 생활을 좋아한다.

★ 사주에 양이 있으면 봉사 정신은 강하지만 인내심이 부족하고, 성실하고 낙천적이지만 나서기를 좋아하지 않으며 양자로 가게 되는 경우가 많다.

★ 연주에 양이 있으면 양자인 조상의 가문에서 출생했다고 보며 장남이 많고 그렇지 않으면 일찍 집을 떠나 독립하게 된다.

★ 월주에 양이 있으면 부모 곁을 떠나 독립하거나 양자가 될 가능성이 크며 이성 관계가 복잡해 망신을 당할 우려가 있다.

★ 일주에 양이 있으면 남자인 경우, 여자로 인한 색난이 있고 배우자운이 좋지 않으며 여자인 경우, 자신을 감싸주는 부드러운 남편을 만나게 된다.

★ 시주에 양이 있으면 자식운이 좋지 않으며 자식을 두게 되면 그 뒷바라지로 힘겹게 살거나 일찍 집안에서 내보내게 된다.

★ 사주에 양이 두 개 이상 있으면 부모가 양자이거나 자기가 양자로 가게 되며 남자인 경우에는 아내보다는 첩에게 마음을 빼앗기고 여자인 경우에는 씨가 다른 아이를 낳을 우려가 크다.

★ 사주에 양이 없으면 인덕이 없으며 주위의 도움이 적고 스스로 인생을 헤쳐나가야 한다. 양은 없는 것이 좋으며 있을 경우에는 연주(年柱)에 단 한 개가 있어야 괜찮다고 본다.

3. 십이신살로 보는 운세

십이신살(十二神煞)이란?

십이신살은 주로 세운(歲運 : 한 해 한 해의 운세)을 알아보는 데 많이 사용되지만, 사주의 기본적인 운세를 파악하는 데도 사용된다. 예를 들어 사주의 인수가 십이신살 중의 망신살이나 연살과 같은 주(柱)에 있으면 어머니가 단정하지 못했거나 재취일 가능성이 크다고 보기 때문에 사주 전체를 판단할 때도 매우 중요한 위치를 차지한다고 보는 것이다.

십이신살은 기본적으로 연지(年支)를 중심으로 보는 것이지만 일지(日支)를 중심으로 본다는 견해도 있어서 여기에서는 두 가지를 모두 사용하여 연지를 중심으로 한 것은 바깥일을, 일지를 중심으로 한 것은 집안일을 알아보는 자료로 삼기로 한다.

아래의 예를 보자.

연지를 중심으로 보면 축이니까 축에서 진은 천살, 미는 월살, 해는 역마가 되고, 일지를 중심으로 보면 미니까 미에서 축은 월살, 진은 반안, 해는 지살이 된다. 이렇게 작성한 뒤에 바깥일과 집안일을 판단하는 것이다.

그리고 세운을 보는 경우라면 이 사주로 볼 때 1997년은 정축년, 즉 축에 해당하니까 연지를 중심으로 보면 축에서 축은 화개가 되어 바깥일에서는 학생이라면 공부에 신경을 쓰게 되고 성인이라면 이성 문제로 마음을 상하게 된다고 보며, 일지를 중심으로 보면 미에서 축은 월살에 해당되어 집안일에서는 마음이 답답하고 일이 제대로 풀리지 않아 고독한 한 해를 보내게 될 것이라고 해석하는 것이다.

예)

년	월	일	시
을(乙)	경(庚)	계(癸)	계(癸)
축(丑)	진(辰)	미(未)	해(亥)
	천살	월살	역마 → 연지 중심 : 바깥일
월살	반안		지살 → 일지 중심 : 집안일

십이신살 표출법

神煞 年支	겁살 (劫煞)	재살 (災煞)	천살 (天煞)	지살 (地煞)	연살 (年煞)	월살 (月煞)	망신 (亡身)	장성 (將星)	반안 (攀鞍)	역마 (驛馬)	육해 (六害)	화개 (華蓋)
신자진 (申子辰)	사 (巳)	오 (午)	미 (未)	신 (申)	유 (酉)	술 (戌)	해 (亥)	자 (子)	축 (丑)	인 (寅)	묘 (卯)	진 (辰)
인오술 (寅午戌)	해 (亥)	자 (子)	축 (丑)	인 (寅)	묘 (卯)	진 (辰)	사 (巳)	오 (午)	미 (未)	신 (申)	유 (酉)	술 (戌)
사유축 (巳酉丑)	인 (寅)	묘 (卯)	진 (辰)	사 (巳)	오 (午)	미 (未)	신 (申)	유 (酉)	술 (戌)	해 (亥)	자 (子)	축 (丑)
해묘미 (亥卯未)	신 (申)	유 (酉)	술 (戌)	해 (亥)	자 (子)	축 (丑)	인 (寅)	묘 (卯)	진 (辰)	사 (巳)	오 (午)	미 (未)

1) 겁살(劫煞)

겁살의 의미

겁살은 남에게 겁탈당하고 강탈당하는 뜻을 가지고 있으며 아무리 성실하게 행동했다 해도 결과가 좋지 않아 재물을 잃거나 사고를 만나게 되고 관재수나 구설수에 오르내리게 되며 강제적인 제약을 받게 된다고 본다.

일반적으로 사주에 겁살이 있으면 남에게 억눌리는 삶을 살게 되고 부동산을 소유해도 압류나 강제매각 같은 경험을 겪게 된다. 그러나 십이운성의 장생·관대·건록·제왕 등과 같은 주(柱)에 있으면 강한 힘으로 큰일을 해낼 수 있는 인물로 해석한다. 또한 겁살이 육신의 정관과 함께 있으면 관직에서 크게 이름을 떨치고 편재나 정재와 함께 있으면 큰 부자가 되며 편관과 함께 있으면 비천한 생활을 하게 된다(함께 있다는 뜻은 같은 주(柱)에 있다는 뜻).

★ 연주(年柱)에 겁살이 있으면 가문을 잇기 어려우며 일찍 객지로 나가 초년고생을 하게 된다.
★ 월주(月柱)에 겁살이 있으면 부모·형제와 정이 없으며 친척 중에 몸이 불편하거나 단명한 사람이 나올 운세로 본다.
★ 일주(日柱)에 겁살이 있으면 부부 사이의 인연이 좋지 않고 자기나 배우자가 질병에 시달리게 된다.

★ 시주(時柱)에 겁살이 있으면 자식운이 없고 자식이 있다 해도 몸이 불편하거나 단명하기 쉽다.

★ 자식의 띠가 겁살에 해당할 경우에는 아들이면 그 이후의 자손이 귀하고 딸인 경우에는 계속해서 딸만 낳는 경우가 많다.

★ 띠가 겁살에 해당하는 자녀는 대개 방탕한 생활을 하거나 가출을 하여 속을 썩이고 지지(地支)가 겁살에 해당하는 해에 자녀를 두게 되면 그때부터 집안이 몰락하는 경우가 많다.

★ 대운(大運)에서 겁살이 오면 물건을 강제로 압류당하거나 잃어버리는 경우가 많고 갑작스런 사고나 질병에 시달릴 수 있으며 집안도 조용하지 못해서 가족 간에 흩어지는 일이 발생한다. 남자인 경우에는 겁살대운에 삼재(三災)가 겹치면 직장이나 지위를 잃게 되고, 여자인 경우에는 겁살대운에 삼재가 들면 남편이 바람을 피거나 돈을 탕진해 불길한 생활을 하게 된다.

★ 세운이 겁살에 해당하는 해에는, 여자인 경우 겁탈을 당한다는 의미로 보기 때문에 남자가 생겨 결혼하게 된다고 보며, 남자인 경우에는 자신을 억누르는 여자를 만나 그 품에서 헤어나기 어렵다고 본다. 결혼한 사람이라면 임신 중 유산을 조심해야 하고 자녀가 있다면 사고를 조심해야 한다. 사업을 한다면 확장하지 말 것이며 투자나 도박은 금물이고 갑작스런 병에 걸릴 수 있으니 미리 건강한 상태를 체크하는 것이 좋다.

★ 띠가 겁살에 해당하는 배우자를 맞이하게 되면, 남자일 경우 아내의 치마폭에 싸여 공처가가 되기 쉽고, 여자일 경우 남편의 권세에 눌려 기를 펴고 살기 어렵다.

2) 재살(災煞)

재살의 의미

재살은 다른 말로 수옥살(囚獄煞)이라고도 하는데, 피가 튀는 싸움과 사고를 암시하며 납치나 감금, 포로가 되는 경험도 있게 되는 무서운 살성(煞星)이다.

만약 사주에 편관이나 정관이 합해서 세 개 이상 있고 재살이 있을 경우에는 반드시 한 번 이상 갇혀 보게 된다. 또한, 편재나 정재와 함께 있을 경우에는 남자라면 아내가 화를 당하거나 재산이 흩어질 운세로 보고, 여자라면 구두쇠가 되기 쉽고 지나치게 돈에 집착한다고 본다.

★ 연주(年柱)에 재살이 있으면, 조상 중에 비명횡사를 한 사람이 있다고 보며 관재수와 구설수에 휘말리기 쉽고 잔병치레를 많이 한다.

★ 월주(月柱)에 재살이 있으면, 부모·형제 중에 비명횡사하거나 객사한 사람이 있다고 보며 재살의 의미가 강해서 한 번 이상 자유를 빼앗기고 갇히게 되는 경험을 한다고 본다.

★ 일주(日柱)에 재살이 있으면, 부부 관계가 좋지 않고 뜻밖의 사고를 당할 위험이 있으며 배우자의 운도 미약해진다.

★ 시주(時柱)에 재살이 있으면, 자녀와의 인연이 좋지 않으며 자녀가 어려서 큰 질병을 앓거나 잔병치레를 하기 쉽다.

★ 나의 연지(年支) 또는 일지에서 볼 때 띠가 재살에 해당하는 사람은 내게 도움을 줄 상대로 보는데, 자녀일 경우에는 말년에 나를 부양할 것이고 부하일 경우에는 충성을 다하며 배우자일 경우에는 내 앞에서 고개를 들지 못할 정도로 순종하게 된다. 그러나 재살에 해당하는 띠를 가진 사람은 뒤에서 내 욕을 하는 경우가 많으며 평상시에는 잘하다가도 한번 다투고 나면 무서운 적으로 변한다는 단점이 있다.

★ 띠가 재살에 해당하는 사람을 다룰 때는 위압적인 모습을 보여 상대의 기를 꺾어야 나중에 우습게 보이는 일이 없다. 지나치게 잘 대해주면 큰 화를 입을 우려가 있다. 대부분 앞에서는 순종하는 척하지만, 마음속으로는 때가 오기를 기다리는 사람이 많기 때문이다.

★ 재살에 해당하는 대운이 오면 주위 사람들을 이용해서 자신의 목적과 희망을 이룬 뒤에 마치 도망치듯 이리저리 숨어다니며 생활하게 된다고 본다.

★ 재살에 해당하는 대운에 투자나 사업 확장을 하면 부도를 내기 쉽고 자칫하면 감옥에 갇히는 경험도 하게 된다.

★ 재살에 해당하는 세운이 오면 사고를 당해 몸에 흉터가 생기거나 갑작스런 질병으로 수술을 하게 되며 사업가는 자본금을 잃게 되고 공직에 있는 자는 명예를 손상당할 우려가 크다. 여기저기에 좋지 않은 소문이 퍼져서 정신적으로 많은 고통을 당하게 되니 가능하다면 새로운 일에 손대지 말고 자중하는 것이 좋다.

3) 천살(天煞)

천살의 의미

갑작스런 재난을 암시하며 하는 일이 제대로 풀려나가지 않는, 장해물과 같은 흉살(凶殺)로서 주로 천재지변의 화를 당한다고 본다. 태풍이나 홍수, 화재 등의 불상사를 의미하며 심장마비나 고혈압, 암, 정신병 등의 재난을 상징하는 살이다.

천살이 있는 사람은 적은 돈을 쓰고도 생색을 내기 좋아하며 자만심이 강하고 다른 사람들을 깔보며 허세와 허풍이 심하다. 또한 주제에 맞지 않는 큰돈만을 중시해서 빚을 지고도 허영에 들떠 다니는 사람이 많다.

금전에 대한 욕심이 그다지 큰 편이 아니어서 채권이나 채무 관리가 허술하지만, 명예욕이 대단해서 자존심을 상하게 되면 불같이 화를 내며, 주위의 배경 따위는 무시하고 스스로의 힘으로 세파를 헤쳐나가려 한다.

만약 일주에 천살이 있으면(연지에서 볼 때) 이유도 없이 몸이 아파서 약으로 살며 기가 약해 일찍 사망하거나 신체에 장애가 있을 수 있으며 배우자운과 자녀운도 좋지 않고 성격도 그다지 좋다고 볼 수 없다. 여자인 경우에는 남자를 우습게 여기는 경향이 강하다.

★ 연주(年柱)에 천살이 있으면 가까운 조상 중에 비명횡사를

한 사람이 있었다고 보며 일찍 집을 떠나 타향살이를 하게 된다.

★ 월주(月柱)에 천살이 있으면 부모·형제 중에서 급사하는 사람이 나올 확률이 높고 집안과의 인연이 좋지 않다고 본다.

★ 일주(日柱)에 천살이 있으면 부부의 정이 좋지 않고 어느 한 쪽이 천재지변으로 목숨을 잃게 된다고 본다.

★ 시주(時柱)에 천살이 있으면 자식에게 좋지 않으며 자식이 사고를 당할 우려가 있다.

★ 띠가 천살에 해당하는 사람은 나의 정기를 빼앗아가는 격이라 아무리 베풀어도 그 공이 돋보이지 않게 된다. 만약 자녀라면 내 재산을 탕진해버리게 될 것이고 함께 일하는 사람이나 부하라면 그로 인해 내 재산이 탕진된다고 본다.

★ 천살에 해당하는 대운이 오면 천재지변 아래에서 몸을 떠는 격이니 가슴이 뛰고 혈압이 상승하며 온몸이 굳는 듯한 감각을 느끼기 때문에 심장마비, 고혈압, 중풍 등의 질병에 걸리기 쉽다고 보며, 천살은 천재지변을 상징한다 했으니 이 대운에 들어섰을 때는 여름의 홍수, 겨울의 눈사태 등을 조심해서 가능하다면 위험한 장소에 가지 않는 것이 좋다.

★ 천살에 해당하는 세운이 오면 명예가 상승하고 사업을 확장하고 싶은 마음이 들지만 생각했던 것만큼의 이익을 낼 수 없으며 주위 사람들이 도와주지 않아 외로운 세월을 보내게 된다. 또한 이유 없이 몸이 아프고 남자인 경우에는 기를 잃고 허덕이며 여자일 경우에는 남자의 정기를 멀리하게 된다.

4) 지살(地煞)

지살의 의미

지살은 말 그대로 땅의 조화를 뜻하며 어떤 의미에서는 역마(驛馬)와 같은 뜻을 지니고 있어서 이사나 변동, 여행, 타향살이, 집안의 변동 등을 뜻한다.

지살도 다른 살과 마찬가지로 지살이 있는 주(柱)의 육신과의 조화를 중요시하는데, 인수(印綬)와 함께 있으면 공부를 하기 위해 멀리 나간다고 보며 도화살이나 홍염살과 함께 있으면 이성을 찾아 미친 듯이 떠돌아다니게 된다. 또한 편인(偏印)과 함께 있으면 돌아다니며 말을 하는 팔자이니 통역가가 된다고 보며, 편관(偏官)이나 정관(正官)과 함께 있으면 외무부나 해외부서에 근무하게 된다고 본다.

지살이 있는 사람은 세일즈맨, 운수업 등의 직업을 가지기 쉽고, 출장지 근무 등으로 바쁜 생활을 하는 경우가 많다.

★ 연주(年柱)에 지살이 있으면 고향을 떠나 타향에서 살게 되며 가까운 조상이 객사했다고 본다.

★ 월주(月柱)에 지살이 있으면 부모가 바삐 돌아다니느라고 나를 돌보아 줄 시간이 없어서 초년기를 외롭게 보내며 자수성가할 팔자라고 본다.

★ 일주(日柱)에 지살이 있으면 부부가 서로 다른 곳을 찾아 떠

돌아다니는 격이니 뜻이 맞지 않고 함께 있는 시간이 적어 정이 없다고 본다.

★시주(時柱)에 지살이 있으면 자녀가 겉도는 격이라 내 품 안에 있지 않고 늘 밖으로 돌아다니며 속을 썩이게 된다.

★띠가 지살에 해당하는 사람은 내 곁에 있지 않고 돌아다니기만 좋아하다 보니 나와는 별 인연이 없고 쉽게 친해지기도 어렵다. 만약 자녀의 띠가 재살에 해당한다면 일찍부터 독립해 내보내거나 출가한 뒤에는 나를 부양하지 않을 사람으로 본다.

★지살에 해당하는 대운이 오면 해외여행이나 해외 출장을 가게 되거나 이사, 변동, 직장을 옮길 수 있고, 처녀·총각인 경우는 길이나 여행지에서 상대를 만나게 되며 무역이나 영업직에 있는 사람은 큰돈을 만질 수 있다. 교통사고나 추락 사고를 조심하고 부부 사이에는 가능하면 잠자리를 따로 하는 것이 예방의 비결이라고 말할 수 있다.

★지살에 해당하는 세운이 오면 이사나 변동, 해외 출장 등의 일이 생기며 새로운 직장이니 새로운 사업을 벌이게 되고 금전융통이 좋아서 무엇이든지 새것으로 바꾸고 싶어진다. 여자인 경우에는 남자와 각방을 쓰게 되고 이로 인해 불화가 빚어지며 심하면 별거를 하거나 아예 이혼하는 일도 있다. 처녀나 총각은 이곳저곳 떠돌아다니며 여행하기를 좋아하고 중년인 경우에는 갑자기 고향 생각이 나서 그곳으로 발길을 옮기는 일이 많다.

★지살 대운이나 세운이 오면 여기저기 돌아다니며 투자를 하는 것이 이익을 가져다주니 바쁘게 움직이는 것이 좋다.

5) 연살(年煞)

연살의 의미

연살은 다른 말로 도화살이라고도 불리며 일종의 색난(色難)을 암시하는 살이다. 대체적으로 신경이 예민하고, 화려하고 아름다운 것을 좋아하며 이성 문제에 민감한 반응을 보이는 것으로, 사주에 연살이 있으면 주색을 즐기며 음탕하다고 본다. 또한 사주에 연살이 있으면 세상살이를 귀찮게 여기고 가정을 소홀히 하는 경우가 많고, 고독을 암시하기도 하며 끈질긴 학문수련을 의미하기도 하기 때문에 척척박사를 상징하기도 하고, 연예계에서 스타덤에 오를 수 있는 인기를 상징하기도 한다.

육신 중의 어느 별이 연살에 해당하느냐에 따라 가족 문제를 볼 수 있는데, 편재와 연살이 함께 있으면 아버지가 주색을 밝혔으며, 인수와 함께 있으면 어머니가 품행이 단정치 않았다고 본다.

★ 연주(年柱)에 연살이 있으면 조상이 배우자의 인연을 지켜주는 격이 되어 부부 사이의 애정이 두텁다.
★ 월주(月柱)에 연살이 있으면 월주는 부모와 형제를 상징하기 때문에 부모·형제 중에서 월주에 해당하는 육신이 이성 문제로 속을 썩인다고 본다.
★ 일주(日柱)에 연살이 있으면 배우자의 품행이 단정치 못하다는 뜻으로 부부 사이에 다툼과 갈등이 많다.

★ 시주(時柱)에 연살이 있으면 자식이 이성 문제로 속을 썩이고 그 결과 부부의 애정에도 문제가 발생한다고 본다.

★ 여자 사주에 비견·겁재가 많고 연살이 있거나, 관성이 많고 연살이 있거나, 합(合)이 두 개 이상 있고 연살이 있을 경우에는 매우 음란하다고 본다.

★ 띠가 연살에 해당하는 사람은 그가 자식이든 친척이든 또는 남이든 나를 위해 일을 해줄 사람으로 보며 부하로 이용하기에 적합하다.

★ 일반적으로 연지(年支)에서 볼 때 띠가 연살에 해당하는 자식은 결혼 전에 낳았을 확률이 높다.

★ 대운에서 연살이 오면 주색에 탐닉하게 되고 집안을 돌보지 않는데, 만약 사주에 연살이 있는 상태에서 대운에서 또 연살운이 오게 되면 남자인 경우에는 거의 다 바람을 피우고 여자인 경우에는 가출을 할 확률이 높다(대운은 천간 5년, 지지 5년, 합해서 10년 주기로 활용한다 했으니 그런 일이 언제 발생하는가는 세운까지 뽑아 봐야 한다.) 만약 사주에 형(刑)이나 충(沖)이 있고 연살이 있는데 대운에서 다시 연살을 만나게 되면 성병을 앓았거나 주색으로 인하여 재산몰락, 명예훼손 등을 당할 수 있으며 사업을 확장하면 큰 손해를 보기 쉽다. 여자인 경우에는 다른 남자와 색정(色情)에 빠지기 쉽다.

★ 세운에서 연살이 오면 처녀·총각인 경우는 이성을 만날 운세로 보는데, 이 시기에 만나는 이성은 배우자감이 아니며 결혼한 남녀일 경우에는 이성 문제로 인한 별거나 이별수가 있다.

6) 월살(月煞)

월살의 의미

월살은 패배와 파괴, 분쟁 등을 의미하는 별로 신체적인 이상, 소송 같은 귀찮은 문제가 발생할 확률이 높다. 흔히 1년 신수를 볼 때 많이 사용되며 일을 벌여 놓기만 하고 마무리를 짓지 못하는 용두사미 격의 살로 본다.

사주에 월살이 있으면 왠지 하는 일이 제대로 풀리지 않고 뭔가 될 듯이 하다가도 중도 포기가 되어 가슴이 답답하기 때문에 폐질환이나 심장질환, 또는 고혈압에 걸리기 쉽고, 여자의 사주에 월살이 있으면 남편 앞에서 큰소리쳐놓고 밤에는 그 남편을 다른 여자에게 떠나보내는 격이라 독수공방으로 한숨만 짓는 일이 많다. 이런 사주의 사람은 낮보다는 밤, 여름보다는 겨울, 밝은 직업보다는 어두운 직업을 좋아하며, 또 그렇게 해야 남들처럼 살 수 있는 운세이다.

★ 연주(年柱)에 월살이 있으면 무슨 일을 하든지 아무리 열심히 해도 일이 성사되지 않으며 시작은 좋은데 마무리가 좋지 않다.
★ 월주(月柱)에 월살이 있으면 머리는 좋아서 팔방미인이라는 말을 듣지만 자기의 머리만 믿고 행동하기를 좋아하기 때문에 결국은 손해를 보는 경우가 많다.
★ 일주(日柱)에 월살이 있으면 쓸데없이 바쁘게 돌아다니며 배

우자와의 인연이 좋지 않아 서로 애정은 있어도 별거하거나 주말부부로 지내야 하는 경우가 많다.

★ 시주(時柱)에 월살이 있으면 불효자를 두기 쉬우며 자식 때문에 속을 많이 썩게 된다.

★ 남자인 경우 띠가 월살에 해당하는 여자와 결혼하면 처갓집 재산 덕을 보는 경우가 많고, 여자인 경우 띠가 월살에 해당하는 남자와 결혼하면 친정집에서 사위 덕을 많이 본다. 띠가 월살에 해당하는 자녀가 있다면 그 자녀가 태어난 뒤부터 집안이 풀리며 어려운 일이 있거나 도움을 받을 일이 있을 때는 띠가 월살에 해당하는 사람과 의논하면 쉽게 풀리는 경우가 많다.

★ 대운에서 월살이 오면 금전 혜택을 누릴 운세가 되어 남에게 빌려주었던 돈이나 위로금 같은 뜻밖의 돈이 들어오게 된다.

★ 사주에 월살이 있는 자가 대운에서 다시 월살을 보게 되면 틀림없이 빚돈을 받을 수 있고 횡재수도 좋아서 뜻밖의 재물을 손에 쥐게 된다.

★ 세운에서 월살이 오면 대운과는 달리 되는 일이 없고 가슴이 답답하며 발전보다는 후퇴가, 승진보다는 좌천이 되는 경우가 많고 집안이 시끄러워진다.

★ 사주에 월살이 있는 사람이 세운에서 다시 월살을 보게 되면 남에게 이용당하기 쉬우니 금전거래나 동업, 새로운 계획을 세우지 말 것이며, 여자인 경우에는 갑자기 남편이 싫어져서 몸을 멀리하게 되니 자제력을 길러야 한다.

7) 망신살(亡身煞)

망신살의 의미

망신살은 말 그대로 술과 이성 때문에 구설수에 오르거나 망신을 당할 우려가 크다는 뜻이다. 그러나 남자인 경우에는 그만큼 능력이 있다는 뜻이니 오히려 좋은 방향으로 해석해서 큰 인물이 될 수 있다고 보기도 한다. 어쨌든 기본적으로 재물손실, 사업실패, 명예실추 등의 뜻을 지니고 있으며 옳고 그름을 제대로 판단하지 못하고 자기주장만 내세우는 격이 되어 명예가 바닥으로 떨어지게 되고, 설사 권력이 있다 해도 일시적인 것이며 몸을 팔아서라도 이익만 챙기려 하는 수치를 모르는 살이다.

인수(印綬)와 망신살이 같은 주(柱)에 있으면 실천적이고 냉철한 성격으로 정치가에게서 많이 볼 수 있다.

사주에 망신살이 있는 사람은 기본적으로 이성에게 매너가 좋은 편이며 데모를 좋아한다. 망신살이 십이운성 중의 길성(吉星)과 함께 있으면 팔방미인에 위대한 인물이 될 수 있지만, 만약 흉성(凶星)과 함께 있을 경우에는 소견이 좁고 가는 곳마다 문제를 일으키며 주색잡기를 좋아해서 빈천한 인물이 되기 쉽다.

★ 연주(年柱)에 망신살이 있으면 일찍 타향으로 떠돌아다닐 운이며 가까운 조상대에 주색으로 망한 사람이 있었다고 본다.
★ 월주(月柱)에 망신살이 있으면 어머니가 후처일 가능성이 크

며 부모·형제가 올바른 생활을 하는 집안은 아니라고 본다.

★ 일주(日柱)에 망신살이 있으면 남자인 경우 아내를 극(剋)하고, 여자인 경우 수치를 몰라 집안이 편한 날이 없다.

★ 시주(時柱)에 망신살이 있으면 자식을 극(剋)하게 되어 좋지 않고 말년에 망신을 당하게 될 운세라 한숨 섞인 노년기를 보내기 쉽다.

★ 띠가 망신살에 해당하는 자녀는 가문에 먹칠하기 쉬우며 패륜아일 가능성이 높고 스쳐 지나가는 애인은 대부분 망신살에 해당하는 띠를 가진 사람이 많다.

★ 만약에 장모의 띠가 망신살에 해당한다면 그분은 후처나 소실일 가능성이 매우 크며, 여자인 경우 망신살에 해당하는 남자와의 연애는 그야말로 망신을 당하기 쉬우니 조심하는 것이 좋다.

★ 대운에서 망신살이 오면 남자인 경우 사업 실패를 하게 되며 매우 어려운 난관에 부딪히고, 여자인 경우에는 자녀운이 있어서 임신하는 일이 많지만, 몸을 극(剋)하는 운이기 때문에 병원 출입이 잦아진다.

★ 세운에서 망신살이 오면 이익을 챙길 수 있어도 명예가 추락되고 나의 추한 모습을 모두 드러내놓게 되며, 여자인 경우에는 산부인과 출입이 잦아지고 부인병에 걸릴 확률이 높다.

★ 망신살도 색정적인 살이기는 하지만 연살이나 도화살과 다른 점은 이성에게 꽤 신사적인 살이기 때문에 오히려 상대 쪽에서 더 적극적으로 나온다는 점이다.

8) 장성살(將星煞)

장성살의 의미

장성살은 강력한 힘을 상징하는 것으로 출세와 승진, 번영 등을 의미하며 진취적인 기상과 인내심이 내포되어 있기 때문에 법조계나 경찰, 군인이 될 경우 높은 지위까지 오를 수 있다.

사주에 장성살이 있으면 지혜가 총명하고 이해력이 뛰어나지만, 자식 복이 없다고 보며, 여자인 경우에는 흉살(凶煞) 작용을 하게 되어 남편을 극(剋)하고 밖으로 싸돌아다니는 것만 좋아해서 스스로 화를 자초하는 형국으로 본다.

★ 연주(年柱)에 장성살이 있으면 통솔력이 뛰어나고 권력을 움켜쥘 운세로 본다.

★ 월주(月柱)에 장성살이 있으면 군인이나 경찰직에 근무할 경우, 용감하다는 칭송이 끊이지 않을 것이다. 또한 부모·형제 중에 전쟁터에서 전사한 사람이 있을 가능성이 크다.

★ 일주(日柱)에 장성살이 있으면 부부인연이 좋지 않아서 사회적인 명예는 있어도 부부 사이에는 별거나 이별수가 있다고 본다. 특히 여자인 경우에는 남편을 두고 도망갈 수도 있다.

★ 시주(時柱)에 장성살이 있으면 말년에 이르러 강한 힘을 발휘할 형국이니 노년기에 안정된 생활을 할 수 있다고 본다.

★ 띠가 장성살에 해당하는 아들은 형제 중 중심적 인물이 되며,

딸인 경우 대부분 외동딸이고 학업을 제대로 받지 못한다.

★ 띠가 장성살에 해당하는 자녀를 두게 되면, 그때부터 집안 형편이 나아지고, 어려움에 처했을 때 도와주는 사람은 장성살에 해당하는 경우가 많다. 이성의 띠가 장성살이라면 그 사람을 만나면서부터 운이 열린다고 본다.

★ 대운에서 장성살이 오면 사업가는 사업을 확장하게 되고 공직자는 지위가 올라가며 집안으로 들어오는 것은 많아도 나가는 것이 없다. 여자인 경우에는 좋은 인연을 만날 수 있다.

★ 세운에서 장성살이 오면 군인이나 경찰일 경우 나라를 위해 큰일을 하게 되며, 사업가는 해외 출장을 갈 일이 생기고 가정을 위해 헌신할 운세다. 여자인 경우에는 남편을 대신해서 생활전선에 뛰어들어야 하는 경우가 많고 이별수가 있으며 고독한 나날과 한숨 섞인 1년을 보내야 한다고 보는데, 만약 처녀일 경우라면 그 의미가 달라져 좋은 인연을 만날 수 있다고 본다.

★ 장성살은 십이신살 중에서 나쁜 의미보다는 좋은 의미가 더 많다고 보지만 그것은 사주의 육신 중에서 어디에 해당하느냐에 따라 좋은 작용을 보이는 것으로, 사주 자체에 장성살이 있을 경우에는 그렇게 좋은 편은 못 된다고 본다. 예를 들어 육신 중의 정관(正官)과 장성살이 같은 주(柱)에 있으면 남자인 경우에는 아들이, 여자일 경우에는 남편이 관직에서 크게 이름을 떨친다고 보지만 그것이 일주(日柱)에 해당될 경우에는 배우자운이 좋지 않다고 했으니 여자인 경우 남편이 관직에서 이름을 떨쳐도 내게는 아무런 도움이 되지 않는다고 해석하는 것이다.

9) 반안살(攀鞍煞)

반안살의 의미

반안이란 말[馬]의 안장이라는 뜻이니, 말 등에 안장을 얹고 그 위에 올라탄다는 격이 되어 승진과 출세를 상징하며 좋은 운세로 달린다고 해석한다.

사주에 반안살이 있는 사람은 언변이 좋고 임기응변이 뛰어나 자금을 융통하고 사람을 다루는 데 능숙해서 의식주에는 별 어려움이 없는 생활을 하게 된다.

학생인 경우에는 사주에 반안살이 있으면 무사히 대학까지 나올 수 있고 그 이상의 진학도 가능하며, 사업가인 경우에는 어려운 난관에 부딪히더라도 도와주는 사람이 생겨 고비를 잘 넘기게 된다.

정관(正官)과 반안살이 같은 주(柱)에 있으면 아들이나 남편이 크게 출세하게 되며 편재(偏財)와 반안살이 같은 주(柱)에 있으면 아버지가 꽤 권력을 가진 사람이라고 본다.

★ 연주(年柱)에 반안살이 있으면 조상 덕이 있어서 평생 동안 의식주에 대한 걱정 없이 지낼 수 있다고 본다.

★ 월주(月柱)에 반안살이 있으면 부모덕이 좋고 형제들과 화목하게 지내며 배경이 든든한 격이라 어디를 가나 권세를 누리면서 편안한 생활을 누릴 수 있다. 공직으로 나선다면 높은 지위

에까지 오를 운세다.

★ 일주(日柱)에 반안살이 있으면 남자는 아내 덕에, 여자는 남편 덕에 말안장 위에 오르는 격이라 배우자를 존중하고 사랑하며 평생 화목하게 지낼 수 있다.

★ 시주(時柱)에 반안살이 있으면 자녀운이 좋아서 많은 자손을 두게 되며 말년에 이르러 걷지 않고 말을 타고 가는 격이니 노년기에 효도를 받을 운세로 본다.

★ 띠가 반안살에 해당하는 사람은 부하나 동료로 삼기에 아주 적격이다. 나를 위해서 말이 되어 주는 격이니 절대로 나를 속일 리가 없고 또한 내 말이라면 무엇이든지 잘 들어주기 때문이다.

★ 친척 중에서도 반안살에 해당하는 사람이 가장 믿을 수 있는 사람이며 나를 위해 헌신적인 사람이니 평소에 많이 베풀도록 할 것.

★ 대운에서 반안살이 오면 사업가는 수입이 늘어나고 공직자는 지위가 올라가며 집안이 편안해지고 무슨 일을 하든지 예상 이상의 이익을 얻을 수 있다.

★ 세운에서 반안살이 오면 무엇인가를 새로 시작할 운세이며 노력만 뒷받침된다면 성공할 확률이 매우 높고 문서 계통의 수입이 있으니 부동산을 매입하든가 채권을 쥐게 되고 살림이 늘어난다. 다만 집안에는 슬픈 일이 일어날 운세이니 노인이 계신다면 건강에 매우 힘써야 한다. 예부터 반안살 세운의 흠은 상복을 입는 것이라 했다.

10) 역마살(驛馬煞)

역마살의 의미

역마살은 앞서 소개한 지살(地煞)과 거의 같은 뜻으로 바삐 돌아다니는 것을 뜻하며 해외 출장이나 이동, 변동, 이사, 여행, 통신 등의 폭넓은 의미를 가지고 있는데, 특히 육신과의 조화를 매우 중요하게 본다.

사주에 역마살이 있을 경우, 재성(財星 : 편재·정재)과 같은 주에 있으면 일찍부터 여기저기 돌아다니며 재물을 모을 운세로 보고, 편관(偏官)과 같은 주에 있으면 고향을 떠나 객지에서 고생한다고 보며, 겁재(劫財)와 같은 주에 있으면 인격과 성품이 제대로 갖추어져 있지 않은 무식한 사람인 경우가 많고, 편인(偏印)과 함께 있는 것을 가장 나쁘게 본다. 만약 편인이 두 개 이상 있고 역마살이 두 개 이상 있으며 겁살이나 재살 또는 천살이 있을 경우는 거지 팔자로 본다.

★ 연주(年柱)에 역마살이 있으면 어린 나이에 고향을 떠나 객지에서 떠돌아다니게 된다고 본다.
★ 월주(月柱)에 역마살이 있으면 객지에서 자수성가하게 되며 안정된 거처가 없이 사방을 내 집으로 생각하고 바삐 돌아다닐 운세로 재물을 모으는 재주는 있다고 본다.
★ 일주(日柱)에 역마살이 있으면 부부의 인연이 바뀔 수 있다고

보며, 죽음에 이르러 지켜 줄 사람이 없는 경우가 많다.

★ 시주(時柱)에 역마살이 있으면 배다른 자식을 낳을 가능성이 크고 해외 출장이나 이민을 가게 되어 고향에서 멀리 떨어져 살 가능성이 높다.

★ 띠가 역마살에 해당하는 자녀는 나중에 큰 힘이 되어 주며 그것이 자녀가 아니고 남일 경우에도 내가 어려운 시기에 옆에서 힘이 되어 줄 사람이라고 본다.

★ 대운에서 역마살이 오면 이사나 해외 출장 등 이동수가 생기며 사업가라면 지사를 확장하고 공직자라면 출장 근무를 하게 되며, 처녀·총각이라면 여행지에서 이성을 만나게 되고, 남자는 소실을 두게 되며, 여자인 경우는 친정집을 자주 드나들게 된다.

★ 만약 초년의 대운에서 역마살이 오면 부모가 고향을 떠나 타향에서 터전을 잡았다고 보며, 자신도 어린 시절에 그 뒤를 따라다니느라 고생을 했다고 본다. 또한 말년에 대운에서 역마살이 오면 늙은 몸으로 떠돌아다녀야 하니 말년운이 좋지 않다고 본다.

★ 세운에서 역마살이 오면 현재의 장소에서 벗어나 다른 곳으로 나가야 좋다고 보며, 뛰어다니는 것만큼의 소득이 없어 고달픈 생활을 하게 된다. 또한 다른 곳으로 나간다는 것은 가정을 떠난다는 의미이니 부부간에 이별이나 별거수가 있고, 혼자서 생활하다 보면 질병을 얻을 수 있다. 그러나 운수업이나 기자 등 바쁘게 돌아다니는 직업을 가진 사람은 오히려 운이 잘 풀리게 된다.

11) 육해살(六害煞)

육해살의 의미

육해살이란 피해를 끼친다는 뜻으로 질병을 암시하고 있으며, 화재나 수재 등의 천재(天災)와 관재수에 휘말릴 가능성이 큰 살이다.

사주에 육해살이 있으면 무슨 일을 하든지 빨리 처리하는 습관이 있어서 식사도 빨리 하고 어디를 가더라도 남보다 먼저 가야 직성이 풀리는 사람이다. 또한 음침한 구석이 있어서 비밀이 많으며 사람을 마주 보고 하는 행동과 돌아서서 하는 행동에 많은 차이가 있고, 여자인 경우에는 몸을 해친다는 뜻이기 때문에 난산의 우려가 있다고 본다.

★ 연주(年柱)에 육해살이 있으면 조상운이 칼을 들이대는 격이라서 양자(養子)로 가거나 집과의 인연을 끊을 팔자가 되어 장남이라면 대를 잇기 어렵고 대부분 차남이나 막내인 경우가 많다.

★ 월주(月柱)에 육해살이 있으면 부모 · 형제와의 인연이 없고 특별히 잘못을 저지르지도 않았는데 사람들에게 해를 당하는 경우가 많다.

★ 일주(日柱)에 육해살이 있으면 부부의 인연이 적막해서 육체적, 정신적인 애정이 희박하며 신앙에 깊은 뜻을 가진다. 특히

여자인 경우에는 거의 광적으로 신앙을 믿는 예가 많다.

★ 시주(時柱)에 육해살이 있으면 자손들이 해를 당하기 쉽고 자신은 말년에 이르러 고독한 삶을 보내게 된다. 단, 종교인일 경우에는 말년에 크게 이름을 떨친다.

★ 띠가 육해살에 해당하는 자녀는 나의 스승과 같아서 부모를 설교하려 들며 내 임종을 지켜보게 된다. 또한 육해살에 해당하는 사람은 나를 위해 크게 베풀어주고도 생색을 내지 않고, 남자인 경우에 띠가 육해살에 해당하는 여자를 아내로 맞이하게 되면 처가 덕을 많이 보게 되고, 여자인 경우에 육해살에 해당하는 남편을 맞이하게 되면 친정집이 사위 덕을 많이 보게 된다.

★ 대운에서 육해살이 오면 몸에 질병이 생기고 재액과 수액이 발생하며 재산의 분실·차압 등의 손해를 입게 되고, 여자인 경우에는 남편과의 불화가 발생하고 시댁과도 분쟁이 자주 일어나 가정이 불안해지고 몸이 고달파진다.

★ 세운에서 육해살이 오면 신경계통의 질병을 앓게 될 우려가 크고, 인격을 손상당하며, 남을 위해 애쓰느라 심신이 고달프지만, 알아주는 이가 없다. 일반적으로 쉽게 돈을 벌려고 애쓰다 보니 되는 일이 없고 마음은 급해서 병이 생기는 것이며, 하루하루 미루다 보니 나중에는 책임감에 짓눌려 삶이 고통스럽게 느껴지는 것이다. 그래서 육해살 세운이 오면 종교를 찾게 되는 일이 많으며 누구에겐가 의지하고 싶어 하는 경우를 자주 볼 수 있다.

12) 화개살(華蓋煞)

화개살의 의미

화개살은 고독과 학문, 종교, 예술 등을 상징하며 연예 계통이나 인기의 정도를 의미하지만 화려함 속의 외로움을 대변하기도 한다. 특히 종교와의 인연이 깊다.

　사주에 화개살이 있으면 대부분 가난한 집안의 출신이며 어려서부터 큰 짐을 지게 되고 집안에서 장남의 노릇을 해야 한다고 본다. 그러나 열심히 노력은 해도 현실과의 조화를 이루지 못하기 때문에 일만 거창하게 벌여 놓고 끝마무리를 제대로 못하는 격이라 몸이 고달프고 불교에서의 윤회를 상징하듯 한 테두리 안에서 원만 그리는 것 같아서 학교도 제대로 다니지 못하고 한두 번의 좌절을 겪게 되며 결혼도 두 번 해야 하는 경우가 많고 한 번 헤어진 사람과도 쉽게 다시 화해하는 등 실없는 짓을 많이 하게 된다.

　여자인 경우에는 모든 이에게 베풀기를 좋아하여 남자만 보면 쉽게 몸을 허락하는 면이 있으며 한편으로는 남자들과 헤어질 때마다 자신의 신세를 한탄하며 로맨티스트인 체 행동하기를 좋아한다.

★연주(年柱)에 화개살이 있으면 어린 시절부터 객지로 나가 고생을 하게 될 팔자로 본다.

228

★ 월주(月柱)에 화개살이 있으면 부모·형제의 덕이 없고 장남이 아니더라도 가문의 대를 잇기 위해서 장남의 행세를 하게 된다.

★ 일주(日柱)에 화개살이 있으면 첫 배우자와 해로하기가 어렵고, 종교에 뜻이 깊어서 그쪽으로 나서게 되는 일이 많을 것이라고 본다.

★ 시주(時柱)에 화개살이 있으면 말년에 이름을 날리게 될 것이며, 만약 종교인이라면 크게 성공할 수 있지만, 자녀 중에 속을 썩이는 자녀가 한 명 있어서 그 뒤를 돌보느라 약간의 근심이 있을 것이다.

★ 일반적으로 육해살과 화개살이 있는 사람은 종교 쪽에 종사하며 마음을 다스리는 것이 크게 도움이 된다고 보며, 현실의 생활에는 잘 적응하지 못하는 면이 많다.

★ 띠가 화개살에 해당하는 사람은 믿음직해 보이기는 하지만 쉽게 사귀기 어렵고 한두 번의 다툼이 있고 나서부터 신용 있는 친구로 지낼 수 있다고 본다.

★ 대운에서 화개살이 오면 재능을 마음껏 발휘하게 된다고 보며 열심히 노력해서 지식이 늘어날 운세라고 본다.

★ 세운에서 화개살이 오면 힘 안 들이고 횡재를 하려다가 큰 실패를 보며, 이성을 찾아 헤매고 다닐 운이기 때문에 구설수에 오르기 쉽고, 부부 사이에는 별거·이별수가 있으며, 남자는 사업에 실패하거나 주색잡기에 빠지게 되고, 여자는 음기(淫氣)가 발동하여 바람을 피우거나 가출을 할 확률이 높다.

4. 길흉성으로 보는 운세

길흉성(吉凶星)이란?

사주추명학(四柱推命學)에서는 연지(年支)나 월지(月支), 또는 일간(日干)이나 일지(日支)를 중심으로 천간(天干)과 지지(地支) 중의 어느 것이 사주(四柱)에 있는가를 보고 길성(吉星 : 좋은 작용을 하는 별)과 흉성(凶星 : 나쁜 작용을 하는 별)으로 나누어 사주 안에 숨어 있는 음덕이나 갑작스러운 사고 등을 알아보는 자료로 사용한다.

사주추명학의 모체라 할 수 있는 연해자평(淵海子平)이나 명리정종(命理正宗), 삼명통회(三命通會) 등을 보면 백 가지가 넘는 많은 길·흉성들이 등장하지만, 여기에서는 그중에서 매우 강한 작용을 하며 적중률이 높은 것들만 추려서 소개하기로 하고, 그에 따른 간단한 해설만 붙이기로 하였으니 이 점 양해하길 바란다.

여기에서 소개하는 길·흉성을 참조하여 앞서 소개한 내용들과 맞추어 본다면 자신의 운세를 좀 더 정확하게 알 수가 있을 것이다.

연지(年支)로 보는 길흉성

연지 / 길흉성	자(子)	축(丑)	인(寅)	묘(卯)	진(辰)	사(巳)	오(午)	미(未)	신(申)	유(酉)	술(戌)	해(亥)	길흉(吉凶)	적용(適用)
태백(太白)	사	축	유	사	축	유	사	축	유	사	축	유	흉	월
오귀(五鬼)	진	사	오	미	신	유	술	해	자	축	인	묘	흉	일
상문(喪門)	인	묘	진	사	오	미	신	유	술	해	자	축	흉	세운
고신(孤神)	인	인	사	사	사	신	신	신	해	해	해	인	흉	월
과숙(寡宿)	술	술	축	축	축	진	진	진	미	미	미	술	흉	월
조객(弔客)	술	해	자	축	인	묘	진	사	오	미	신	유	흉	세운
도화(桃花)	유	오	묘	자	유	오	묘	자	유	오	묘	자	흉	사주
수옥(囚獄)	오	묘	자	유	오	묘	자	유	오	묘	자	유	흉	사주
귀문(鬼門)	유	오	미	신	해	술	축	인	묘	자	사	진	흉	사주
단명(短命)	사	인	진	미	사	인	진	미	사	인	진	미	흉	시
천모(天耗)	신	술	자	인	진	오	신	술	자	인	진	오	흉	
지모(地耗)	사	미	유	해	축	묘	사	미	유	해	축	묘	흉	
대모(大耗)	오	미	신	유	술	해	자	축	인	묘	진	사	흉	
소모(小耗)	사	오	미	신	유	술	해	자	축	인	묘	진	흉	
격각(隔角)	인	묘	진	사	오	미	신	유	술	해	자	축	흉	
파군(破軍)	신	사	인	해	신	사	인	해	신	사	인	해	흉	
구신(句神)	묘	진	사	오	미	신	유	술	해	자	축	인	흉	
교신(絞神)	유	술	해	자	축	인	묘	진	사	오	미	신	흉	
반음(返吟)	자	축	인	묘	진	사	오	미	신	유	술	해	흉	
복음(伏吟)	오	미	신	유	술	해	자	축	인	묘	진	사	흉	
병부(炳符)	해	자	축	인	묘	진	사	오	미	신	유	술	흉	
사부(死符)	사	오	미	신	유	술	해	자	축	인	묘	진	흉	
관부(官符)	진	사	오	미	신	유	술	해	자	축	인	묘	흉	
태음(太陰)	해	자	축	인	묘	진	사	오	미	신	유	술	흉	
세파(歲破)	유	진	해	오	축	신	묘	술	사	자	미	인	흉	
천구(天狗)	술	해	자	축	인	묘	진	사	오	미	신	유	흉	
비염(飛廉)	신	유	술	해	자	축	인	묘	진	사	오	미	흉	
매아(埋兒)	축	묘	신	축	묘	신	축	묘	신	축	묘	신	흉	
탕화(湯火)	오	미	인	오	미	인	오	미	인	오	미	인	흉	
삼재(三災)	인	해	신	사	인	해	신	사	인	해	신	사	흉	

월지(月支)로 보는 길흉성

길흉성＼월지	인(寅)	묘(卯)	진(辰)	사(巳)	오(午)	미(未)	신(申)	유(酉)	술(戌)	해(亥)	자(子)	축(丑)	길흉(吉凶)	적용(適用)
천덕귀인(天德貴人)	정	신	임	신	해	갑	계	인	병	을	사	경	길	
월덕귀인(月德貴人)	병	갑	임	경	병	갑	임	경	병	갑	임	경	길	
천덕합(天德合)	임	사	정	병	인	기	무	해	신	경	신	을	길	
월덕합(月德合)	신	기	정	을	신	기	성	을	신	기	정	을	길	
혈지(血支)	술	해	자	축	인	묘	진	사	오	미	신	유	흉	
금쇄(金鎖)	신	유	술	해	자	축	신	유	술	해	자	축	흉	년,일
천사(天赦)	무인	무인	무인	갑오	갑오	갑오	무신	무신	무신	갑자	갑자	갑자	길	일
급각살(急脚殺)	해자	해자	해자	묘미	묘미	묘미	인술	인술	인술	축진	축진	축진	흉	
단교관살(斷橋關殺)	인	묘	신	축	술	유	진	사	오	미	해	자	흉	
천전살(天轉殺)	을묘	을묘	을묘	병오	병오	병오	신유	신유	신유	임자	임자	임자	흉	일
지전살(地轉殺)	신묘	신묘	신묘	무오	무오	무오	계유	계유	계유	병자	병자	병자	흉	일
부벽살(斧劈殺)	유	사	축	유	사	축	유	사	축	유	사	축	흉	
진신(進神)	갑자	갑자	갑자	갑오	갑오	갑오	무신	무신	무신	갑자	갑자	갑자	길	일
천의성(天醫星)	축	인	묘	진	사	오	미	신	유	술	해	자	길	
천희신(天喜神)	미	오	사	진	묘	인	축	자	해	술	유	신	길	일,시
황은대사(皇恩大赦)	술	축	인	사	유	묘	자	오	해	진	신	미	길	일,시
홍란성(紅鸞星)	축	자	해	술	유	신	미	오	사	진	묘	인	길	
장수성(長壽星)	해	술	유	신	미	오	사	진	묘	인	축	자	길	
욕분관살(浴盆關殺)	진	진	진	미	미	미	술	술	술	축	축	축	흉	
사주관살(四住關殺)	사해	진술	묘유	인신	축미	자오	사해	진술	묘유	인신	축미	자오	흉	

※적용하는 칸이 비어 있는 것은 사주 전체에 적용.

일간(日干)으로 보는 길흉성

길흉성 \ 일간	갑(甲)	을(乙)	병(丙)	정(丁)	무(戊)	기(己)	경(庚)	신(辛)	임(壬)	계(癸)	길흉(吉凶)	적용(適用)
태극귀인(太極貴人)	자오	자	묘	묘	진술	축미	인해	인해	사신	사신	길	
천을귀인(天乙貴人)	축미	자신	해유	해유	축미	자신	축미	인오	사묘	사묘	길	
복성귀인(福星貴人)	인	축해	자술	유	신	미	오	사	진	묘	길	
천주귀인(天廚貴人)	사	오	사	오	신	유	해	자	인	묘	길	
천관귀인(天官貴人)	유	신	자	해	묘	인	오	사	축미	진술	길	
천복귀인(天福貴人)	미	진	사	유	술	묘	해	신	인	오	길	
문창귀인(文昌貴人)	사	오	신	유	신	유	해	자	인	묘	길	
암록(暗祿)	해	술	신	미	신	미	사	진	인	축	길	
금여록(金輿祿)	진	사	미	신	미	신	술	해	축	인	길	
홍염(紅艶)	신	오	인	미	진	진	술	유	자	신	흉	
유하(流霞)	유	술	미	신	사	오	진	묘	해	인	흉	
협록(夾祿)	축묘	인진	진오	사미	진오	사미	미유	신술	술자	해축	길	일,시
관귀학관(官貴學館)	사	사	신	신	해	해	인	인	신	신	길	
문곡귀인(文曲貴人)	해	자	인	묘	인	묘	사	오	신	유	길	
학당귀인(學堂貴人)	해	오	인	유	인	유	사	자	신	묘	길	
낙정관살(落井關殺)	사	자	신	술	묘	사	자	신	술	묘	흉	일,시
효신살(梟神殺)	자	해	인	묘	오	사	진술	축미	신	유	흉	일,시
고란살(孤鸞殺)	인	사		사	신			해			흉	일
비인살(飛刃殺)	유	술	자	축	자	축	묘	진	오	미	흉	
음착살(陰錯殺)				축미				묘유		사해	흉	일,시
양착살(陽錯殺)		자오		인신				진술			흉	일,시
재고귀인(財庫貴人)	진	진	축	축	축	축	미	미	술	술	길	
자암살(紫暗殺)	묘	진	오	미	오	미	유	술	자	축	흉	
건록(建祿)	인	묘	사	오	사	오	신	유	해	자	흉	일
양인살(陽刃殺)	묘	진	오	미	오	미	유	술	자	축	흉	
괴강살(魁罡殺)							진술		진술		흉	일
백호대살(白虎大殺)	진	미	술	축	진				술	축	흉	

233

1) 연지(年支)로 보는 길흉성

태백(太白)

월지(月支)에만 해당하는 것으로, 이 살이 있으면 고독하고 허무한 인생을 보내게 된다고 하며 가난하게 산다고 한다. 또한, 명(命)이 짧고 잔병치레를 많이 한다고 보는데, 월지에 어떤 육신이 해당하느냐에 따라 그 육신의 상태를 알아보는 데도 쓰인다.

오귀(五鬼)

일지(日支)에만 해당하는 것으로, 구성학(九星學)의 방위 중 한가운데를 상징하기 때문에 이 살이 있으면 부부의 인연이 좋지 않아 고독하게 지낸다고 한다.

상문(喪門)

주로 세운(歲運 : 1년 동안의 운세를 보는 것을 말한다)을 볼 때 활용을 하는 것으로, 그해의 연지(年支)가 상문살에 해당할 경우에는 상복(喪服)을 입게 된다는 것을 뜻하는 것이므로 가족이나 친척 중에서 죽는 사람이 발생할 수 있다고 본다. 또한 환자가 발생하거나 다른 악재(惡災)가 일어날 수 있기 때문에 일지(日支)가 상문에 해당하는 날에는 택일(擇日)을 하지 않는다.

고신(孤神)

주로 월지(月支)에만 해당하는 살이며 남자의 사주에 활용되고 있다. 이 살이 있으면 아내와의 사이가 좋지 않다고 보며, 궁합을 볼 때도 여자의 띠가 고신살에 해당한다면 결혼을 아예 피하는 것이 좋다고 하겠다. 또한 세운이 고신살로 오는 해에는 아내의 몸에 좋지 않은 일이 발생할 수가 있으니 특히 조심을 해야 한다.

과숙(寡宿)

주로 일지(日支)에만 해당하는 살이며 여자의 사주에 활용되는데, 이 살이 있으면 남편과의 사이가 좋지 않다고 보며 세운에서 과숙살이 오면 남편의 몸에 재액이 일어난다고 한다.

조객(弔客)

상문과 마찬가지로 주로 세운을 볼 때 활용하는데, 그해의 연지(年支)가 조객에 해당하면 집안에 장례를 치를 일이 생기거나 질병이 생기며 집안 친척이 아니더라도 문상을 갈 일이 생긴다고 본다.

도화(挑花)

도화는 십이신살 중의 연살(年煞)에 해당하는 것으로, 사주에 도화살이 있으면 사치와 허영을 좋아하고 음란하다고 보는데 일지(日支)와 시지(時支)에 해당할 경우에는 그 작용이 더 강하다. 부모에 해당하는 월지(月支)에 도화살이 있으면 어머니가 후처일 가능성이 크고, 남자의 경우 도화가 정관(正官)이나 편관(偏官)과 함께 있으면 여자 덕에 출세한다고 보며, 정재(正財)와 함께 있으면 아내 덕을 보게 된다고 한다. 여자인 경우에 도화가 편관(偏官)과 함께 있으면 기생 팔자로 본다. 그리고 도화와 목욕(沐浴)이 함께 있으면 뛰어난 미모에 음란하기 짝이 없다고 보며, 도화와 역마(驛馬) 또는 도화와 지살(地煞)이 함께 있으면 남편을 버리고 다른 남자와 도망갈 여자로 본다(십이신살의 연살을 참조).

수옥(囚獄)

수옥살은 십이신살 중의 재살(災煞)과 같은 것으로, 사주에 이 살이 있으면 사방이 막힌 곳에 갇히게 될 운세로 보니 감옥이나 유치장을 의미하는 흉살이다. 하지만 군인이나 경찰, 수사관 등의 직업에 종사한다면 오히려 수옥살이 있는 것을 좋다고 해석한다.

귀문(鬼門)

귀문살은 귀문관살(鬼門關殺)이라고도 부르는데, 일지(日支)나 또는 시지(時支)에 있을 때 그 작용이 더욱 강하다. 육신(六神) 중의 어느 별이 귀문살에 해당하느냐에 따라서 그 육신이 신경성질환(神經性疾患)을 앓게 되거나 혹은 정신병을 앓게 될 우려가 있다고 본다.

단명(短命)

단명살은 단명관살(短命關殺)이라고도 하며 시지(時支)에만 해당하는 것으로, 이 살이 있으면 10세 이전에 목숨을 잃기 쉽다는 흉살이다.

천모(天耗)

사주에 천모살이 있으면 윗사람의 모함에 걸리거나 거짓말에 속아서 재물을 날리거나 명예가 실추당할 우려가 있다. 세운에서도 활용한다.

지모(地耗)

사주에 지모살이 있으면 아랫사람의 모함에 걸리거나 거짓말에 속아서 재물을 날리거나 명예가 실추당할 우려가 있다. 역시 세운에서도 활용한다.

대모(大耗)·소모(小耗)

대모살과 소모살은 아무리 열심히 노력을 해서 재물을 모아도 그것이 저축이 되지 않고 빈 독에 물 새듯이 허무하게 사라져버리며 무슨 일을 해도 실패수가 많다는 흉살이다. 세운에서도 활용한다.

격각(隔角)

격각살은 형벌을 의미하며, 사주에 이 살이 있으면 강제적인 구속을 당할 우려가 있다고 보는 흉살이다. 격각은 세운에서도 활용한다.

파군(破軍)

파군살은 관재수와 구설수에 휘말리기 쉽다는 뜻을 지니고 있으며, 사주에 이 살이 있으면 부모의 유산을 물려받아도 모조리 탕진한다고 보며 여러 개가 있을수록 흉한 의미는 더욱 커진다. 세운에서도 활용한다.

구신(勾神)

구신살은 형살(刑殺)과 같이 있는 것을 가장 꺼리며, 사주에 구신살과 형살이 갖추어져 있는 사람은 사고와 갑작스런 질병에 매우 조심해야 한다. 세운에서도 활용한다.

교신(絞神)

교신살은 주로 세운(歲運)에서 보게 되며, 이 교신살에 해당하는 세운이 오면 질병을 앓게 되고 명예가 실추된다고 한다.

반음(返吟)

주로 세운에서 보며, 반음살에 해당하는 세운이 오면 남자인 경우에는 아내와 자식에게 해가 있고 여자인 경우에는 독수공방에 눈물이 마르지 않는다고 한다.

복음(伏吟)

주로 세운에서 보며, 복음살에 해당하는 세운이 오면 집안이 시끄럽고 눈물을 흘릴 일이 많으며 재산이 흩어지고 명예가 실추된다는 흉살이다.

병부(病符)

사주에 병부살이 있으면 해당하는 육신이 질병을 앓기 쉬우며 병원 출입이 잦다고 한다. 세운에서 병부살이 오면 미리 건강검진을 받아 두는 것이 좋다.

사부(死符)

사주에 사부살이 있으면 시비와 질병으로 인하여 목숨이 위태로워진다고 하며, 세운에서 사부살이 오면 싸움을 삼가고 질병을 조심해야 한다.

관부(官符)

사주에 관부살이 있으면 경찰서나 이곳저곳 관공서에 출입할 일이 많으며 구설수에 휘말리기 쉽다고 한다. 세운에서도 활용한다.

태음(太陰)

사주에 태음살이 있으면 용기가 없으며 색정(色情)에 빠지기 쉽고 재물을 날리기 쉽다는 흉살이다.

세파(歲破)

세파살이 있으면 무슨 일이든 시작은 좋은데 마무리가 좋지 않아 용두사미 격이 되며, 직장도 안정되지 않고 친척과의 인연도 없다는 흉살이다.

천구(天拘)

천구살은 재물을 빼앗아 가는 흉살이며, 잔병치레가 많고 특별한 병도 없는데 몸이 아프지 않은 날이 없다고 하는 질병을 의미하는 흉살이다.

비염(飛廉)

비염살도 천구살과 같은 의미이지만, 질병의 종류가 정신적으로 오기 때문에 간질이나 정신병 등을 앓게 될 우려가 크다고 본다.

매아(埋兒)

사주에 매아살이 있으면 자식운이 없다고 보며, 특히 어린아이였을 때 사별하기 쉬워서 자손이 귀하다는 흉살이다.

탕화(湯火)

탕화살은 일지(日支)를 기준하여 보기도 하는데, 예를 들면 인일생(寅日生)의 사주에 사신(巳申)이 있거나, 축일생(丑日生)의 사주에 오술미(午戌未)가 있거나, 오일생(午日生)의 사주에 오축진(午

240

丑辰)이 있는 경우에는 탕화살이라고 본다. 탕(湯)과 화(火)는 끓는 물과 타는 불을 상징하는 것으로, 이 살이 있으면 끓는 물에 데이거나 화상이나 부상을 당하게 되고 심한 경우에는 스스로 목숨을 끊기 위해서 자살을 시도하는 일까지 있다고 한다.

삼재(三災)

삼재란 화(火)·수(水)·풍(風) 즉, 자연재해를 뜻하는데, 넓은 의미에서 자연스럽게 발생되는 재해라고 해석한다. 삼재는 3년 동안 이어지는데 삼재가 들어오는 해를 들삼재, 2년째 되는 해를 눌삼재, 삼재가 나가는 해를 날삼재라고 한다.

- 신(申)·자(子)·진(辰)년에 태어난 사람은 인(寅)년부터 진(辰)년까지 3년
- 인(寅)·오(午)·술(戌)년에 태어난 사람은 신(申)년부터 술(戌)년까지 3년
- 해(亥)·묘(卯)·미(未)년에 태어난 사람은 사(巳)년부터 미(未)년까지 3년
- 사(巳)·유(酉)·축(丑)년에 태어난 사람은 해(亥)년부터 축(丑)년까지 3년

이 기간 동안이 삼재에 해당하며 삼재가 들어오면 갖가지 악사(惡事)가 발생한다고 한다.

2) 월지(月支)로 보는 길흉성

천덕귀인(天德貴人)

천덕귀인은 말 그대로 하늘의 덕이 있다는 뜻으로, 사주에 이 별이 있으면 어떤 어려움에 처하더라도 빠져나갈 구멍이 생기며 재액을 막아 주고 흉살을 제거해 준다는 길성(吉星)이다. 이 별이 있는 사람은 관직에 나가면 높은 지위까지 오를 수 있고 부모의 유산을 물려받게 되며 의식주에 어려움이 없다고 본다. 단, 형·충·파·해를 매우 꺼린다. 만약 천덕귀인에 해당하는 별이 형·충·파·해가 되면 좋은 의미는 사라지고 오히려 흉살로 작용하게 된다.

월덕귀인(月德貴人)

월덕귀인도 천덕귀인과 마찬가지로 매우 좋은 뜻을 내포하고 있는 길성인데, 다른 점은 하늘의 덕을 상징하는 천덕귀인에 비해 월덕귀인은 땅의 덕을 상징한다는 것이다. 사주에 이 별이 있으면 넉넉한 부동산을 소유하게 되고 물질이 풍요로우며 부귀한 인생을 보낼 수 있다.

천덕합(天德合)

천덕합은 하늘의 덕과 내가 합이 된다는 뜻으로, 사주에 이 별이 있으면 모든 흉살이 제거되며 재액이 침범하지 못하고, 성품이 너그러우며 관성(官星 : 정관·편관)과 함께 있으면 관직에서 높은 지위에 오르게 되고 재성(財星 : 정재·편재)과 함께 있으면 부귀하게 되며 시주(時柱)에 있으면 귀한 자식을 두게 된다고 한다.

월덕합(月德合)

월덕합의 의미는 천덕합과 거의 같은 것으로, 천덕합과 월덕합은 택일(擇日)을 할 때 많이 활용이 되며 세운에서 이 별들이 오면 뜻하지 않았던 재물이 들어오거나 명예가 오른다고 해석을 한다.

혈지(血支)

혈지는 피를 흘리는 것을 뜻하는 흉살로, 사주에 이 살이 있으면 교통사고라든지 천재지변 같은 뜻밖의 사고에 노출되어 있으니 항상 조심해야 하고 특히 내과 계통의 질병에 미리미리 대비하는 것이 좋다.

금쇄(金鎖)

금쇄는 연(年)과 일(日)에만 해당하며 혈지와 마찬가지로 사고를 조심해야 하는 흉살이다. 금쇄란 쇠사슬을 의미하는 것으로 그것에 몸이 묶인다는 것을 뜻하고 있으니 불구가 되거나 마비성 질환을 앓기 쉽다고 본다.

천사(天赦)

천사란 하늘이 사면해 준다는 뜻으로, 사주에 이 별이 있으면 재난(災難)이나 질병(疾病)이 감(減)해지고 설혹 큰 죄를 지어서 교도소에 들어간다고 해도 특별사면으로 나오게 되는 등 재액을 막아 주고 복을 안겨다 주는 길성이다. 주로 일지(日支)를 보게 되는데 경우에 따라서 사주 전체에 적용하여 해석하는 경우도 있다.

급각살(急脚殺)

급각이란 갑작스럽게 다리에 이상이 생긴다는 뜻으로, 하체 불구가 되거나 신경통, 류머티즘 등으로 인하여 다리에 이상이 생기는 것을 의미하며, 사주에 이 살이 있으면 해당하는 육신이 그런 화를 당하게 된다고 본다.

단교관살(斷橋關殺)

단교관살은 말 그대로 다리가 끊어져서 추락한다는 뜻으로, 높은 곳에서 떨어지거나 넘어져 팔다리를 다치게 된다는 살로, 급각살처럼 해당하는 육신의 운세를 판단하는 데도 사용된다.

천전살(天轉殺)·지전살(地轉殺)

천전살은 직업을 전전하기 쉬우며 이리저리 떠돌아다니게 되고 하는 일마다 막힘이 많은 살이며 흉살이다. 천전(天轉)은 하늘이 돈다는 뜻이고 지전(地轉)은 땅이 돈다는 뜻이니 그만큼 세상이 돌아가는 이치를 따라가기 어렵다는 의미로, 생활에 굴곡이 많게 된다.

부벽살(斧劈殺)

부벽이란 도끼에 쪼개진다는 뜻으로, 재물도 흩어지고 가정도 깨어진다는 흉살이다.

진신(進神)

일주(日柱)에 진신이 들어 있으면 하는 일마다 매번 순조롭게 풀리고 뜻대로 펼쳐진다는 뜻의 길성(吉星)이며, 부부 사이의 인연 또한 남달리 좋은 터라서 잘 어울리는 배필을 만나게 된다고 한다.

천의성(天醫星)

천의성은 하늘이 의술을 베풀어준다는 길성으로, 사람의 목숨을 구하는 직업인 의사·약사·간호사 등의 직종에 종사하면 좋다고 본다.

천희신(天喜神)

천희신은 말 그대로 하늘이 기쁨을 내려준다는 길성이다. 일주(日柱)나 시주(時柱)에 이 별이 들어 있으면 설사 흉한 일이 일어난다고 해도 그것이 오히려 전화위복이 되어 기쁨을 안겨준다는 의미를 지니고 있다.

황은대사(皇恩大赦)

황은대사도 천사성과 마찬가지로 무거운 죄를 지어 형벌을 받을 지경에 이르렀다 해도 특별사면 등의 형식으로 구원을 받을 수 있다는 길성이다.

홍란성(紅鸞星)

사주에 홍란성이 있으면 흉살은 사라지고 기쁜 일만 생긴다는 길성이다.

장수성(長壽星)

장수성은 말 그대로 수명이 길다는 길성으로, 사주에 이 별이 있으면 장수하게 된다고 한다.

욕분관살(浴盆關殺)

사주에 욕분관살이 있는 사람은 지나치게 의협심을 앞세워 쓸데없는 일에 참견하기 좋아하고 나서기를 좋아해서 시비와 분쟁을 자주 일으킨다.

사주관살(四柱關殺)

사주에 사주관살이 있으면 수명이 짧고 불행한 일이 많으며 간병치레를 많이 한다고 해석한다.

3) 일간(日干)으로 보는 길흉성

태극귀인(太極貴人)

사주에 태극귀인이 있으면 조상 덕이 있고 흉살이 제거되며 부와
명예를 모두 얻을 수 있다는 길성(吉星)이다. 단, 형·충·파·해가
있을 경우에는 그 의미가 흉살로 변한다.

천을귀인(天乙貴人)

사주에 천을귀인이 있으면 머리가 좋고 총명하며 모든 흉살이
길성으로 변하게 된다. 단, 형·충·파·해가 없어야 하며 방위나
택일을 할 때도 천을귀인에 해당하는 날을 많이 선택한다.

복성귀인(福星貴人)

복성귀인은 평생 복록이 따라다닌다는 길성으로, 시주(時柱)에
있는 것을 가장 좋게 해석하며 천을귀인과 함께 있을 경우에는
부귀하게 된다고 본다.

천주귀인(天廚貴人)

주로 월지(月支)를 대상으로 보며 <연해자평>과 <명리정종>에
서 다루는 방법이 다른데, 여기에서는 <연해자평>의 의견을 따
르기로 하였다. 사주에 이 별이 들어 있으면 명예를 얻고 재물
을 모은다는 길성이다.

천관귀인(天官貴人)

천관귀인은 사주에서 해당하는 육신과의 관계가 강해서 이 별이 있는 주(柱)의 육신은 관직에 오를 수 있다 했으니 공직자로 나서면 크게 출세한다. 특히 시주(時柱)에 있는 것을 가장 귀하게 여기며 다른 길성과 함께 있으면 그 복이 더욱 커지지만, 흉살과 함께 있으면 나쁜 의미로 바뀌게 된다.

천복귀인(天福貴人)

천복귀인도 천관귀인과 마찬가지로 복과 덕을 상징하는 길성으로 다른 길성과 함께 있으면 그 의미가 더욱 좋아진다.

문창귀인(文昌貴人)

문창귀인은 글재주가 뛰어나고 머리가 총명하다는 길성으로, 이 별과 함께 있는 육신은 학문에 뛰어난 사람으로 해석하며 복록도 갖추었다고 본다.

암록(暗祿)

사주에 암록이 있으면 평생 의식주 걱정이 없고 어려운 일이 있을 때마다 귀인이 나타나 도와준다는 길성이다.

금여록(金輿祿)

금여라는 말은 금으로 만든 가마를 뜻하는 것으로, 사주에 이 별이 있으면 배우자의 덕이 좋다고 해석하며 일주(日柱)나 시주

(時柱)에 있으면 그 의미가 더욱 강해진다. 단, 형·충·파·해가 되면 의미가 쇠약해진다.

홍염(紅艶)

홍염살도 도화살과 같아서 주색을 즐기며 유흥을 가까이한다는 살이다. 사주에 길성과 함께 있다면 예술·예능 계통에서 대성할 수 있지만, 흉살과 함께 있으면 주색에 탐닉하여 패가망신한다고 본다. 여자인 경우에는 기생이 되거나 간통 사건에 연루될 가능성이 크다.

유하(流霞)

사주에 이 살이 있으면 중풍이나 반신불수, 손발 저림 등의 질병을 앓을 수 있다. 특히 여자인 경우에는 유산이나 난산의 위험이 있다는 흉살이다.

협록(夾祿)

협록은, 일간(日干)과 시간(時干)이 같고 지지(地支)에는 건록(建祿)을 중심으로 앞뒤에 해당하는 지지(地支)가 갖추어져 있는 것을 말하며, 이 별이 있으면 재산이 넉넉하고 인덕이 좋아서 평생 의식주 걱정이 없는 생활을 하게 된다는 길성이다.

관귀학관(官貴學館)

사주에 이 별이 있으면 공직이나 관직에서 크게 출세를 하게 된다고 본다.

문곡귀인(文曲貴人)·학당귀인(學堂貴人)

문곡귀인과 학당귀인은 모두 학문에서의 출세를 뜻하며, 사주에 이 별들이 있으면 머리가 총명하고 글재주가 있어서 이름을 떨친다는 길성이다.

낙정관살(落井關殺)

우물에 떨어져 다친다는 뜻이니 사주에 이 살이 있는 사람은 특히 물을 조심할 것이다. 강이나 바다에 떨어지거나 빠지는 것을 경계해야 할 필요가 있다.

효신살(梟神殺)

효신살은 부모에게 해가 되는 흉성으로, 사주에 이 살이 있는 사람은 생모가 아닌 계모나 서모를 섬기게 되며 남자인 경우에는 결혼운이 좋지 않고 여자인 경우에는 아이를 낳을 때 고생을 하게 된다.

고란살(孤鸞殺)

고란살은 고독하고 외로운 신세 때문에 한숨만 내쉰다는 흉살로 남자보다는 여자를 대상으로 보는데, 사주에 이 살이 있는 여자는 부부의 인연이 좋지 않으며 남편이 밖으로만 나돌거나 다른 여자를 가까이 하기 때문에 독수공방으로 지내는 날이 많

다고 한다. 남자의 사주에 고란살이 있으면 아내를 함부로 대한
다고 한다.

비인살(飛刃殺)

비인살은 칼이 날아다닌다는 뜻을 내포하고 있는 것으로, 무슨
일을 하든 서두르기만 하고 일을 벌여 놓고 끝을 보지 못하며
쓸데없이 여기저기 나서서 시비 투쟁만 일삼는 흉살이다. 사주
에 이 살이 있으면 사람됨이 간교하고 판단력이 뒤떨어진다고
본다.

음착살(陰錯殺)·양착살(陽錯殺)

음·양착살은 부부의 인연이 좋지 않다는 것을 뜻하며, 사주에
이 살이 있으면 남자는 아내를 의심하며 돈벌이를 게을리하게
되고 여자는 남편이 속을 썩여 한숨이 그칠 날이 없다는 흉살
이다.

재고귀인(財庫貴人)

재고귀인이 사주에 있으면 곳간에 재물이 가득하다는 뜻으로,
부자가 된다는 길성이다.

자암살(紫暗殺)

자암살이 사주에 있으면 칼이나 무기에 상처를 입을 수 있다는
흉살이다.

건록(建祿)

건록은 십이운성(十二運星)의 건록에 해당하는 것으로 십간록(十干祿)이라고도 하며 천간(天干)과 지지(地支)의 음양오행이 같은 것을 말하는데, 건록에 해당하는 지지(地支)가 월지(月支)에 있으면 건록격(建祿格)이라 하고, 일지(日支)에 있으면 일록격(日祿格)이라 하며, 시지(時支)에 있으면 귀록격(貴祿格)이라 해서 특별히 좋은 사주로 다룰 정도로 그 길(吉)한 의미가 강한 별이다. 사주에 건록이 있으면 모든 일이 뜻대로 잘 풀려나가며 복과 명예를 모두 갖출 수 있다고 하는데 형·충·파·해가 있으면 그 의미가 모두 사라진다.

양인살(陽刃殺)

양인은 십이운성의 겁재(劫災)와 비슷한 성격을 가지고 있는 흉살로 건록이 길성(吉星)의 최고봉이라면 양인은 흉살의 최고봉이라 할 수 있을 정도로 흉한 의미가 강하다. 사주의 연지(年支)에 양인살이 있으면 부모에게 물려받은 재산을 모두 탕진해버리고 마음이 교만해서 은혜를 원수로 갚는 일이 있으며, 월지(月支)에 양인살이 있으면 부모와의 인연이 좋지 않고 평생 가난을 면하기 어려우며 부부운이 좋지 않다고 본다. 또한 일지(日支)에 양인살이 있으면 부부의 인연이 바뀔 운세이며 시지(時支)에 양인살이 있으면 자녀와의 인연이 좋지 않아서 말년에 고독하게 지내게 된다. 양인살이 두 개 이상인 경우 남자는 아내와 이별하거나 사별하고 고독하게 지내며, 여자는 질병을 앓기 쉽고 수치를 모르며 육체적인 쾌락에 빠지기 쉽다. 양인살이 육신과의 조화도 중요하게 여기는데, 어떤 육신과 함께 있는지 또는 십이운성의 어느 별과 함께 있는지에 따라 좋게 해석되는 경우도 있다.

괴강살(魁罡殺)

괴강살은 원래 경진일, 경술일, 임진일, 임술일만을 취급하는데 역술인에 따라서는 무진일이나 무술일도 괴강살로 다루는 경우가 있다. 또한 일주(日柱)에서만 보는 것이 원칙이지만 일간(日干)을 중심으로 연, 월, 시지에 있을 경우에도 암괴강(暗魁罡:괴강살이 숨어 있다는 뜻)이라 하여 사주추명에 적용하는 예가 있다. 진(辰)과 술(戌)은 십이지 중에서 기세가 가장 강력하며 진(辰)을 천강(天罡)이라 하고 술(戌)을 하괴(下魁)라고 부르는데, 이것들이 천간(天干)의 경(庚)이나 임(壬)과 만나게 되면 그 힘이 더욱 막강해져서 앞뒤를 가리지 않는 흉살로 변하게 된다. 그러나 반드시 흉살의 작용만 하는 것은 아니고 길성으로 작용할 때도 있으며 길흉의 작용은 사주의 구성에 따라 달라지지만 일반적으로 2:8정도의 비율이라고 볼 수 있다. 남자의 사주에 괴강살이 두 개 이상 있고 신강이며 길성이 많으면 크게 부귀하게 되거나 엄청난 권세를 누리게 되지만 신약사주이거나 형·충·파·해가 있으면 납치를 당하거나 구속, 감금, 단명 등의 매우 안 좋은 운세로 달리게 된다. 여자의 사주에 괴강살이 있으면 남편을 우습게 여기고 자기 고집만 내세워 이혼하게 될 팔자로 보며, 만약 두 개 이상의 괴강살이 있다면 그 해(害)가 남편에게 이르러 남편이 납치 구금되거나 비명횡사하는 흉액이 있다. 또한, 다른 남자와 눈이 맞아 도망가는 예가 많으며, 시집을 가서 시댁을 몰락시킨다 하여 매우 안 좋게 본다. 일반적으로 사주에 괴강살이 있으면 이론과 토론을 좋아하는데 그것이 객관성을 띠지 못하고 자신의 주관만을 내세우는 격이라 사주가 강할 경우에는 큰일을 해낼 수 있지만 약할 경우에는 대인 관계가 좋지 않고 단명하게 된다고 본다. 또한, 사주에 괴강살이 있는 사람은 몸에 큰 흉터를 지니게 되며, 여자인 경우에는 중년에 이르러 부인과 계통의 질병에 매우 신경을 써야 한다.

백호대살(白虎大殺)

수많은 신살(神殺) 중에서 가장 널리 취급되고 가장 중하게 다루어지는 것이 양인살, 괴강살, 백호대살이라 할 수 있을 정도로 그 흉한 의미가 크다. 사주에 백호대살이 있으면 함께 있는 육신이 비명횡사하게 되며, 부모·친척은 물론 부부 인연도 박하다고 보며, 자식과의 인연 또한 좋지 않아 매우 중요하게 다루고 있다. 특히 여자의 사주에서 관살(官殺: 편관·정관)이 백호대살에 해당하면 남편이 비명횡사한다고 해서 매우 꺼린다. 궁합을 볼 때도 여자의 사주에서 가장 중점적으로 보는 것이 남편궁에 해당하는 관살이 양인살이나 백호대살에 해당하지 않는지를 꼼꼼하게 확인하는 것이니 그 의미가 얼마나 큰지 알 수 있을 것이다.

4) 일진(日辰)으로 보는 운세

★ 갑진·을미일생은 아버지가 비명횡사한다고 본다.

★ 계사·계축·계미일생의 시주가 갑인일 경우에는 교통사고를 조심해야 한다.

★ 임일이나 계일생의 사주에 수(水)가 3개 이상 있는 여자는 매춘을 한다고 본다.

★ 임신일·임자일·임진일·경신일·경자일·경진일생은 음식점을 운영하면 큰돈을 벌 수 있다.

★ 임일·계일·무자일·병신일·경술일생의 여자는 재취로 가거나 나이가 많은 남자에게 시집을 간다.

★ 경진일·경술일·임진일·임술일생의 여자는 포악한 남편을 만나거나 무책임한 남편을 만나 스스로 돈을 벌어야 한다.

★ 묘일 유시나 유일 묘시인 여자는 자식을 두기 어렵다.

★ 병술일생의 여자는 자식을 두기 어렵고 부인과 계통의 질병으로 고생하기 쉽다.

★ 갑일·을일생은 무뚝뚝한 성격이지만 끝맺음이 좋다.

★ 병일·정일생은 예의가 바르고 언변이 뛰어나지만, 감정의 변화가 심하다.

★ 무일·기일생은 몸이 허약하고 하는 일마다 허술한 구석이 많으며 겉치레를 좋아한다.

★ 경일·신일생은 과감하고 냉정한 성격을 지니고 있다.

★ 임일·계일생은 사치와 낭비가 심하고 성격이 명랑하다.

★ 신축일·신묘일·신미일은 자존심이 강해서 사귀기 어렵다.

★ 정미일·무오일생의 남자는 성욕이 강해서 여자를 지나치게 쫓아다닌다.

★ 병일·경일생이 일과 시가 인신으로 상충되면 아내가 유산을 하게 된다.

★ 신축일·신묘시의 남자는 소실이나 재취를 얻어 자식을 두게 된다.

★ 을일 신시, 병일 묘시인 사람은 많은 자식을 두며 자식운이 좋다.

★ 임신일·임자일·임진일생은 무역업이나 여관업을 하면 큰돈을 만진다.

★ 무자일생의 여자는 무슨 일에든 겁이 없고 대범하며 나서기를 좋아한다.

★ 신해일·신묘일·신미일생의 여자는 냉정하며 매몰찬 구석이 많다.

★ 병자일·무자일·갑신일생의 여자는 첩이될 팔자다.

★ 을사일·신사일·계사일·정해일·기해일생의 여자 사주에 편관이나 정관이 두 개 이상 나타나 있으면 정부와 눈이 맞아 도망간다.

★ 임인일·계묘일생의 여자는 한숨과 한탄이 섞인 인생을 보내게 된다.

★ 임자일·임신일·계유일·계해일생의 여자가 신유해 자축월에

출생하면 성욕이 기승을 부려 한 남자로 만족하며 살지 못한다.

★ 갑오일·갑인일·을미일·정미일·병오일·무신일·경신일·기유일·신유일·경자일·신해일·정사일생의 여자는 남편이 밖으로만 나돌고 자식과 부모의 인연도 없어 눈물로 지내는 날이 많다.

★ 진일 술시나 술일 진시생인 여자는 남편에게 사랑을 받기 어렵다.

★ 병자일·병오일·정축일·정미일·무인일·무신일·신묘일·신유일·임진일·임술일·계사일·계해일생의 여자는 유흥을 좋아하는 남편을 만나게 된다.

★ 임술일·계축일생인 여자의 사주에 편관이나 정관이 백호대살에 해당하면 남편이 비명횡사한다.

★ 일지가 편재나 정재인 여자는 남편을 우습게 여기며 짓누르고 산다.

★ 기해일·기묘일·기유일생의 여자 사주가 신약일 경우에는 신기가 있어서 무당이 되기 쉽다.

★ 인일 신시·신일 인시·묘일 유시·유일 묘시의 여자는 자식을 두기 어렵다.

★ 경신일·경자일·경진일·신해일·신사일생의 남자 사주에 편관이나 정관이 두 개 이상 있으면 의처증이 있다.

★ 갑술일·을축일·병진일·임진일·계미일생은 학식이 높은 배우자를 만나게 되며 인품이 수려하다.

★ 무자일·무오일·임자일·임오일·정사일·정묘일·기묘일·기

유일·신묘일·신유일생은 주색을 탐닉하고 수치를 몰라 인품 됨이 천하다.

★ 을묘일·병오일생은 일찍 출세하여 남부럽지 않은 일생을 보내게 된다.

★ 병자일·무자일생은 미남·미녀를 배우자로 맞이하게 된다.

★ 무신일·계사일·계해일생은 배우자 인연이 없어서 결혼에 많은 장애가 따른다.

★ 갑술일·을해일생은 평생 동안 굴곡이 심해 생활에 어려움이 많다.

★ 을유일·무자일·기묘일생은 수명이 짧다고 본다.

★ 무일이나 계일생의 여자는 동거생활을 하게 된다.

5. 형·충·파·해와 원진·공망

지금까지 형(刑)·충(沖)·파(破)·해(害)라는 말이 자주 등장했다. 이것들은 어떤 뜻을 지니고 있을까. 여기에서는 이것들의 뜻을 간단히 설명하기로 한다. 그리고 원진살(怨嗔殺)과 공망살(空亡殺)에 대해서도 알아보기로 하자.

1) 형(刑)

형은 형살이라 하며, 삼형살(三刑殺)을 가장 강하게 보고 육형살(六刑殺)은 삼형살보다는 약하지만 그래도 꽤 힘을 발휘한다고 해석한다. 삼형이란 인사신(寅巳申)·축술미(丑戌未)·자묘(子卯)를 가리키고, 육형은 인사(寅巳)·인신(寅申)·사신(巳申)·축술(丑戌)·축미(丑未)·술미(戌未)를 가리키며, 자형(自刑)이라 해서 진진(辰辰)·오오(午午)·유유(酉酉)·해해(亥亥)도 형살로 취급한다.

  사주에 이 살이 갖추어져 있으면 형벌을 주고받는 격이 되어 투쟁과 다툼이 많고 친척 간에 불화하며 부부와 자식의 인연도 좋지 않다고 해석하는데, 형살의 의미가 각각 약간씩 차이가 있기 때문에 구분하여 해설하기로 한다.

인사신(寅巳申) : 지세지형(持勢之刑)

스스로의 힘 때문에 몸을 망친다는 뜻으로, 세 개가 모두 갖추어져 있으면 삼형살, 인사신(寅巳申) 중의 두 개만 갖추어져 있으면 육형살 또는 형살이 된다. 사주에 이 형살이 있고 그 주(柱)에 십이운성의 장생, 관대, 건록, 제왕 등이 함께 있으면 법조계나 경찰, 또는 군인으로 진출할 경우에 크게 이름을 떨칠 수 있지만 쇠, 병, 사, 묘, 절 등의 흉성과 함께 있으면 교활하고 비굴하며 재액을 면하기 어렵다고 본다. 특히 여자의 사주에 이 형살이 있으면 남편운이 없고 남자를 우습게 여겨 고독한 인생을 보낸다고 한다.

축술미(丑戌未) : 무은지형(無恩之刑)

무은지형이라 했으니, 은혜를 모르는 형살이라는 뜻이다. 사주에 이 형살이 있으면 성격이 이기적이고 냉정하며 은혜를 입고도 그 은혜를 갚을 줄 모르고 정도(正道)보다는 사도(邪道)를 걷는 사람이 많고 문서를 다루는 면에서도 거짓이 많다. 여자인 경우에는 부부 관계가 좋지 않으며 자식과의 인연이 없어서 유산을 경험하기 쉽고, 부인과 계통의 질병을 앓을 우려가 크다고 본다.

자묘(子卯) : 무례지형(無禮之刑)

무례지형이라 했으니, 사주에 이 형살이 있으면 예의를 모르고 남에게 불쾌감을 주는 행동을 밥 먹듯이 한다. 미추(美醜)의 구별이 뚜렷하지 못하고 사람됨이 추하다.

진진(辰辰) : **자형**(自刑)

사주에 이 형살이 있으면 부모 · 형제와의 인연이 없고 고독한 인생을 보내게 된다.

오오(午午) : **자형**(自刑)

사주에 이 형살이 있으면 부부와 자식의 운이 좋지 않으며, 시비와 투쟁을 일삼는다.

유유(酉酉) : **자형**(自刑)

사주에 이 형살이 있으면 살기가 등등해서 함부로 설치다가 큰 재난을 당하기 쉽다. 잘난 척하기를 좋아한다.

해해(亥亥) : **자형**(自刑)

사람은 좋지만 남에게 베풀기만 하고 받지를 못하는 처량한 인생을 보내기 쉽다.

2) 충(沖)

충이란 서로 충돌을 해서 한쪽의 기운을 없애버린다는 뜻을 담고 있는 것으로, 뭔가 될 듯 될 듯하다가도 일이 제대로 이루어지지 않을 뿐만 아니라 갑작스럽게 질병을 앓게 되며 사람과의 인연이 좋지 않아 고독한 생활을 보내게 된다고 해석하는 흉살로, 형(刑)보다 더욱 강한 의미를 지니고 있다.

충살에 해당하는 육신(六神)의 운세를 해석하는 데도 많이 활용한다.

자오충(子午冲)

어린 나이에 일찍이 고향을 떠나 타향을 떠돌면서 고생할 팔자로 본다.

축미충(丑未冲)

부모·형제의 인연이 좋지 않으며 문서로 인한 분쟁이 발생하게 되고 대인관계에서 재물로 인한 다툼이 많다. 축미(丑未)는 형살이기도 하다.

인신충(寅申冲)

정이 넘쳐나는 반면에 이성에게 약해서 구설수에 오르기가 쉬우며, 그로 인해서 명예가 실추되기 쉽다. 인신(寅申)은 형살이기도 하다.

묘유충(卯酉冲)

가족과 화목하지 못하고 부부의 인연도 좋지 않으며 사람됨이 거짓이 많다.

진술충(辰戌沖)

인생살이에 파란이 많고 무엇 하나 뜻한 대로 이루어지는 일이 없다.

사해충(巳亥沖)

자기 일도 아닌 남의 일 때문에 헛고생을 하고 다니며 내 돈 내 주고 뺨 맞는 격의 인생을 보내게 된다.

3) 파(破)

파는 육파살(六破殺)이라고 부르며 무엇이든지 깨뜨리고 부숴버 린다는 뜻을 지니고 있다.

　형살이나 충살보다는 의미가 약하지만, 운세가 나쁠 때는 큰 힘을 발휘한다.

자유파(子酉破)

부모·형제와 인연이 없고 부부 사이에 정도 없으며 자식과도 뜻이 맞지 않을 운세.

축진파(丑辰破)

질병에 걸리기 쉽고 관재구설에 휘말리기 쉬우며 나서기를 좋 아하다가 손해를 자초할 운세.

인해파(寅亥破)

인해는 합(合)도 되어 사람이 정이 많고 유덕하지만 파살도 있으므로 만남과 헤어짐이 많을 운세.

묘오파(卯午破)

주색과 유흥을 탐닉해 명예를 잃고 망신을 당하기 쉬우며 실패가 많을 운세.

사신파(巳申破)

사신은 합(合)도 되고 형살도 되며 파살도 되기 때문에 처음의 시작은 좋지만, 마지막 단계에 이르러 손해를 보거나 이별을 하게 될 운세.

미술파(未戌破)

대인관계에서 시비와 분쟁이 많고 질투와 시기심이 강해서 사람들에게 따돌림을 당해 고독한 인생을 보내게 될 운세.

4) 해(害)

해는 육해살(六害殺)이라고 하며, 모든 일에 장애가 일어나기가 쉽고 변덕이 유난히 많으며 난폭한 성질을 가지고 있다고 해석을 한다.

자미해(子未害)

가족·친척과의 인연이 좋지 않아 함께 살기 어렵고 부부 사이에 다툼이 많다. 여자인 경우에는 부인병을 조심해야 한다.

축오해(丑午害)

역시 부부의 인연이 좋지 않으며 자기만 잘났다고 설치다가 결국 손해만 보게 된다.

인사해(寅巳害)

인사는 형살이며 해살이기 때문에 그 피해가 더욱 크다. 특히 관재구설을 조심해야 한다.

묘진해(卯辰害)

무슨 일을 하든지 진전이 없고 발전이 없어서 허무한 일생을 보내기 쉽고 변덕이 많다.

신해해(申亥害)

움직이다가 다치는 일, 즉 교통사고를 조심해야 하며 내장 계통의 기능이 좋지 않다.

유술해(酉戌害)

종교에 뜻이 많으며 인생을 비관적으로 생각하기 때문에 사람들에게서 소외당하기 쉽다.

5) 원진(怨嗔)

원진살은 서로를 싫어하고 멀리한다는 뜻으로, 궁합에서 매우 중요하게 활용하고 사주에서는 육신과의 조화를 판단하는 데 활용한다.

자미원진(子未怨嗔)

남녀 간에 이별수가 있고 고독하기 쉬우며 자식과의 인연이 박하다. 여자인 경우에는 아이를 낳은 뒤에 몸조리에 신경을 써야 한다.

축오원진(丑午怨嗔)

역시 이별수가 있고 자식과의 인연이 없으며 부인병과 정신병을 조심해야 한다.

인유원진(寅酉怨嗔)

잔병치레를 자주 하고 부부간의 이별수가 있으며 불구가 될 우려가 있다.

묘신원진(卯申怨嗔)

인유원진과 그 의미가 거의 비슷한데, 금전적으로 구두쇠가 되거나 그렇지 않으면 낭비가 심하다.

진해원진(辰亥怨嗔)

잘난 척하기를 좋아하고 질병에 걸리기 쉬우며 부모·자식과의 인연이 없다.

사술원진(巳戌怨嗔)

고독한 인생을 보내게 되고 부부 사이에 이별수가 있다. 자식과의 인연도 좋지 않다.

형·충·파·해·원진 조견표

삼형 (三刑)	인사신(寅巳申) 지세지형(持勢之刑)		축술미(丑戌未) 무은지형(無恩之刑)		자묘(子卯) 무례지형(無禮之刑)	

자형(子刑)	진진(辰辰)	오오(午午)	유유(酉酉)	해해(亥亥)

육형(六刑)	인신	인사	사신	축미	축술	미술
상충(相冲)	자오	축미	인신	묘유	진술	사해
육파(六破)	자유	축진	인해	묘오	사신	미술
육해(六害)	자미	축오	인사	묘진	신해	유술
원진(怨嗔)	자미	축오	인유	묘신	진해	사술

6) 공망(空亡)

공망이란, 천간(天干)과 지지(地支)를 짝을 맞추어 나가다 보면 천간은 10개, 지지는 12개가 되어 천간이 한 번 순환할 때마다 지지(地支)가 두 개 남게 되는데, 이처럼 천간과 짝을 이루지 못하게 되는 지지를 가리키며, 공망이 되는 지지가 양(陽)에 속하는 것을 공(空)이라 하고 음(陰)에 속하는 것을 망(亡)이라고 부른다.

원칙적으로 일주(日柱)을 중심으로 년·월·시의 지지를 보지만 연주(年柱)를 중심으로 보기도 하며 경우에 따라서는 월주(月柱)와 시주(時柱)를 중심으로 보기도 한다.

연지(年支)가 공망이면 조상 덕이 없고 월지(月支)가 공망이면 부모·형제의 운이 좋지 않으며 시지(時支)가 공망이면 자식운이 나쁘다고 본다.

또한, 육신 중의 어느 별에 해당하는가도 살피는데, 비견이나 겁재가 공망이면 형제간에 우애가 없다고 보고 편재가 공망이면 아버지와의 인연이 박하다고 보며 정재가 공망이면 남자인 경우에는 아내와 재물복이 없다고 본다.

편관이나 정관이 공망이면 남자인 경우에는 자식운과 벼슬운이 없다고 보며 여자인 경우에는 남편운이 없다고 본다. 편인이나 인수가 공망이면 인덕이 없고 인품이 단정하지 못하며 학업 중단의 어려움이 있고, 어렸을 때 부모의 사랑을 받지 못했다고 해석한다.

아래의 <공망조견표>를 참조하여 공망을 확인해보자.

• 갑자순(甲子旬) 중에는 술(戌)과 해(亥)가
• 갑술순(甲戌旬) 중에는 신(申)과 유(酉)가

- 갑신순(甲申旬) 중에는 오(午)와 미(未)가
- 갑오순(甲午旬) 중에는 진(辰)과 사(巳)가
- 갑진순(甲辰旬) 중에는 인(寅)과 묘(卯)가
- 갑인순(甲寅旬) 중에는 자(子)와 축(丑)이

짝을 이루지 못하고 남게 되는데, 이것을 공망이라고 한다.

공망 조견표

간지(干支)										공망
갑자	을축	병인	정묘	무진	기사	경오	신미	임신	계유	술,해
갑술	을해	병자	정축	무인	기묘	경진	신사	임오	계미	신,유
갑신	을유	병술	정해	무자	기축	경인	신묘	임진	계사	오,미
갑오	을미	병신	정유	무술	기해	경자	신축	임인	계묘	진,사
갑진	을사	병오	정미	무신	기유	경술	신해	임자	계축	인,묘
갑인	을묘	병진	정사	무오	기미	경신	신유	임술	계해	자,축

예를 들어, 일주가 무인이라면 무인은 갑술순 중에 해당하니까 신과 유가 공망이 되고, 사주에 신과 유가 있으면 그것이 공망에 해당하는 것이다. 이 경우에 신은 양이니까 공, 유는 음이니까 망이라고 본다는 것이다.

6. 응용편

여기에서는 지금까지 취급했던 각 신살(神殺)들을 활용하여 사주를 판단하는 데 있어서 자주 대할 수 있는 것들을 남자와 여자의 경우로 나누어 각각 50가지씩 응용해 보기로 한다. 자신의 사주에 해당되는 것이 있으면 차근차근 비교해 보기 바란다.

1) 남자인 경우

★ 일(日)과 월(月)이 충(沖)되거나 형(刑)이 있는 사람 또는 원진살이 있는 사람은 일찍부터 부모 곁을 떠나 자수성가를 하게 된다.

★ 월주(月柱)에 도화살(연살)이나 망신살이 있는 사람의 어머니는 소실이거나 후처일 가능성이 높다.

★ 일지(日支)의 비견이나 겁재가 다른 비견·겁재와 합이 되었든가 일간(日干)이 합을 이루어 비견이나 겁재로 바뀐 사람은 이복형제가 있다고 본다.

★ 재성(財星)이 3개 이상이고 인성(印星)이 없든지 인싱이 3개 이

상이고 재성이 없는 남자는 어머니와 아내 사이에서 고부간의 갈등으로 고민이 많다.

★ 역마나 지살이 일지(日支)와 형(刑)을 이루면 교통사고를 조심해야 한다.

★ 일지(日支) 월지(月支) 또는 일지(日支)와 시지(時支)가 형(刑)을 이룬 사람은 어딘가에 감금되는 경험을 하게 된다.

★ 진년(辰年) 유월(酉月) 또는 유년(酉年) 진월(辰月) 무오일생(戊午日生)은 손이나 발에 이상이 생긴다.

★ 임일(壬日)이나 계일생(癸日生)의 사주에 화(火)와 토(土)가 4개 이상이면 성병을 앓기 쉽다.

★ 시주(時柱)에 상관이 있거나 일(日)과 시(時)가 충(沖)이나 형(刑)된 사람은 본처와 해로하기 어렵다.

★ 관성(官星)은 힘이 없는데 식신·상관이 3개 이상 되거나 식신·상관은 미약한데 관성이 3개 이상 되는 여자는 결혼에 실패하기 쉽다.

★ 년(年)에 정재이고, 일(日)에 정관, 또는 년(年)에 정관이고 월(月)에 정재인 사람은 좋은 집안의 출신이다.

★ 편인과 인수의 합계가 3개 이상이면 어머니가 둘 이상이라고 본다.

★ 인수가 형(刑)이 되면 어머니를 일찍 여의거나 어머니의 신체에 이상이 있다.

★ 인수가 편재나 정재와 합을 이루거나 암합이 되면 어머니가 재가한다.

★ 인수가 공망이 되면 어머니를 일찍 여의게 된다.

★ 신약사주에 재성이 많으면 구두쇠가 되기 쉽다.

★ 시(時)에 상관이나 편재가 있거나 일(日)과 시(時)가 충이나 공망된 사람은 평생 고독하게 지낸다.

★ 일(日)과 시(時)에 망신살이나 육해·겁재가 있으면 아내가 도망갈 운세다.

★ 일지(日支)에 편재가 있으면 결혼을 두 번 하게 된다.

★ 무일생(戊日生)이나 기일생(己日生)이 임년(壬年)·계월(癸月)에 출생하거나 계년(癸年)·임월(壬月)에 출생하면 본처와 해로하기 힘들다.

★ 신강사주인데 시주(時柱)에 편재가 있으면 아내를 학대하기 쉽다.

★ 일(日)이나 시(時)에 도화살이 있으면 아내가 아닌 다른 여자와 살림을 꾸리기 쉬운데 특히 시(時)에 도화살이 있는 남자는 유흥업계의 여성과 놀아난다.

★ 정관과 도화살이 같은 주(柱)에 있는 남자는 아내 덕을 보게 되지만 편관과 도화살이 같은 주에 있는 남자는 간통으로 인해 망신을 당하게 된다.

★ 재살이 미약하고 관살이 강한 사주를 가진 남자는 자식을 얻으면 아내를 잃기 쉽다.

★ 일(日)과 시(時)가 형(刑)이 되면 부부간에 이별수가 있다.

★ 임자일(壬子日), 병오일(丙午日), 무오일(戊午日)의 남자는 아내가 먼저 죽는 예가 많다.

★ 병오일에 정유시이거나 임인일에 계묘시인 남자는 두 번 장가가게 된다.

★ 사주에 수옥살이나 형이 있는 사람은 감금이나 납치, 또는 감옥에 들어갈 확률이 높다.

★ 계축일, 계미일, 계사일이 갑인시에 태어나면 교통사고 등의 횡액이 있다.

★ 경진일에 경진시 출생인 남자는 자녀가 익사하기 쉬우니 조심해야 한다.

★ 병일이나 경일생의 남자가 일(日)과 시(時)에 인과 신이 놓여 충·형을 이루게 되면 자식이 여자의 몸 안에서 죽는 불행한 일이 있다.

★ 신축일에 신묘시인 남자는 첩에게서 자식을 얻는다.

★ 편인·인수가 많으면 외국어에 뛰어난 소질을 보인다.

★ 비겁이 지나치게 많으면 아내 덕이 없고 아버지를 일찍 여의며 정신병을 앓기 쉽다.

★ 겁재가 두 개 이상 있으면 재혼하기 쉽다.

★ 대운이 겁재로 오고 세운이 정재로 오면 부부 사이에 큰 문제가 발생한다.

★ 식신이 3개 이상 되면 아들을 두기 어렵거나 아들과의 인연이 좋지 않아 늙어서 고생하게 된다.

★ 연주와 시주에 상관이 있으면 자식을 가지기 힘들다.

★ 상관과 겁재가 여러 개 있으면 아내와 자식 덕이 없는 것으로 본다.

★ 편재가 십이운성의 사(死)나 절(絶)에 앉아 있고 관살(官殺)에 혼잡스러우면 어릴 때 어머니를 잃는다.

★ 편재가 건록(建祿)에 앉아 있으면 그 사람이 태어나면서부터 아버지의 사업이 잘되었다고 본다.

★ 일(日)과 시(時)에 정관과 정재가 있고 그것들이 십이운성의 길성(吉星) 위에 앉아 있으며 다른 곳에는 전혀 없다면 부귀하게 될 운세다.

★ 대운이 정재, 세운이 정관으로 오면 혼담이 제대로 잘 이루어진다.

★ 월주에 정관이 있고 재성(財星)이 왕성하면 길상이고, 일주에 정관이 있고 연주나 시주에 편관이 있으면 흉상이다.

★ 정관이 합(合)이 되면 제힘을 발휘하지 못해서 여러모로 나쁘다고 본다.

★ 정관이나 편관이 십이운성의 사(死)에 앉아 있으면 자식을 얻기가 힘들다.

★ 정관과 편관이 같은 주(柱)에 있으면 횡액을 당하거나 한숨으로 세월을 보낼 운세다.

★ 연간이나 월간에 정관이 들어 있으면 부모의 유산을 물려받게 된다.

★ 인수는 있는데 정관이 없으면 출세가 늦고, 정관은 있는데 인수가 없으면 축재하기 어렵다.

★ 신강사주에 인수가 뚜렷이 돌출되어 있으면 말술을 마다하지 않는다.

2) 여자인 경우

★ 사주에 비견·겁재가 3개 이상이거나 인성이 3개 이상이면 시어머니와 갈등이 심하다.

★ 시주에 상관이 있고 다른 곳에 관성이 없는 여자는 유흥업계로 진출하기 쉽다.

★ 신약사주인 여자는 어른을 잘 공경하지만 신강사주인 여자는 어른에게 대드는 일이 많다.

★ 사주에 재성이 3개 이상 있고 그것이 형·충·파·해가 되면 성격이 괴팍한 시어머니를 모시게 되거나 두 시어머니를 모시게 된다.

★ 사주에 인성이 많으면 시어머니나 다른 시댁식구와 다툼이 많다.

★ 사주에 음양착살이 있으면 남편의 집안이 되는 일이 없다.

★ 재성과 관성이 합을 이루면 친정부모를 모시게 된다.

★ 비견·겁재가 많으면 고집이 세다.

★ 기일생이 신약사주이면 남의 말에 잘 넘어가 재산을 날리거나 망신을 당하기 쉽다.

★ 사주에 관성이 없는 여자는 결혼하기 어렵다. 나이 차이가 많은 남자나 연하의 남자와 사귀어야 결혼이 가능하다고 본다.

★ 편·정관이 3개 이상인 여자는 재가할 확률이 높다.

★ 무자일, 임일, 계일생의 여자는 경찰, 군인 등의 직업을 가진

남편을 만나게 되거나 깡패와 인연을 맺는다.

★ 신강사주에 관살이 없는 여자는 남자가 그리워 한숨으로 세월을 보낸다.

★ 식신과 상관이 3개 이상 있으면서 관살이 힘이 없으면 과부가 되기 쉽다.

★ 관살이 3개 이상인데 식신이나 상관이 한 개도 없으면 유흥업계로 나갈 운세다.

★ 사주에 수(水)가 4개 이상이면 유흥업계에서 이름을 날릴 운세다.

★ 관성이 십이운성의 사·절·묘에 앉아 있으면 남편이 횡액을 당하거나 일찍 죽는다.

★ 사주에 진·술·축·미가 모두 갖추어져 있으면 일부종사는 못할 운세다.

★ 사주에 자·오·묘·유가 모두 갖추어져 있으면 남편을 버리고 도망가기 쉽다.

★ 사주에 인·사·신·해가 모두 갖추어져 있으면 음란하기 짝이 없어서 남자만 보면 꼬리를 친다.

★ 사주에 합(合)이 두 개 이상이고 형·충이 있으면 정이 많아 남자는 잘 사귀지만, 거짓 사랑에 눈물만 흘릴 팔자다.

★ 일간이 일지를 극(剋)하면 남편을 억누르고 살 팔자다.

★ 사주에 관성과 식신·상관이 여러 개 있으면 부부 사이에 다툼이 많다.

★ 겁재가 두 개 이상이면 남편으로 인한 구설수에 시달린다.

★ 식신이 3개 이상이면 음탕하기 짝이 없다.

★ 연주와 월주에 상관이 있으면 부부 사이에 파란이 많다.

★ 연주와 월주에 상관이 있으면 자식을 갖기 힘들다.

★ 대운이 상관, 세운이 정관으로 오면 부부 사이에 구설수가 일어난다.

★ 일주에 상관과 양인이 함께 있으면 남편이 횡액으로 죽는다.

★ 재성(財星)이 3개 이상이 되면 오히려 가난하게 사는 경우가 많다.

★ 편재나 정재가 합(合)이 되고 길성(吉星)에 앉아 있다면 부귀를 누릴 운세다.

★ 편재가 3개 이상이면 돈은 많이 만져도 재산을 모으기는 어렵다.

★ 대운이 정재, 세운이 정관으로 오면 배필을 만나게 된다.

★ 정재와 인수가 지나치게 많으면 음란하며 천한 상이다.

★ 여자의 사주에서 편관은 샛서방이나 정부(情夫)로 보는데, 그것이 3개 이상 있을 경우에는 여러 남자를 거치게 되며 단명할 상으로 본다.

★ 정관·편관이 여러 개 있고 삼합(三合)을 이루면 음란하고 수치를 모르는 철면피다.

★ 편인이 여러 개 있으면 남편과 사별하거나 힘든 생활을 하게 된다.

★ 편인이 두 개 이상이고 과숙살까지 있으면 독수공방의 운세라고 할 수 있다.

★ 인수가 여러 개 있으면 남편운이 없고 자식과의 인연도 좋지 않아 눈물로 지새는 날이 많다.

★ 인수·상관·양인이 모두 갖추어져 있으면 종교에 귀의하기 쉽고 고독한 운세다.

★ 인수와 정재가 뒤섞여 있으면 심신이 고달프다. 또한 음란하고 빈천한 상으로 본다.

★ 정관이 형·충·파·해가 되면 남편과 이별을 하게 되든지 남편의 몸에 고질병이 있다.

★ 정관이 백호대살이나 괴강살에 앉아 있으면 남편이 횡액을 당하기 쉽다.

★ 정관이 십이운성의 사·묘·절에 앉아 있으면 남편과 이별하게 되거나 내가 생활전선으로 뛰어들어야 한다.

★ 비견과 정재가 여러 개 있으면 어른이 많은 집안으로 시집가게 된다.

★ 일주가 을사인데 연간이나 월간에 경이 나타나 있는 여자는 남편을 버리고 도망가기 쉽다.

★ 정해일에 임이 있든지, 기해일에 갑이 있든지, 신사일에 병이 있든지, 계사일에 무가 있는 여자는 자식과 남편을 버리고 다른 남자를 따라 도망간다고 본다.

★ 무일이나 계일 출생자는 동거생활을 해보게 된다.

★ 편관이 많으면 시누이와의 분쟁으로 심신이 고달프다.

★ 정관보다 편관이 더 두드러지는 여자는 남편보다 다른 남자에게 더 정을 쏟는다.

3) 단어 해설

여기에서는 사주추명학에서 자주 사용되는 단어들을 해설해서 독자 여러분의 이해를 돕기로 한다.

예)

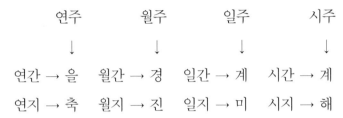

	연주	월주	일주	시주
	↓	↓	↓	↓
	연간 → 을	월간 → 경	일간 → 계	시간 → 계
	연지 → 축	월지 → 진	일지 → 미	시지 → 해

- 비겁(比劫) : 비견(比肩)과 겁재(劫財)
- 식상(食傷) : 식신(食神)과 상관(傷官)
- 관성(官星) : 편관(扁官)과 정관(正官)
- 재성(財星) : 편재(扁財)와 정재(正財)
- 인성(印星) : 편인(扁印)와 인수(印綬)
- 도식(倒食) : 편인을 가리킴(식신을 극한다는 뜻에서).
- 같은 주(柱)에 있다 : 동주(同柱)한다고도 함. 연월일시 중 어느 한 주(기둥)에 함께 있다는 뜻. 예를 들어 위의 사주에서 축(丑)은 편관에 해당하며 십이운성의 관대에 해당한다. 이럴 경우 편관과 관대가 같은 주(柱)에 있다든가, 편관과 관대가 동주한다고 말하는 것이다.

- 암합(暗合) : 사주상의 합이 아니라 지장간(地藏干)에 숨어 있는 천간(天干)들이 합(合)을 이루는 것을 말한다. 앞의 사주에서는 연지인 축의 지장간 계와 시지인 해의 지장간 무가 합이 되어 무계합화로 변하는데, 이런 것을 드러나지 않은 합이라 하여 암합이라고 한다.

- 연주(年柱) : 생년의 천간과 지지

- 월주(月柱) : 생월의 천간과 지지

- 일주(日柱) : 생일의 천간과 지지

- 시주(時柱) : 생시의 천간과 지지

- 연간(年干) : 생년의 천간

- 월간(月干) : 생월의 천간

- 일간(日干) : 생일의 천간

- 시간(時干) : 생시의 천간

- 연지(年支) : 생년의 지지

- 월지(月支) : 생월의 지지

- 일지(日支) : 생일의 지지

- 시지(時支) : 생시의 지지

- 신강(身强) : 사주에서 가장 중요한 것은 일간(日干)이라고 할 수 있는데, 오행의 활용상 이 일간을 생(生)하는 것과 비겁인 것이 사주에 많으면 일간이 강하다고 하여 신강이라고 부르는 것이다.

- 신약(身弱) : 신강과 반대되는 뜻으로, 사주에 일간(日干)을 극(剋)하는 관살이 많거나, 일간의 힘을 빼앗는 식상이 많거나, 일

간이 힘을 쏟아야 하는 재성이 많을 경우에는 일간의 힘이 미약하다 하여 신약이라고 부르는 것이다.

• 대운(大運) : 제2장 <대운의 구성> 참조.

• 세운(歲運) : 한 해 한 해의 운세.

• …에 앉아 있다 : 같은 주에 있다는 뜻.

• 구설수에 오르다 : 사람들의 입에 오르내려 명예를 실추시키는 것.

• 관재수가 있다 : 예전 같으면 포도청이나 관가를 이르는 말로, 관청 출입을 하게 된다는 뜻. 특히 경찰서나 형무소의 출입을 뜻한다.

• 간명(看命)하다 : 운명을 해석해 보다.

• 뿌리가 있다 : 그 별을 생(生)하여 주거나 오행이 같은 별이 있어서 힘을 얻는다는 뜻. 예를 들어 앞의 사주에서는 월간의 경은 금(金)인데 연지인 축, 월지인 진, 일지인 미가 모두 토(土)이기 때문에 토생금이 되어 경의 뿌리가 튼튼하다고 보는 것이다. 이 사주에서 경은 인수가 되기 때문에 해석을 할 때는 인수의 뿌리가 튼튼해서 어머니가 현숙하고 덕이 있으며, 본인은 학문에 밝다고 해석하는 것이다.

• 왕(旺)하다 : 뿌리가 있다는 뜻으로, 기운이 왕성하다는 의미이다.

• 횡액(橫厄)이 있다 : 예기치 못한 갑작스런 돌발사고를 당할 수 있다.

• 유기(有氣)하다 : <뿌리가 있다> 참조.

- 설기(泄氣)하다 : 오행(五行)상 다른 별을 생(生)하여 주다 보면 내 힘이 미약해지는데, 이러한 경우에 <설기한다>라고 표현을 한다.
- 태세(太歲) : 그해의 운세.
- 손재(損財)가 있다 : 재물의 손실이 있다.
- 용신(用神) : 사주에서 가장 중요하게 여기는 별.
- 희신(喜神) : 용신을 도와주는 별.
- 기신(忌神) : 용신에게 해가 되는 별.

7. 사주의 실제 감정

지금까지 사주추명학에 대해서 설명을 하였다. 이제 그것들을 참고로 해서 몇 사람의 사주를 함께 감정해 보기로 하자.

❶ 1938년 2월 4일, 오후 4시 (음력, 여자)

	年	月	日	時
사주	戊 식신 寅 편인	甲 편인 寅 편인	丙 申 편재	丙 비견 申 편재
지장간	戊 식신 丙 비견	戊 식신 丙 비견	戊 식신 壬 편관	戊 식신 壬 편관
대운	10세　　20세 계　　　임 축　　　자 15세　　25세	30세　　40세 신　　　경 해　　　술 35세　　45세	50세 기 유 55세	60세　　70세 무　　　정 신　　　미 65세　　75세
십이운성	長生	長生	病	病
각신살	문곡귀인 학당귀인 홍염살 천사성	문곡귀인 학당귀인 홍염살	관귀학관 문창귀인 암록 월덕귀인	관귀학관 문창귀인 암록 월덕귀인
오행조화	木：3　　火：2　　土：1　　金：2　　水：0			

❶의 해설 [1938. 2. 4. 申時, 女]

★ 2월은 원래 묘월이지만 1938년 2월에는 경칩이 5일에 들어오

기 때문에 이 사주의 월건은 1월인 인월, 즉 갑인월이 된다.

★연주 식신에 월주 편인이고 시간에 비견이 어깨를 나란히 하고 있다. 남에게 절대로 지지 않으려 하는 성격에 자기주장이 강하니 집과는 인연이 없고, 조상을 상징하는 연주와 부모를 상징하는 월주가 인인데 나를 상징하는 일주와 자식을 상징하는 시주는 신(申)이다 즉, 인(寅)과 신(申)이 충·형을 이루며 서로 싸움을 하는 격이니 이른 나이에 집을 나와서 결혼을 한 뒤에 자연스럽게 친정과의 인연이 멀어지게 되며 자식 또한 외갓집과의 인연이 없다.

★사주에 관성이 없으니 내세울 만한 남편이 없지만 일(日)과 시(時)의 신(申)에 암장되어 있는 임(壬) 편관이 남편이 되기 때문에 다행히 결혼은 하게 된다. 단, 임편관은 같은 지장간에 있는 병비견과 간충을 이루기 때문에 나와는 뜻이 맞지 않는 사람이고 또한 십이운성의 병(病)에 앉아 있는 탓에 남편이 늘 몸이 아픈 형국이니 그 뒷바라지에 애를 쓰는 것이 안타깝다. 사주에 무관(無官: 관성이 없다는 뜻)이며 식신이 있는 여자는 정식 결혼을 하기 힘들며 재취나 나이 차이가 많은 남자에게 시집가야 한다고 본다.

★무(戊) 식신이 자식인데 연주에 자리를 잡고 있으면서 지장간에 같은 무게 네 개가 있고 또한 문곡, 학당귀인, 천사성과 동주하니 학문으로 이름을 드높이게 될 것이다.

★초·중년의 인(寅)에는 홍염살이 있어서 내가 나서서 남자들을 상대로 돈을 벌어야 하니 몸이 고달팠다. 그러나 장년과 말년의

신(申)은 암록과 월덕귀인에 앉아 있기 때문에 남부러울 것이 없는 생활을 할 수 있고 자식의 효도도 받을 운세다. 55세 대운인 유(酉) 정재부터 돈이 들어오기 시작해 60세 대운인 무(戊) 식신부터는 지장간의 무(戊)와 전체적인 조화를 이루며 기세가 강한 별(火)의 기운을 무(土)가 흡수하니 자식의 운이 크게 열릴 것이다.

❷ 1962년 12월 28일, 오후 3시 30분 (음력, 남자)

	年	月	日	時
사주	壬 편관 寅 편인	癸 정관 丑 상관	丙 寅 편인	丙 비견 申 편재
지장간	戊 식신 丙 비견	癸 정관 辛 정재	戊 식신 丙 비견	戊 식신 壬 편관
대운	4세 14세 24세 34세 44세 54세 64세 74세 갑 을 병 정 무 기 경 신 인 묘 진 사 오 미 신 유 9세 19세 29세 39세 49세 59세 69세 79세			
십이운성	長生	養	長生	病
각신살	문곡귀인 학당귀인 홍염살		문곡귀인 학당귀인 홍염살	관귀학관 문창귀인 암록
오행조화	木 : 2 火 : 2 土 : 1 金 : 1 水 : 2			

❷의 해설 [1962. 12. 28. 申時, 男]

★ 사주에 편인이 많고 홍염살에 앉아 있으며 편재와 충·형을

이루어 어머니가 여럿이라고 본다.

★ 일(日)에 정관이 있지만 년(年)에 편관이 나란히 자리를 잡고 있기 때문에 복잡한 집안의 출신이다.

★ 시간에 비견이 있는데 지장간의 무와 계가 합이 되어 화로 변해 비겁이 되었으며 인 속의 병비견이 두 개나 암장되어 있어서 자존심이 이를 데 없이 강하고 남에게 굽히는 것을 죽기보다 싫어 한다.

★ 지장간에 무계합화, 병신합수 등 합(合)이 많아 정이 많지만 사주원국의 인과 신이 충·형이고 임과 병이 천간충이 되어 충·형 또한 많아서 이별도 많다. 게다가 인이 홍염살에 해당하는데 홍염은 도화살과 같다고 했으니 주위에 여자가 끊일 날이 없다. 첩에 해당하는 신편재가 암록에 앉았는데 그 위에 병(火)비견이 있으니 여자를 만나서 손해 보는 일은 없는 사람이고 어려움에 처하면 반드시 도와주는 사람이 나타난다.

★ 지장간의 신(金)이 정재이기 때문에 아내에 해당하는데, 비견인 병(火)과 합을 이루어 수(水)로 변하면서 관살로 바뀌었다. 또한 식신인 무(土)는 정관인 계(水)와 합이 되어 화로 변하면서 비겁이 되었기 때문에 아내가 내 뜻에 잘 따라와 주는 운세다.

★ 지장간에 목(木)이 전혀 없어서 인성이 보이지 않고 사주 원국의 편인은 편재와 충을 이루었기 때문에 학교는 제대로 다닐 수 없지만 문곡, 학당, 관귀, 문창귀인 등 사주 전체가 학문과 관계있는 길성(吉星)들로만 이루어져서 학자의 그릇이다.

★ 이런 사주는 비견이 많아 신강이라고 보기 때문에 계(水)가

용신이 되어 금(金)에 해당하는 신(辛), 경(庚), 신(申), 유(酉)가 와야 좋다고 보지만 신(辛)이 오면 병과 합이 되어 수(水)로 변하고 신(申)이 오면 인(寅)과 충·형이 되며 유(酉)가 오면 인(寅)과 원진살이 된다. 즉, 강한 화(火)의 기운을 따라가는 것이 오히려 운세가 열린다고 해석할 수 있으므로 34세부터 시작되는 정사대운에 크게 명예를 떨치고 부를 이룰 수 있다고 본다. 또한 44세부터의 무오대운에도 무는 계와 합이 되어 화가 되고, 오는 인과 합이 되어 화로 변하기 때문에 53세까지 걱정을 모르고 살 팔자다.

★ 사주원국에는 충·형만 있고 합이 없지만 지장간은 온통 합(戊癸火, 丙辛水)으로 이루어져 있기 때문에 겉으로 보기에는 냉정하지만, 속마음은 정에 매우 약한, 다정다감한 사람이라고 본다.

★ 사주 구성의 오행을 보면 목, 화, 토, 금, 수가 고루 갖추어져 있어서 치우치는 것이 없고 계(癸) 정관이 무(戊)와 합(合)이 되어 비견으로 변했기 때문에 주관이 뚜렷하고 교활함을 싫어하는 사람이다.

★ 초년에는 편재가 암록에 앉아 있어서 아버지의 사랑 속에서 살았고 일간인 나와 합이 되는 아내를 맞이하니 아내가 극진히 공경하며, 축상관이 뚜렷이 나타난 자식별인데 그 속에 계정관이 있기 때문에 귀한 자식을 두게 되어 말년에도 걱정이 없다. 임계의 관살도 자식이지만 일간의 계정관은 일지의 축상관에 극을 당해서 힘을 발휘하지 못하고 연간의 임편관은 병과 간충

이 되어 힘을 발휘하지 못하기 때문에 축상관을 귀한 자식이라고 해석하는 것이다.

★ 일과 시가 충·형이 되어 자식운이 없다고 볼 수 있지만, 비견이 태왕해서 자식에게 기대려 하지도 않는 성격이다. 중년에 크게 될 사주다.

❸ 1985년 2월 25일, 오후 10시 15분 (음력, 여자)

	年	月	日	時
사주	乙 식신 丑 편관	庚 인수 辰 정관	癸 未 편관	癸 비견 亥 겁재
지장간	癸 비견 辛 편인	乙 식신 癸 비견	丁 편재 乙 식신	戊 정관 甲 상관
대운	7세 17세 27세 37세 47세 57세 67세 신 임 계 갑 을 병 정 사 오 미 신 유 술 해 12세 22세 32세 42세 52세 62세 72세			
십이운성	冠帶	養	墓	帝王
각신살	암록 백호대살			
오행조화	木:1 火:0 土:3 金:1 水:3			

❸의 해설 [1985. 2. 25. 亥時, 女]

★ 사주에 관살이 많고 비겁이 많다. 즉 비겁과 관살이 서로 싸우는 격이다. 성격이 냉정하면서 매몰찬 구석이 있다.

★ 월주에 인수와 정관이 있는데 경진은 괴강살이다. 부모님이

엄한 분들이다.

★ 사주를 보면 지장간의 정편재만이 재성인 것 같지만, 축 속의 계와 해 속의 무가 합이 되어 무계합화로 변하면서 정편재와 함께 재물이 그득하다. 평생 동안 돈 걱정은 하지 않고 살 팔자다.

★ 관살이 많아서 사주가 혼탁해 보이지만 축편관과 미편관이 형이 되어 깨지면서 축 속의 계비견과 미 속의 편재가 튀어 오르면서 진정관이 돌출된다. 귀한 남편을 만날 사주다.

★ 비겁이 많은 사주는 관살을 꺼리는데 편관인 축과 미가 형으로 힘을 잃으면서 비견이 돌출되니 남에게 지는 것을 죽기보다 싫어하는 성격이고, 정관이 그것을 받쳐주니 권세가 중중하다. 또한 겁재는 투쟁의 별인데 해겁재가 진정관과 원진살이라 조용히 성질을 죽이고 있는 형국이다. 주관이 뚜렷하며 옳고 그른 것이 분명한 사람이라고 볼 수 있다.

★ 대운에서 12세에 사(火)재성이 오고, 17세에 임(水)겁재, 22세에 오(火)재성이 오며, 27세에 계(水)비견이 되니 31세까지 남부러운 것 모르고 살 운세이며 사(火)재성이 오는 12세부터 집안에 재물이 굴러들어온다. 또한 사(火)는 해겁재와 충이 되어 해(水)를 없애주니 자신이 돋보이게 되어 어디를 가나 1, 2등을 다툴 운세다.

★ 축편관이 십이운성의 관대에 앉아 있고 암록에 해당되어 멋진 남자와 연애를 하게 되지만 백호대살과 함께 앉아 있어서 횡액이 두렵구나. 첫 남자는 배필이 아니다. 진정관이 배필인데

십이운성의 양에 앉아 있다. 남편의 사랑을 독차지하며 살아갈 것이다.

★ 자식에 해당하는 시주에 비견, 겁재가 있고 십이운성의 제왕과 함께 있으니 나도 제왕의 격이요, 자식도 제왕의 격이다. 훌륭한 자식을 두게 될 것이다.

★ 사주에 신살이 거의 없어 깨끗한 명조(命調 : 사주의 구성)이며, 수가 많고 계미일생이기 때문에 멋진 남자들이 줄을 잇겠구나. 연예계나 인기를 누리고 사는 분야에 종사하면 크게 될 사주이다.

제4장

구성학

九星學

☆구성학이란 무엇인가
☆구성학으로 보는 운세 ☆구성학과 이사방위
☆구성학과 궁합

1. 구성학이란 무엇인가

1) 기(氣)와 구성학

구성학(九星學)은 다른 이름으로 기학(氣學) 또는 기상학(氣象學)이라고도 하는데, 일정한 주기(周期)를 바탕으로 다루어진 학문이며 대기(大氣)에서의 현상을 연구하는 대기현상학(大氣現象學)의 약칭이다. 즉, 하늘에서 내려오는 기(氣)와 땅에서 피어오르는 기가 지구에서 어떤 형태로 움직이며 어떤 작용을 일으키는가를 살펴, 여기에 대처하는 방법을 연구하는 학문이 구성학인 것이다.

기는 인간의 생활 속에서 빠져서는 안 되는 존재이다. 우리는 바로 그 기(氣:大氣)를 마시며 생명을 유지하고 있기 때문이다.

우주라는 거대한 존재 속에 하늘과 지구가 있고 그 사이에서 인간은 생활한다. 따라서 우리는 하늘과 지구 사이에 존재하는 기에 대해 알아야 할 필요가 있고, 대자연의 순환 관계를 파악하여 순리대로 운명을 헤쳐나가야 할 필요가 있다.

옛사람들은 이런 기의 존재를 일찍부터 깨달았으며, 그것이 인간뿐만 아니라 자연 속의 모든 생물은 물론이고 무생물에 이르기까지 지대한 영향을 미치고 있다고 생각하는 한편, 기의 흐름에는 일정한 순환주기가 있어서 사계절의 변화를 일으키는 것이며, 그것이 인간의 성패와 이해득실을 좌우한다고 생각하였다.

기는 일정한 주기를 가지고 끊임없이 순환을 되풀이한다. 구성학이란 이런 기의 끊임없는 순환 관계를 살펴 인간과의 연관성 및 운명을 예지하는 것이다.

인간은 이 세상에 태어나면서 똑같이 기를 흡수하지만, 연·월·일·시에 따라 각각 기의 상태가 다르기 때문에 운명도 다를 수밖에 없다.

<사주추명학>을 취급하면서 굳이 <구성학>을 거론하는 이유는 음양오행과 팔괘는 구성학과 깊은 연관성이 있으며 그것들은 하나의 단위를 구성해서 또 다른 총체적인 학문의 토대가 되기 때문이다. 단, <사주추명학>과 <구성학>이 다른 점은, <사주추명학>은 12년 주기인 지지(地支)를 바탕으로 60년이 하나의 순환주기가 되지만, <구성학>은 9년을 한 주기로 보며 81년을 하나의 순환주기로 본다는 점이다.

그래서 운명을 예지(叡智)하는 방법에 약간의 차이가 있고, 구성 방법에서도 서로 다른 원리를 보인다. 하지만 근본적으로 파고 들어가면 결국은 두 가지 모두 음양오행(陰陽五行) 사상을 바탕으로 이루어진 것이며, 팔괘(八卦)와의 연관성이 큰 작용을 하는 것이다.

2) 구성(九星)과 사주추명학

구성(九星)이란 하늘과 땅 사이에 존재하는 공간을 7가지의 색으로 그리고 시간을 9가지의 숫자로 표현하여 그것들을 서로 조합시킨 것으로, 7가지의 색은 백(白)·흑(黑)·벽(碧 : 파란색)·녹(綠)·황(黃)·적(赤)·자(紫)를 말한다.

여기에 숫자를 대입시켜서 일백(一白), 이흑(二黑), 삼벽(三碧, 사록(四綠), 오황(五黃), 육백(六白), 칠적(七赤), 팔백(八白), 구자(九紫)로 나타내는데, 이것은 모두 9가지로 구성(九星)이 되는 것이다.

사주추명학에서는 십간과 십이지를 음양과 오행으로 나누었는데 구성도 이 음양과 오행에 의해 나누어진다. 또한, 구성은 각각의 방위를 나타내며 누가 어느 별을 타고났느냐를 보고 음양오행과 방위에 대입시켜 그 사람의 성격상의 특징이나 운세 및 질병까지 예지한다.

그리고 구성(九星)은 매년·월·일·시에 일정한 주기를 가지고 순환(循環)을 하는데 이것을 둔갑(遁甲)이라고 한다. 다시 말하자면, 오황(五黃)의 자리인 한가운데에 사록(四綠)이나 팔백(八白)이 들어오기도 하며, 일정한 법칙에 의해 순환을 한다는 것이다.

따라서 9개의 별인 구성이 9번의 순환과정을 거쳐야 완벽한 한 주기가 지났다 해서 둔갑을 이루었다고 보는데, 이것이 바로

81년이라는 주기의 근거가 되는 것이다. 이 주기는 사주추명학에서 60년을 한 주기로 보아 환갑이라고 부르는 것과 같은 이치이다.

사주추명학에서는 12년마다 자기의 띠가 돌아오지만, 구성학에서는 9년마다 자기의 별이 돌아오므로 이 점을 유의해야 한다.

자기가 태어난 해에 해당하는 별이 자기의 별이 되는 것이며 (구성간지 조견표 참조) 오행에 의해 각각의 세운도 보게 되는 것이다.

예를 들어 1977년에 태어난 사람은 오황(五黃)이 자기의 별이 되며, 1997년은 삼벽(三碧)의 목(木)에 속하므로(구성과 오행팔괘표 참조) 목극토(木剋土)에 의해 오황의 별에 해당하는 사람은 1997년에는 모든 일에 조심성을 가져야 할 필요가 있다고 판단하는 것이다.

그러나 여기에서는 일반인들이 쉽게 찾아볼 수 있도록 생년과 생월을 토대로 운세를 산출해 놓았으니 그것을 참조하여 구성학에서의 자기의 기본적인 운세가 어떤 것인가를 이해하는 선에서 마무리를 짓도록 하자.

구성과 음양오행표

구성	일백	이흑	삼벽	사록	오황	육백	칠적	팔백	구자
음양 오행	수성 양	토성 음	목성 양	목성 음	토성 양	금성 양	금성 음	토성 양	화성 음

구성간지 조견표

구성	삼벽	이흑	일백	구자	팔백	칠적	육백	오황	사록
오행	목성	토성	수성	화성	토성	금성	금성	토성	목성
비교표	정미	무신	기유	경술	신해	임자	계축	갑인	을묘
	1907	1908	1909	1910	1911	1912	1913	1914	1915
	병진	정사	무오	기미	경신	신유	임술	계해	갑자
	1916	1917	1918	1919	1920	1921	1922	1923	1924
	을축	병인	정묘	무진	기사	경오	신미	임신	계유
	1925	1926	1927	1928	1929	1930	1931	1932	1933
	갑술	을해	병자	정축	무인	기묘	경진	신사	임오
	1934	1935	1936	1937	1938	1939	1940	1941	1942
	계미	갑신	을유	병술	정해	무자	기축	경인	신묘
	1943	1944	1945	1946	1947	1948	1949	1950	1951
	임진	계사	신오	을미	병신	정유	무술	기해	경자
	1952	1953	1954	1955	1956	1957	1958	1959	1960
	신축	임인	계묘	갑진	을사	병오	정미	무신	기유
	1961	1962	1963	1964	1965	1966	1967	1968	1969
	경술	신해	임자	계축	갑인	을묘	병진	정사	무오
	1970	1971	1972	1973	1974	1975	1976	1977	1978
	기미	경신	신유	임술	계해	갑자	을축	병인	정묘
	1979	1980	1981	1982	1983	1984	1985	1986	1987
	무진	기사	경오	신미	임신	계유	갑술	을해	병자
	1988	1989	1990	1991	1992	1993	1994	1995	1996
	정축	무인	기묘	경진	신사	임오	계미	갑신	을유
	1997	1998	1999	2000	2001	2002	2003	2004	2005
	병술	정해	무자	기축	경인	신묘	임진	계사	갑오
	2006	2007	2008	2009	2010	2011	2012	2013	2014

3) 구궁팔괘진법(九宮八卦陣法)과 둔갑술(遁甲術)

구궁(九宮)이란 구성학(九星學)을 방위 별로 나타내어 가가 하나의 궁명(宮名)을 붙여서 도표처럼 만든 것으로, 상·하·좌·우·대각선 등 어느 곳을 더하든지 합계가 15라는 같은 수가 나오도록 설치되었으며, 다른 이름으로는 마방진(魔方陣)이라고도 한다.

팔괘(八卦)는 원래 중국 고대의 복희씨(伏羲氏)가 만들었다고 하는데, 이것은 하늘에서 내려온 말의 몸에 새겨져 있는 무늬를 기본으로 만든 것이라 한다.

용마하도(龍馬河圖)라는 이름으로 부르고, 후에 주(周)나라에 이르러 문왕(文王)이 땅에서 나타난 거북의 등에 새겨져 있는 무늬를 기본으로 수정을 가한 팔괘를 내놓았는데 이것은 신구낙서(神龜落書)라는 이름으로 부르며, 두 가지를 합쳐서 하도낙서(河圖落書)라고 표현하는데, 현재 사용되고 있는 것은 문왕이 만든 팔괘, 즉 신구낙서다.

하도(河圖)와 낙서(落書)의 차이는 하도의 경우 팔괘 안에 숫자가 1~8까지밖에 없으며 중앙에는 방위가 주어지지 않았다(숫자가 주어지지 않았다). 그러나 낙서의 경우에는 팔괘 안에 마방진과 똑같은 숫자의 배열이 있으며 중앙도 방위로 인정되었다는 것을 알 수 있다.

여기에서 구궁과 팔괘의 방위를 조합시켜서 각각의 순환 관계를 이용해 사용하는 진법(陣法)을 구궁팔괘진법이라고 하며, 특히 팔괘 중에서 복희씨의 하도와 조합시킨 것을 하도진법, 문왕의 낙서와 조합시킨 것을 문왕진법이라고 부른다.

이런 복잡한 설명을 하는 이유는 구성학이라는 것이 얼마나 오래된 학문이며 얼마나 신빙성 있는 학문인가 하는 것을 독자들에게 알리기 위해서이다. 이번 기회에 좀 더 많은 분들이 구성학을 이해할 수 있도록 나름대로 노력을 해 본 것이니 조금이라도 도움이 되었으면 한다.

구성학은 알게 모르게 지리학 분야에서 많이 이용되어 온 것이며 이사방위를 보는 자료로, 또는 둔갑술의 일환으로도 많이 이용되어 왔다. 이제는 운명학의 한 분야로도 널리 이용될 수 있기를 바란다.

참고로, 구궁팔괘진법은 팔괘는 변화가 없고 각각의 패에 속해 있는 1~9까지의 숫자가 방위를 바꾸어 가며 순환한다. 팔괘와 구궁이 서로 호응해 가며 입구와 출구를 변화시키는 것으로 진법은 활용되는데, 이 진법은 제갈공명이 창안한 것이라고 알려져 있지만 확실하게 검증된 것은 아니다.

마방진

4	9	2
3	5	7
8	1	6

2. 구성학으로 보는 운세

이번에는 앞에서 설명한 바 있는 <구성간지 조견표>를 찬찬히 훑어보고,

❶ 일백(一白 · 水星)

❷ 이흑(二黑 · 土星)

❸ 삼벽(三碧 · 木星)

❹ 사록(四綠 · 木星)

❺ 오황(五黃 · 土星)

❻ 육백(六白 · 金星)

❼ 칠적(七赤 · 金星)

❽ 팔백(八白 · 土星)

❾ 구자(九紫 · 火星)

이 중에서 자기가 어떤 별에 해당하는지를 확인한 다음에, 자신의 운세를 살펴보기로 하자.

예를 들어서 1965년생이라면 을사년(乙巳年)이며, 팔백(八白) · 토성(土星)이 자기의 별이라는 것을 어렵지 않게 알 수 있을 것

이다.

또한, 구성학에서도 사주추명학과 마찬가지로 입춘이 지나야 해가 바뀐 것으로 본다.

음력으로 몇 월생이냐 구분하는 것도 입춘부터 경칩 전까지를 1월, 경칩부터 청명 전까지를 2월이라고 하는 사주추명학의 월건(月建) 세우는 방법과 같으니 그 점을 유념하고 참조하여 만세력을 찾아보면 자기가 몇 월생인지를 정확하게 알 수 있을 것이다.

같은 별이라도 태어난 달에 따라서 많은 차이가 있으므로, 여기에서는 총운과 함께 월별 운세도 나누어 실었으니 여러모로 도움이 되리라 생각한다.

모두 음력을 기준으로 한 것이다.

1) 일백(一白) · 수성(水星)

✪ 총운

일백(一白)은 양(陽)이 처음으로 발생하는 방위인 북(北)에 속한다. 원래 북은 음(陰)을 상징하지만, 달도 차면 기우는 법이니, 음이 가득 차게 되면 양으로의 전환을 의미하게 된다. 그래서 양이 시작되는 최초의 숫자인 일(一)을 부여한 것이다. 일백은 오행에서는 수(水), 십이지에서는 자(子), 계절은 겨울, 달로는 음력 11월에 해당되며, 시간으로는 23시부터 새벽 1시까지를 가리킨다. 하늘의 기운이 내려와 땅의 기운과 합쳐지면서 만물에게 기를 불어넣어 주는데, 그때 발생하는 모든 변화가 일백(一白)을 상징한다. 또한, 물은 만물의 시초에 해당하는데, 한 방울의 빗물의 모습으로 하늘에서 떨어져 생명의 기원을 이루는 물의 일생은 많은 어려움과 경험을 쌓은 뒤에 커다란 물줄기를 이루어 마침내 바다로 흘러 들어가는 것이기 때문에 일백(一白)에서는 고통과 어려움이 연상되지만, 한편 나무나 풀들의 생명의 근원이 되기도 하기 때문에 새로운 생명의 탄생과도 깊은 연관성이 있다고 본다. 일백(一白)에 해당하는 사람은 어린 시절에 많은 고통을 겪지만, 그것이 밑거름이 되어 장래에 큰일을 해낼 인재가 되는 경우가 많다.

운세

침착하고 신중한 성격이며 마음이 강한 편이다. 독립심이 지나치게 강해서 부모와의 인연이 적으며 이성이나 음주에 의해 실수를 저지르기 쉽고 비밀을 간직하기를 좋아한다. 사람을 쉽게 사귀지 않지만 한번 사귀면 끝까지 우정을 변치 않는 사람이 많다.

체질

대부분 날씬하고 연약해 보이는 타입으로, 추위를 잘 타지만 체질적으로는 꽤 강한 편이다. 주의해야 할 질병은 신장 계통, 우울증, 알코올중독, 성병 등이며 혈관 계통의 병에도 신경을 쓰는 것이 좋다.

성격

내면적으로는 밝고 화려한 것을 좋아하지만 자신의 진심을 드러내려 하지 않기 때문에 겉보기에는 음침한 인상을 주기 쉽다. 그러나 부드럽고 참을성이 강하며 침착하게 사물을 판단하고 독립심도 강해서 겉으로 드러나 보이지는 않지만 매우 강한 성격의 소유자라고 말할 수 있다. 단점은 지나치게 걱정이 많으며 비밀을 좋아하고 술이나 이성에게 약하다는 것이다. 파란이 많은 인생살이를 참을성과 순응성으로 잘 버텨나가지만, 밝은 모습을 보이도록 노력해야 하며 넓은 마음을 유지하도록 해야 길운을 맞이할 수 있다.

금전운

금전적인 면에서는 문제를 일으키기 쉽다. 건강도 불안한 편이기 때문에 지출이 많고 또한 친구들과의 교제에도 씀씀이가 헤픈 편이다. 낭비와 충동적인 지출에 신경을 쓴다면 중년 이후에는 금전적으로 어렵지 않게 지낼 수 있다. 그러나 큰돈을 만지기는 어렵다고 본다.

애정운

처음에는 사귀기 어려워 냉정한 사람으로 보이기 쉽지만 한번 사귀면 마치 장작에 불이 붙듯 뜨거운 열기를 불태운다. 그러나 헤어지고 싶을 때도 좀처럼 인연을 끊지 못해 우왕좌왕하는 단점이 있다. 또 비밀이 많은 성격이기 때문에 불륜이나 부정적인 사랑에 빠질 위험성도 크다.

직업운

물과 관련이 있는 직업이나 어업, 산부인과의사, 법률가, 교사 등이 가장 알맞은 직업이라고 볼 수 있다.

✪ 생월별로 보는 성격과 운세

1월생

가정적으로 고민이 많고 어린 시절부터 부모나 형제를 위해 희생해야 할 운세지만 인내심이 남다르게 강하기 때문에 중년 이후에는 성공하는 사람이 많다. 또한, 애정 면에서는 정신적인 사랑보다는 육체적인 사랑에 빠지기가 쉬워서, 그다지 좋아하지 않는 사람과도 쉽게 육체관계를 맺고 나중에 후회하는 일이 많다.

2월생

고독을 즐기며 차가운 면도 있지만, 내면적으로는 밝은 성격이기 때문에 주위에 사람들이 들끓어 젊은 시절부터 인기를 끌어

모은다. 그러나 우울한 모습이나 자포자기한 모습을 드러내 보이면 사람들에게서 소외당하기 쉬우니 조심하는 것이 좋다. 또 가정이나 이성에 대해서도 마음이 변하기 쉽고 결단력이 없는 편이니까 그런 점에서는 마음을 굳게 먹고 처음의 생각을 끝까지 밀고 나가는 것이 중요하다. 무슨 일을 하든지 허투루 접근하지 말고 계획성 있게 추진해 나간다면 중년 이후에는 큰 성공을 거둘 수 있다.

3월생

겉으로는 침착해 보이지만 뜻밖으로 초조하고 성급한 면이 있다. 사소한 일에 신경을 쓰며 다른 사람을 잘 돌보아 주지만 감정에 이끌려 변덕스러운 것이 단점이다. 사물을 대할 때 집착증을 보이는 반면에 포기도 잘 하는 편이며, 결단력이 좋아서 사람들에게 인기를 얻지만, 자기주장이 강하고 고집이 센 편이라 이성이나 가족에게 오히려 반감을 살 수도 있다. 자존심과 투쟁심을 잘 컨트롤해야 할 필요가 있다.

4월생

남의 눈에 띄는 것을 기피하는 사람이 있는가 하면, 어떻게 해서든 남의 눈에 띄고 싶어 하는 사람도 있어서 극단적인 양면성을 보인다. 그러나 양쪽 모두 인내심이 강하고 노력파이기 때문에 알게 모르게 성공을 거두는 사람이 많다. 애정 면에서도 냉정해 보이는 겉모습과는 달리 정열적이고 육감적이기 때문에 헤어나지 못할 애정의 늪에 빠지게 되거나 애정 문제를 자주 일으키는 것도 이 별의 특징이다. 그 점에 주의하고 사람을 지나치게 가려 사귀는 단점만 보완한다면 길운을 맞이할 수 있다.

5월생

얌전하고 부드러운 성격을 지니고 있지만 무슨 일에든 망설임이 많고 그래서 늘 마음이 불안하다. 또한 중요한 순간에 인내심이 결여되어 중도에 쉽게 포기하는 경우가 많고 성격이 급해서 주어진 기회를 놓치기 쉬운 운명이다. 그러나 재주가 있고 일 처리가 확실하기 때문에 사람들에게 인기가 있다. 단, 자기와 뜻이 맞지 않으면 끝까지 자신의 주장이 타당하다는 것을 관찰시키려고 고집하기 때문에 손해를 보는 경우가 있다. 사교적인 면에서 조금만 더 신경을 쓰면 즐거운 인생을 보낼 수 있을 것이다.

6월생

밝은 성격에 무엇에든지 과감하게 도전해 보고자 하는 용기는 있지만, 성격이 급한 편이고 신중하지 못하기 때문에 어이없는 실수를 저지르는 경우가 많다. 좀이 쑤셔서 가만히 있지 못하고 늘 바삐 돌아다니며 새로운 것에 대한 관심도 많은 편이지만 조용히 사물을 판단하는 일에는 적합하지 않다. 말투에 신경을 쓰고 무슨 일을 시작하기 전에 반드시 한 번 더 생각하는 습관을 기른다면 특유의 장점을 살려 성공을 거둘 수 있을 것이다.

7월생

온순한 성격과 부드러운 사교성, 그리고 자기주장을 억제할 줄 아는 태도가 누구에게나 신뢰감을 준다. 성실하고 친절하며 상식도 갖추고 있기 때문에 쉽게 성공할 수 있는 타입이지만 망설임이 많은 것이 단점이다. 결단력이 부족하고 판단력이 흐리기 때문에 기회를 놓치기 쉽고 생각지도 않은 헛소문에 마음이 상하게 되는 경우도 있지만, 그런 것들은 성실한 태도로 모두 커버할 수 있다. 늘 규칙적인 태도를 유지하도록 힘쓸 것. 자기중심적인 사고방식을 버리고 주위와의 융화를 꾀한다면 행복한 인생을 보낼 수 있다.

8월생

파란 많은 인생을 보내게 될 운세다. 지나치게 친절한 성격이기 때문에 누가 부탁을 해오면 자기가 감당하기에 벅차다는 것을 뻔히 알면서도 그것을 받아들인다. 그런 반면에 고집이 세고 편견을 가지고 있어서 제멋대로인 사람으로 보이기 쉬운 면도 있다. 애정 면에서도 연약해 보이는 겉모습과는 달리 대담한 사고방식을 가지고 있어서 주위 사람들을 깜짝 놀라게 한다. 무슨 일을 하든 꾸준히 노력한다면 중년 이후 성공을 거둘 수 있다.

9월생

냉정함과 명랑함, 그리고 화려함을 두루 갖추고 있는 사람이다. 대담하고 배짱이 있는가 하면 신경질적이고 우물거리는 면도 있어서 때로는 다른 사람들에게 오해를 받기 쉽다. 윗사람과 의견이 맞지 않는 성격이라 직장생활은 맞지 않으며 사업이나 장사를 하는 것이 어울린다. 어떤 일에 지나치게 신경을 쓰면 건강을 해치기 쉬우니 조심할 것. 애정 면에서는 상대를 신중하게 선택하지 않으면 불행한 관계에 휘말리기 쉬우니 이성을 보는 눈을 기를 것.

10월생

침착해 보이지만 유머도 있고 다재다능한 재주꾼이며 사교성도 풍부해서 인기 있는 타입이다. 하지만 고집이 세고 마음에 있는 말을 숨기지 못하고 그대로 솔직하게 표현하기 때문에 오히려 오해를 불러일으키거나 적을 만들기 쉽다. 애정 면에서는 이성의 관심을 끄는 일에 열심이고 또한 이성과의 교류도 활발하지만 좋고 싫음이 분명하고, 한번 좋다는 판단이 서면 정신없이 빠져드는 경향이 강하니까 자제력을 기를 필요가 있다. 금전적인 면에서는 돈에 대한 감각과 계산이 빨라 손해는 보지 않는 사람이다.

11월생

신경질적인 면과 어지간해서 동요하지 않는 태연자약한 면을 함께 소유하고 있는 사람이다. 단점은 우유부단하고 실행력이 부족한 것이다. 애정 면에서는 첫눈에 반해서 열렬한 사랑을 나누는 한편, 사랑이 식는 것도 빨라서 주위 사람들을 당황하게 만든다. 그렇다고 해서 큰 문제를 일으키는 것은 아니지만 질투심이 강하고 오기가 있기 때문에 상대를 불안하게 만드는 편이다. 이성 관계를 신중히 처리하고 지나치게 의심하는 습관을 자제한다면 대성할 운세다.

12월생

머리가 좋고 계획성이 치밀하기 때문에 어느 곳에서나 리더가 될 운세지만 아쉽게도 지속력이 부족해서 약간의 장애에 부딪혀도 의욕을 잃고 좌절해버리기 쉽다. 멋쟁이인 데다 센스도 있어서 이성에게 인기가 좋기 때문에 애정 면에서도 바삐 움직일 운세지만 이것저것 문제를 잘 일으켜서 공들여 쌓은 신용을 한꺼번에 잃어버릴 수 있으니 주의할 것. 끈기와 인내심만 기른다면 성공은 눈앞에 있다.

2) 이흑(二黑) · 토성(土星)

✪ 총운

이흑(二黑)은 음(陰)이 처음으로 싹트는 방위인 남서(南西)쪽을 가리킨다. 동쪽에서 떠오른 태양은 남쪽을 거쳐 서쪽으로 기울어지는데, 이 과정에서 음(陰)이 발생한다. 그래서 남서쪽에 음의 기본이 되는 이(二)라는 숫자가 배치되었고 이흑(二黑)이라고 부르게 된 것이다. 이흑은 오행에서는 토(土), 십이지에서는 미(未)와 신(申), 계절로는 사계절을 상징하며, 달로는 음력 6, 7월이고 시간은 미시(未時)에 해당하는 13시~15시, 신시(申時)에 해당하는 15~17시, 즉 4시간을 가리킨다. 그리고 하강해 내려오는 하늘의 기를 받아 묵묵히 만물을 위해 활동하는 대지의 모습을 표현한다. 대지는 여러 가지 깨끗하고 더러운 것들을 받아들이고 흡수해서 그것을 다른 생명체로 전환시키며, 눈에는 보이지 않지만 인류를 위해 끊임없이 봉사하고 있다. 밟고 파헤치고 불을 질러도 아무런 불평 없이 만물의 생성을 위해 자신의 사명을 다하는 것이다. 이런 점에서 서민의 별, 대중의 별, 봉사정신이 왕성한 별로 취급하며, 또한 흙은 작은 것들이 모여 거대한 대지를 형성하기 때문에 사물을 받아들인다는 의미에서 아내와 어머니로 상징되며, 솔직·온순·노력·성실 등으로 표현된다. 하지만 그것들이 나쁜 의미로 바뀌면 인색함과 게으름, 무기력함을 상징하기도 한다.

운세

이흑(二黑)에 해당하는 사람은 말년운이 좋으며 성실한 타입이다. 기초를 튼튼하게 닦아서 기반만 마련한다면 운세도 저절로 좋아지지만, 한 번에 출세하려는 욕심을 부리면 실패하기 쉽다.

그리고 무슨 일에든 리더가 되기에는 적합하지 않은 타입이다.

체질

근육질인 타입이 많고 몸도 건강한 편으로 수명도 길다고 본다. 어지간한 육체노동은 무리 없이 소화해 낼 수 있다. 주의해야 할 질병은 소화기 계통, 만성적인 질병, 부인과 계통의 자궁에 관한 병, 노인성치매 등이다.

성격

사교성이 부족하고 말이 없는 편이며, 눈에 띄지는 않지만 열심히 일하는 타입이다. 그러나 선두에 서서 일을 처리하는 것은 어울리지 않으며, 윗사람의 지시를 따라 일을 처리하는 능력은 아주 뛰어난 편이다. 겉으로는 부드러워 보이지만 마음은 강한 편이며, 경제적인 관념도 발달해서 계산이 빠르고 낭비를 싫어한다. 단, 결단력이 부족하고 게으른 면이 있으니 이 점에 주의하는 것이 좋다.

금전운

금전적으로는 성실한 편이며 작은 돈에 얽매이는 성격은 아니다. 부동산 같은 것을 소유하는 것보다는 현금이나 채권을 가지고 있는 것이 좋다. 적은 돈을 저축하여 큰돈을 만드는 타입이기 때문에 늘 저축하는 습관을 기른다면 말년에는 여유 있는 생활을 보낼 수 있다.

애정운

사교적인 면과 화술이 서투르고 자신의 생각을 표현하는 방법이 매끄럽지 못하기 때문에 손해 보는 경우가 있으며, 지나치게 신중한 탓에 이성이 접근해 와도 이것저것 생각하며 망설이다가 기회를 놓치는 경우가 많다. 그러나 한번 사랑의 불꽃이 타오르면 꾸준히 최선을 다하기 때문에 행복한 애정을 나눌 수 있다.

직업운

비서, 샐러리맨, 간호사, 내과의사, 보모, 음식점 운영 등이 알맞은 직업이라고 볼 수 있다.

✪ 생월별로 보는 성격과 운세

1월생

성실한 노력가 타입이다. 인정이 많아서 어려운 사람을 잘 돌보아 주지만 뜻밖으로 고집이 센 편이라 한번 자기주장을 펴면 어지간해서는 뒤로 물러서지 않는다. 화려한 것을 그다지 좋아하지 않으며 앞에 나서는 것도 꺼리는 성격이지만 한번 마음먹은 것을 끝까지 밀고 나가는 뚝심과 끈기가 있기 때문에 갈수록 운이 열린다. 단, 지나치게 꼼꼼한 것이 오히려 흠이 될 수 있으니 대강대강 사는 법도 익혀 둘 일이다. 명예보다는 실리를 추구하는 타입이다.

2월생

냉정한 분위기를 풍기면서도 한편으로는 경솔한 면이 있어서 아무렇지도 않은 일 때문에 윗사람과 대립을 일으키기 쉬운 타입이라고 할 수 있다. 또한 그다지 사교적인 성격이 아니기 때문에 어려운 부탁을 하면 오히려 역효과가 일어날 수도 있으니 이 사람을 상대할 때는 그런 점에서 주의하는 게 좋다. 동료나 부하와는 잘 지내는 편이지만 좀 더 세심한 배려가 필요하다. 애정 면에서는 달콤한 말에 이끌리기 쉬운 타입이니까 그런 점에 주의해야 하며, 사소한 일에 신경질적인 반응을 보이는 건 금물이다.

3월생

이흑(二黑)의 별에 해당하는 사람치고는 명랑한 편이고 다른 사람의 일도 자기 일처럼 잘 돌보아주는 타입이며, 약간 시끄럽고 화려한 것을 좋아해서 사람들을 많이 끌어 모은다. 그러나 다른 사람의 말에는 귀를 기울이지 않고 자기중심적으로 판단하고 행동하는 탓에 오해를 불러일으켜 손해를 보는 경우가 있다. 애정 면에서는 자기가 먼저 대시하는 일은 드물고 유혹을 받으면 거기에 응하는 타입이기 때문에 이성 친구는 많아도 애인은 없는 경우가 많다.

4월생

성실하게 열심히 노력하는 사람이기 때문에 늘 바삐 돌아다닌다. 그러나 너무 적극적으로 일을 하다 보면 건강을 잃기 쉬우니 조심할 것. 억세고 완고하며 융통성이 없는 탓에 인간미가 없어 보이기는 하지만 뜻밖에 친절한 성격도 있어서 윗사람과의 인연은 좋은 편이다. 애정 면에서는 인기 있고 재치도 있어서 이성에게 좋은 점수를 따지만 결혼은 늦게 하는 것이 좋다.

5월생

솔직하고 밝은 성격이기 때문에 누구에게나 귀여움을 받는 타입이다. 여자로서는 좋은 운세라고 볼 수 있다. 그러나 금전 감각이 무딘 편이라 사치와 낭비를 좋아해서 돈을 벌어도 저축을 하기 힘든 인생을 보내기 쉽다. 애정 면에서는 상대의 외모를 중시하며 이상도 높기 때문에 마음에 쏙 드는 상대를 만나기는 어렵지만 배우자운은 좋은 편이기 때문에 서두르지만 않는다면 멋진 배필을 만날 수 있다. 단, 무슨 일이든 맺고 끊는 것이 분명해야 운세가 열린다.

6월생

머리도 좋고 약간 냉정한 듯하면서 끈기도 있기 때문에 그다지 두드러져 보이는 타입은 아니지만 어느 틈엔가 두각을 나타내게 된다. 곤경에 빠졌을 때 더욱 강하고 어떤 환경에 처하더라도 잘 순응해가는 편이라 신뢰도 얻지만, 사람을 너무 좋게 보는 것과 지나칠 정도로 강한 자존심이 손해를 초래하는 경우가 있다. 애정 면에서는 상대를 지나치게 신중하게 고르다가 오히려 엉뚱한 사람과 인연을 맺게 되어 눈물을 흘리는 경우가 많다. 이성을 선택할 때는 인간적인 면을 중시하는 것이 좋다.

7월생

의지가 강하고 고집이 센 편이지만 정에도 약한 편이어서 강한 것에는 강하고 약한 것에는 약한 양면성을 가진 사람이다. 또한 걱정이 많은 타입이라 가정적인 고민이 많고 친척들의 분쟁에도 참견을 잘해서 거기에 휩쓸리기 쉽다. 그러나 윗사람과의 인연이 좋아서 말년으로 갈수록 운이 좋아진다. 애정 면에서는 견실한 타입이다. 결혼을 전제로 한 사랑을 하기 때문에 멋진 배우자를 만날 수 있다.

8월생

얌전하고 동정심도 있는 사람이지만 남에게 지는 것을 싫어하는 타입이다. 상식도 있고 윗사람과의 관계도 좋아서 사랑을 받는 것이 장점이라면 조급한 성격과 감정으로 치닫기 쉬운 성격은 단점이라고 할 수 있다. 애정 면에서는 이상이 높고 심미안도 높아서 꽤 뛰어난 상대를 만날 수 있다. 그러나 서두르는 것은 금물, 꾸준히 만나다 보면 저절로 맺어질 테니 서둘지 말 것.

9월생

온순하고 유연한 성격을 가지고 있으며 누구에게나 친절하게 대하기 때문에 교제 범위도 넓고 친구도 많다. 그러나 감정에 치우치기 쉽고 성격이 급한 탓에 말을 실수하는 경우가 있으니 조심할 것. 또한 좋고 싫은 사람을 너무 가리기 때문에 그것이 단점이 될 수 있다. 애정 면에서는 꽤 합리적이면서 이기적이기 때문에 이익이 없다고 판단되면 쉽게 헤어질 수 있는 타입이다. 그래서 이성은 많이 사귀어도 결혼은 늦게 하는 경우가 많다.

10월생

수수한 듯 하면서도 화려한 면이 있으며 남들의 눈에 띄는 것을 좋아한다. 중요한 순간에는 배짱도 있고 아이디어도 번뜩여서 앞일을 예견하는 능력은 탁월하지만, 보통 때는 의타심이 강하고 고분고분 지시를 따르는 편이다. 사교성이 부족하고 옹고집이 있는 탓에 중년에는 파란이 많지만 역경을 딛고 일어서는 투지 또한 강해서 충분히 버텨낸다. 애정 면에서는 마치 장난하듯이 시작했다가 결국에는 헤어날 수 없는 수렁에 빠지게 되는 경우가 많으니 신중하게 사귀는 것이 좋다.

11월생

머리는 좋지만, 신경질적이며 화를 잘 낸다. 마음은 소심한 편이면서 계획을 크게 세우든가 새로운 일에 도전하는 것을 좋아해 실패를 맛보는 경우가 있는데 가능하다면 무슨 일을 할 때

독단적으로 행동하지 말고 윗사람의 조언에 따르는 것이 좋다. 사교성도 좋은 편이지만 감정의 변화가 심한 탓에 손해를 보는 경우가 많다. 애정 면에서는 쉽게 사귀고 쉽게 헤어지는 타입으로 겉보기에는 화려해도 실속이 없다. 진심으로 배어나오는 애정을 중시해야 행복을 얻을 수 있음을 명심할 것.

12월생

말재주가 뛰어나고 분위기를 리드하는 능력이 있어서 주위의 눈길을 끌지만 사람을 지나치게 가리는 편이라 마음에 들지 않는 사람과는 말도 하지 않을 정도로 극단적인 면을 가지고 있다. 또한 비판하기를 좋아해서 비꼬는 듯한 말투를 자주 사용하기 때문에 상대방을 불쾌하게 만들기도 한다. 애정 면에서는 이성의 관심을 끄는 능력이 뛰어나기 때문에 이성교제가 활발하고 성실한 사랑을 좋아해서 호감을 얻는 편이다. 변덕스러운 마음과 비꼬는 말투만 고친다면 행복한 인생을 보낼 수 있다.

3) 삼벽(三碧)·목성(木星)

✪ 총운

삼벽(三碧)은 동쪽을 가리킨다. 동쪽은 만물이 발생하는 지점이며 태양이 지평선 위로 떠올라 강력한 힘을 가지고 하늘로 올라

가기 시작하는 방위다. 그래서 음양의 기본적인 숫자인 삼(三)이 이 방위에 주어졌으며, 삼벽(三碧)이라는 이름으로 부르게 되었다. 하루로 치면 아침 5시부터 7시까지의 2시간이 해당되며 계절로 치면 초목이 싹트는 봄인 음력 2월을 가리킨다. 오행에서는 목성(木星)이고 십이지에서는 묘(卯)에 속하는 삼벽은, 이흑(二黑)인 대지의 어머니가 하늘의 기와 교합을 이루어 처음으로 태어난 장남을 의미한다. 발전, 승진, 표현, 과격 등의 의미를 가지고 있으며 양(陽)에 속하는 목(木)의 성질로부터 성장, 탄생 또는 거대한 소리, 형체가 없는 소리 등의 의미도 상징한다. 즉, 나쁜 의미를 나타낼 때는 소리는 있지만, 형체가 보이지 않는다는 점에서 거짓이나 사기를 상징할 수도 있다는 것이다.

운세

삼벽(三碧)에 해당하는 사람은 초년운을 상징한다. 대부분 부모와의 인연은 좋은 편이 아니어서 일찍부터 부모와 떨어져서 사는 사람이 많기 때문에 초년부터 중년(25세~45세)까지 완벽하게 기초를 닦아 둘 필요가 있다.

체질

명랑한 타입이며 전체적으로 젊어 보이는 사람이 많고 어린 시절부터 또래의 아이들에 비해 성숙한 편에 속한다. 그러나 건강 면에서 다리를 다치거나 신경통, 간장 계통, 경련, 마비 등의 병에 조심해야 한다.

성격

결단력 있고 명랑한 성격을 지닌 사교가 타입이다. 급하고 화를 잘 내는 성격이 단점이지만 돌아서면 잊어버리는 깨끗한 사람이다. 또한, 남에게 지기 싫어하고 감정에 좌우되기 쉬운 단점도 있지만, 직감력이 뛰어나고 선견지명이 있으며 아이디어가 충만해서 일찍부터 두각을 나타낸다. 편견과 포용력이 부족한 것이 단점인데 객관적인 사고방식과 이해심만 기르면 일찍 출세할 수 있다.

금전운

돈에 대한 집착력과 애착심이 강한 타입이라 일찍부터 돈을 벌어들이지만, 성격이 급하고 신중하지 못해서 여기저기 함부로 투자하거나 남보다 앞서서 이익을 보려다가 손해를 보는 경우가 있다.

애정운

사람에 대한 선호도가 분명해서 그 감정이 얼굴이나 태도에 그대로 드러나기 쉽기 때문에 모처럼 주어지는 기회도 놓치기 쉬운 타입이지만 일단 마음에 드는 사람에게는 철저하게 최선을 다하는 타입이다. 이상이 높고 상대를 볼 때 예의나 매너, 학벌, 금전 등으로 평가하기 때문에 진정한 연인을 사귀기는 쉽지 않지만, 반면에 쉽게 반하고 쉽게 헤어지는 타입이라 주위에는 늘 이성이 들끓는다.

직업운

전기·전자 계통의 직업, 음악계, 채소나 과일을 취급하는 농장이나 과수원 등이 적합한 직업이라고 할 수 있다.

✪ 생월별로 보는 성격과 운세

1월생

임기응변과 화술이 뛰어나고 명랑한 성격에 활기도 있으며 개척정신도 왕성하지만, 포기를 잘하는 결점도 갖고 있다. 어떤 어려움에 부딪혀도 기죽지 않는 용기나 신속한 행동은 장점이지만 자기를 능숙하게 컨트롤을 하지 못하면 빛 좋은 개살구와 같은 실속 없는 인생을 보내기 쉽다. 항상 말을 조심하고 말보다는 실천이 더 중요하다는 것을 명심해서 지켜나간다면 젊은 나이에 성공할 수 있다.

2월생

매사에 적극적인 타입이다. 겉보기에는 온순하고 유연성이 풍부하며 성실하고 인정도 많아서 사람들에게 호감을 사고 신용도 얻게 되지만 상대를 지나치게 고르는 편이다. 애정 면에서도 자기 이상에 맞는 사람에게는 적극적으로 대시하지만, 마음이 내키지 않는 사람일 경우에는 상대가 아무리 유혹을 해도 꼼짝도 하지 않는 강인함이 있다. 이성운은 좋지만 늦게 결혼할 타입이기에 일찍 결혼하는 것은 오히려 파경을 초래할 수 있으니 조심할 것.

3월생

늘 바삐 돌아다니며 잠시도 가만히 있지 못하는 행동파이다. 진지하게 생각하는 것을 싫어해서 절반쯤 생각하면 즉시 실행에 옮기는 타입이기 때문에 추진하는 일에 실패하는 경우가 있다. 또한, 마음이 변하기 쉽고 끈기가 없는 것이 단점인데 좀 더 신중하게 행동한다면 성공률도 높아질 것이다. 애정 면에서는 이성과의 교류도 왕성하고 친구도 많지만 지나치게 솔직한 말투가 상대의 마음에 상처를 주기 쉽기 때문에 좋은 기회를 놓치게 된다. 상대를 이해하는 마음의 폭을 넓힐 것.

4월생

명랑하고 활기차며 배짱도 풍부해서 야심에 가득 차 있는 반면에 결단력이 부족하고 신경질적인 단점도 있다. 초조한 마음이 쉽게 표정에 드러나는 것도 단점이다. 또한, 윗사람에 대한 대항의식이 강하니까 윗사람을 대할 때는 마음을 침착하게 가다듬는 것이 중요하다. 애정 면에서는 이성에게 상냥하고 친절해서 상대방에게 신뢰를 주는 편이다. 그래서 인기도 있지만, 결단력이 부족하기 때문에 그것이 오해를 사게 되어 진실한 사랑을 얻기 어렵다.

5월생

신경질적이고 마음이 급한 편이라 모든 일을 부드럽게 진행시키지 못하기 때문에 늘 안절부절못하는 성격이다. 머리도 영리한 편이고 아이디어도 좋지만 협조성이 부족해서 주위의 원조를 얻지 못하는 것이 단점이다. 애정 면에서는 명랑하고 활기에 넘쳐 인기가 있지만, 결혼과 이어지는 사랑은 하기 어렵다. 결혼은 늦게 하는 것이 좋다.

6월생

밝고 명랑한 성격이지만 변덕이 심한 타입이다. 무슨 일을 하든지 최선을 다하기 때문에 큰 실패는 하지 않지만, 참을성이 모자란 편이라 중도에 포기하는 일이 있을 수 있으니 조심할 것. 금전 면에서는 열심히 저축하는 타입이라 순조로운 편이다. 애정 면에서는 꽤 나이 차가 나는 이성에게 이끌리기 쉽고 사랑도 빠른 속도로 진전되지만, 말투를 조심하지 않으면 상대를 화나게 만드는 경우도 있다.

7월생

명랑하고 발랄하며 잘 어울리고 열심히 일하는 타입이기 때문에 신뢰도 얻고 누구에게나 사랑을 받는다. 활발한 성격이면서 신중함도 갖추고 있어서 실수하는 일 없이 꾸준히 임하는 노력파이다. 그래서 일찍 목표에 도달하지만, 고집이 세고 제멋대로인 면이 있어서 자기의 마음에 들지 않는 일은 절대로 하지 않는 단점이 있으니 이 점에만 주의한다면 행복한 인생을 보낼 수 있다. 애정 면에서는 정신적인 사랑보다 육체적인 사랑에 더 강하고 흥미도 있는 사람이다.

8월생

활기 있는 성격은 아니지만 강한 끈기를 가지고 있는 편이다. 또한 자기의 마음을 좀처럼 드러내지 않지만, 야심도 있고 대인 관계에서 자존심도 강하기 때문에 사교적인 면에서는 그다지 능숙한 편은 아니다. 돈벌이에 대한 재능이 있고 수입도 좋은 편이지만 씀씀이가 헤퍼서 버는 만큼 써버리는 스타일이다. 애정 면에서는 달콤한 말로 유혹을 당하면 쉽게 넘어갔다가 나중에 눈물을 흘리며 후회할 수 있으니 조심할 필요가 있다.

9월생

사람들의 선두에 서거나 두드러지는 것은 그다지 좋아하지 않는 소극적인 성격이지만 투지는 강한 편이다. 머리도 좋고 재주도 많지만, 성격이 급하고 화를 잘 내는 편이라 손해를 보기 쉽다. 애정 면에서는 꽤 신중하게 대처하는 편이라 마음에 드는 상대가 있어도 처음에는 뜸만 들이다가 기회가 생겼을 때 비로소 대시하여 목적을 달성하는 치밀한 타입이다.

10월생

아이디어가 반짝이면 즉시 실행에 옮기는 기민성은 있지만, 급히 서두르는 탓에 실수도 많은 타입이다. 사물에 대한 결단력이 좋은 편이라 주저하지 않는 결단성은 좋지만, 변덕이 심해서 오해를 사게 되는 경우가 많다. 애정 면에서는 이성에게 적극적인 타입이다. 친절하게 대하는 편이라 쉽게 친구를 사귀고 말솜씨도 좋아서 애인도 잘 만들지만, 단순히 감정의 흐름대로 움직이는 사랑이 많기 때문에 오해를 살 수 있으니 조심할 것.

11월생

사교성이 부족해서 음침한 인상을 주기 쉽다. 성실하며 산뜻한 행동이 신뢰는 얻지만, 변덕이 많은 타입이다. 작은 일에 얽매이거나 소문에 신경을 쓰다가 중요한 목적을 잊어버리는 실수를 저지를 수 있으니 조심해야 한다. 애정 면에서는 자존심이 강하고 이상적인 상대를 찾기 때문에 사랑을 할 기회가 적고 연애 경험도 적은 편이지만 한번 상대를 선택하면 최선을 다하기 때문에 거의 결혼으로 이어지는 편이다.

12월생

사람들을 귀찮게 하고 신경질적이며 변덕이 많다. 성격이 급해서 기다리는 것을 극단적으로 싫어한다. 잔소리도 심해서 자주 문제를 일으키지만, 뒤끝은 깨끗한 편이다. 직감력이 뛰어나고 선견지명도 있어서 기회를 잡는 능력이 뛰어나 일찍부터 두각을 나타낸다. 애정 면에서는 이성에 대한 관심이 강해서 적극적으로 행동하기 때문에 주도권을 쥐어야 직성이 풀리는 타입이다.

4) 사록(四綠)·목성(木星)

✪ 총운

사록(四綠)은 동쪽에서 떠오른 태양이 남쪽을 향해 진행해 가는 동남쪽을 방위로 삼는다. 오행에서는 목성(木星)에 해당하며 계절로는 봄이고, 달로는 3월, 4월이며 시간으로는 오전 7시부터 11시까지인 진(辰)·사(巳)시에 해당한다. 사록의 목성(木星)은 삼벽(三碧)의 목성과는 달리 성장이 멈춘 나무[木]와 같은 것이다. 사록은 팔괘(八卦)에서 손(巽)에 해당하며 손은 바람[風]을 가리키기 때문에 바람의 성질을 가지고 있다고 본다. 바람은 항상 멀리서 불어오는 것이기 때문에 먼 곳으로의 여행이나 편지, 전보 등의 의미가 있다. 동남쪽은 양(陽)의 기가 뻗쳐서 모든 것을 선명하게 비추므로 결혼, 신용 등의 의미도 포함하고 있다. 단, 바람은 멀리서 불어온다는 것뿐, 시작하는 지점도 끝나는 지점도 분명하지 않다. 어쨌든 긴 것과 먼 것을 의미하기 때문에 실, 끈, 국수 등과 같은 물질을 연상시키며 시간적으로도 긴 것을 의미하니까 도중에 발생하는 변덕이나 우유부단한 성격, 결단성의 결여 등도 엿볼 수 있다. 또한, 바람은 냄새를 나르는 역할을 하기 때문에 신체 부위에서는 향기나 냄새가 나는 부분을 의미한다. 이처럼 사록은 바람을 근거로 삼아 여러 가지를 유추할 수 있는데 무엇보다 변덕이 많아서 손해를 보는 경우가 많다. 마음을 좀 더 넓게 가질 수 있게 된다면 주위로부터 신뢰도 얻을 수 있고 그에 따른 행운도 붙잡을 수 있다.

운세

사록에 해당하는 사람은 30세 전후에 기회를 붙잡을 확률이 크다. 명령을 받고 그에 따라 행동하는 타입이기 때문에 자기가 나서서 무슨 일을 추진하는 경우는 드물지만 얌전하고 유연성도 있으며 섬세한 배려도 있어서 누구에게나 사랑을 받는 타입이다.

체질

체격은 통통한 편이고 전체적으로 스타일이 좋으며 이른바 용모 단정한 타입이다. 이목구비도 뚜렷하고 피부색도 하얀 편이지만 신경질적인 성격 때문에 신경계통의 병이나 장, 피부병 등에 조심해야 한다.

성격

사록은 얌전하고 부드러우며 여자인 경우에는 애교도 많이 있다. 사교성도 풍부하지만 변덕이 많은 것이 단점이다. 조숙한 편이고 결단력은 약한 편이다. 물질과 명예 중에서 한쪽을 선택해야 할 경우라면 명예를 선택하는 것이 도움이 될 것이다. 남에게 도움을 주거나 친절하게 대해주는 편이라 그런 것이 계기가되어 행운의 기회를 얻을 수 있다. 그러나 남성인 경우에는 힘이 약한 별에 해당하기 때문에 의지력과 결단력을 기를 필요성이 있다.

금전운

금전운은 좋은 편이다. 금전 융통도 좋고 돈벌이에 대한 감각도 적극적이며 기회를 잡는 능력도 뛰어나지만 많이 벌어도 많이 나가는 운이기 때문에 저축심을 길러서 초년에 확고한 기반을 다져놓는 것이 중요하다. 그래야 말년에 행복한 인생을 보낼 수 있다.

애정운

사교적이고 친절하며 세심한 배려가 이성의 마음을 움직여서 누구에게나 사랑을 받고 인기도 얻는다. 조숙한 편이라 일찍부터 이성에 대한 관심이 많다. 때로는 자기 쪽에서 적극적인 대시를 하는 경우도 있지만 다툼이나 분쟁도 일으키기 쉬우니까 무리한 행동은 피하고 이성을 좋은 친구로 생각하는 마음 자세가 필요하다.

직업운

여행이나 관광 분야 또는 교통, 운송, 물류 관련이나 신문·방송이나 통신 등의 미디어산업 및 아이티 계통의 직업이 잘 맞는다고 할 수 있다.

❂ 생월별로 보는 성격과 운세

1월생

일견 겉보기에는 얌전하고 온순해 보이지만 한번 화가 나면 끝장을 보는 집념이 있다. 사교성은 그다지 뛰어난 편이 아니지만, 타고난 성품이 워낙 성실해서 사람들에게 신뢰를 받는다. 하지만 다른 사람에 대한 비판 정신이 강해서 함부로 내뱉는 말이 실패의 원인을 만드는 경우가 있으니 언변에 조심할 것. 한번 목표를 정하면 마음을 바꾸지 말고 끝까지 밀고 나가야 성공할 수 있다.

2월생

가족이나 친척을 소중하게 생각하는 편이지만 그것 때문에 고생을 하는 경우가 많이 있다. 사교성은 있지만 변덕이 심한 탓에 그것이 단점이 될 수도 있다. 친구의 수는 적어도 진심으로 마음을 터놓고 지낼 수 있는 친구를 사귀어야 안정감 있는 생활을 할 수 있다. 금전적인 면이나 대인관계에 있어서는 보다 신중한 대처가 필요하다.

3월생

얌전하게 보이지만 적극성을 내재하고 있으며 큰일에 부딪혀도 그것을 이겨나갈 수 있는 용기도 가지고 있다. 투지가 좋고 적극적이기 때문에 때로는 자기주장이 강하고 제멋대로인 사람으로 보일 수 있지만 아무리 어렵고 힘든 고통이 뒤따른다 해도 참을성과 끈기가 있어서 반드시 성공을 거두고야 만다. 금전운도 순조로운 편이다. 적극적인 행동 속에도 신중함이 깃들어 있어 쓸데없는 지출을 하지 않으며, 항상 계획성 있게 살아가는 타입이다.

4월생

다소 신경질적이고 마음의 변화가 많기 때문에 초조해지기 쉬운 타입이다. 다른 사람들의 말이나 소문, 정보에 마음을 빼앗기기가 쉽다. 의리가 있고 인정도 많은 편이기 때문에 독단적으로 행동하는 것보다는 주위 사람들과 의논을 해가며 행동하는 것이 도움이 된다. 사교성도 있고 대인관계도 좋지만, 상대를 얕보는 행동은 고쳐야 한다. 실패를 자초할 수 있다. 금전운은 좋은 편이고 부수입도 짭짤해서 말년에도 편안한 생활을 할 수 있다.

5월생

무슨 일을 추진할 때 단숨에 밀고 나가는 추진력이 있지만 신중함이 필요하다. 멋을 내기 좋아하며 약간의 변덕도 있지만 사업운은 순조로운 편이다. 애정 면에서는 이상이 높기 때문에 좀처럼 마음에 드는 상대를 고르지 못해 기회를 놓치는 경우가 많다. 또한, 삼각관계에 빠질 가능성도 높으니까 이성을 사귀기 전에 한 번쯤 상대의 주변을 살펴보아야 할 필요성이 있다. 금전운은 전반적으로 좋지만, 낭비도 심한 타입이라 스스로 추스르고 관리하고자 하는 마음의 자세가 필요하다.

6월생

새로운 일에 흥미를 잘 느끼며, 일이나 교섭에서 열심히 움직이는 탓에 성공할 확률은 높지만 지나치게 많은 것에 손을 대다 보면 건강이 염려된다. 노력가이며 열성적인 타입이다. 의리나 인정도 중시하고 정성껏 일처리를 하는 타입이라 사람들에게 신임을 얻지만 가끔씩 나타나는 변덕과 중도 포기 때문에 애써 쌓아 놓은 고생이 보람도 없이 물거품이 되는 경우도 있다. 목적을 하나 정하면 끝까지 밀어붙이는 정신을 길러야 편안한 생활을 보낼 수 있다.

7월생

보통 때는 성실하고 모범적인 사람이 갑자기 마음의 변화를 일으켜 유흥에 집착하거나 나태한 모습을 보이는 등 감정에 좌우되기 쉬운 타입이다. 그러나 사교적이고 사람의 마음을 간파하는 능력이 뛰어나 대인관계는 좋은 편이다. 애정 면에서는 첫눈에 반하기 쉬운 타입이며 일방적으로 정열을 불태우는 편이니까 가능하다면 한 걸음 뒤로 물러서서 객관적으로 상대방을 보는 자세가 필요하다. 금전운은 그다지 좋은 편은 아니지만 어려움을 느낄 정도는 아니다.

8월생

머리는 좋지만 신경질적이고 고집이 있는 편이다. 사교적이어서 누구에게나 친절하게 대하지만 참을성이 없고 화를 잘 내는 단점이 있다. 윗사람에게도 자기의 뜻을 어떻게든 관철시키려하기 때문에 문제를 자주 일으킨다. 좀 더 마음을 넓게 가지고 유연성을 발휘하면 큰 성공을 거둘 수 있다. 애정 면에서는 지나치게 정열을 불태우다가 실패를 초래할 수 있으니 신중한 마음을 기르는 것이 중요하다.

9월생

미남미녀에 속하는 형이지만 자기중심적이고 쉽게 포기하는 타입이다. 사교적이고 예감이 날카로우며 요령도 좋지만, 대인관계에서 실리적인 면을 드러내 보이면 소외당하기 쉽다. 또한, 남들에게 부탁을 받으면 싫다고 거절하지를 못해서 손해를 보는 경우도 있다. 애정 면에서는 마음에 드는 상대가 있어도 적극적으로 대시하지 못하고 우물대는 사이에 그 상대를 다른 사람에게 빼앗기는 경우도 있으니 자기 의사를 분명하게 표현하는 것이 중요하다.

10월생

결단력은 부족하지만 끈기가 있어서 자기의 뜻을 굽히려 하지 않는다. 소극적으로 보이는 겉모습과는 달리 웅대한 희망과 계획성을 가지고 있지만, 실행력이 따라주지 못해서 신용을 잃기 쉬우니 이 점에 신경을 쓸 것. 애정 면에서는 눈에 띄게 두드러져 보이지는 않아도 이성에 대한 관심이 높은 편이라 어느 틈엔가 갑작스럽게 애인과 나타나는 그런 타입이다. 그러나 정신적인 사랑보다는 육체적인 사랑에 이끌리기 쉬운 탓에 나중에 후회하게 되는 경우가 많다.

11월생

얌전하고 내성적이지만 사교성이 풍부하고 다른 사람의 부탁을 받으면 거절하지 못하고 모두 수용하는 타입이다. 그래서 사람들에게 인기를 얻지만 지나친 의심 때문에 좋은 기회를 놓쳐버리는 결점도 있다. 애정 면에서는 상대를 선택하는 눈이 높은 반면에 달콤한 유혹에 쉽게 넘어가는 타입이라서 뚜렷한 주관이 없다고 볼 수 있다. 따라서 좀 더 진지하게 행동하는 것이 중요하다.

12월생

겉보기에는 부드러운 인상이지만 주관이 뚜렷해서 다른 사람의 말에 쉽게 흔들리지 않는다. 반드시 다시 한번 되짚어 본 뒤에 실행에 옮기는 타입이다. 그런 반면에 자기가 하고 싶은 일은 다른 사람이 뭐라고 하든지 실행에 옮기기 때문에 독단성에서 비롯되는 실패를 맛보기 쉽다. 애정 면에서는 적극적이고 강인한 면이 있으며 자기의 생각대로 상대를 이끌고 가지만 첫사랑이 결혼으로 이어지기는 쉽지 않다.

5) 오황(五黃)·토성(土星)

✪ 총운

오황(五黃)은 오행상 토(土)에 속하는데, 자연의 기를 듬뿍 함유하고 있는 비옥한 대지를 뜻하고 있다. 이 별은 그 깊이를 예측할 수 없는 대지의 강인한 인력(引力), 열에너지를 간직하고 있다. 아홉 개의 별 중에서 중심을 이루는 것이기 때문에 제왕의 별이라고도 불리며 남자인 경우에는 주인공이나 중심적 인물, 여자인 경우에는 남성적인 성격이 많다.

운세

길흉이나 양극을 모두 갖추고 있는 것이 특징이기 때문에 큰 성공을 거두어 행복한 인생을 보내는 사람이 있는가 하면, 평생 가난한 생활을 면치 못하는 사람도 있다. 다만 강인한 인내력과 끈기를 갖추고 있어서 아무리 어려운 상황에 처한다 해도 노력만 게을리하지 않으면 충분히 딛고 일어설 능력이 있다.

체질

몸은 건강한 편이지만 쓸데없이 체력 소모를 하기 쉬워서 건강을 해칠 우려가 있다. 또한, 비만형인 사람이 있는가 하면 마른 체격의 사람도 있는 것이 이 별의 특징이라고 할 수 있다. 운동 신경도 좋은 사람과 나쁜 사람이 함께 속해 있는 타입이다. 주의해야 할 병은 악성 전염병, 궤양, 치질, 뇌일혈, 암 등이다. 규칙적인 생활을 하는 것이 건강관리의 중요 포인트라는 것을 명심할 것.

성격

남자인 경우에는 조용하고 부드러우면서 의협심이 강해서 약한 사람을 보면 그냥 지나치지 못하는, 정에 약한 성격이다. 또 자존심이 강해서 마음의 상처를 받으면 절대로 그냥 넘어가지 못한다. 이 별에 속한 사람은 성격 면에서도 양면성을 갖추고 있다고 볼 수 있다. 여자인 경우에는 겉으로 보기에는 얌전하지만 뭔가 큰일에 부딪히면 끈기와 오기를 보이며 절대로 굽히지 않는 강인한 면을 보인다. 그리고 눈물도 많고 정에도 약하지만 섬세한 면이 부족한 편이다. 장점은 어떤 어려움이 닥쳐도 맞서서 대항하는 정신력인데, 그 점은 이 별의 특징적 장점이라고 말할 수 있다. 또한 감정보다는 이성에 의한 판단력이 더 작용하는 것도 이 별의 특징이다.

금전운

일시적인 금전의 어려움은 있겠지만 반드시 재기할 수 있는 강한 운세를 가지고 있다. 금전 감각도 투철해서 필요 이상의 낭비는 하지 않는 편이다. 여자인 경우에는 남자를 능가하는 재력을 움켜쥐는 사람이 많고 돈을 버는 재주가 뛰어나지만 투기나 도박성이 있는 일에 손을 대면 손해를 보기 쉽다. 끊임없는 노력이 중년에 큰돈을 만질 수 있도록 도와줄 것이다.

애정운

성격은 실리적이지만 애정 면에서는 로맨티스트인 경우가 많다. 원래는 강인함을 상징하는 별이지만 정에 이끌리면 헌신적인 사랑을 하는 타입인데, 그 때문에 본인의 이익은 챙기지 못해서 실연을 당하기 쉽고 재혼이나 사별을 하게 되는 경우도 많은 편이다. 가정적인 면에서는 남자는 부드러운 가장이고, 여자는 살림을 꼼꼼하게 처리하는 좋은 아내라고 볼 수 있다.

직업운

어떤 직업을 갖든 최선을 다하는 성격이다. 기업경영자나 단체의 수뇌, 정치가 등 리더와 같은 중요한 입장에서 활약할 타입이다. 전반적으로 볼 때 어려웠던 시절의 경험과, 화합과 신뢰를 통한 대인관계에서 쌓은 협조성이 성공으로 이끌어 준다.

✪ 생월별로 보는 성격과 운세

1월생

로맨티스트이며, 꿈을 추구하면서도 정신적인 면보다는 물질적인 면을 중시하는 타입이다. 겉으로는 부드러워 보이지만 오기와 끈기가 상당하다. 대인관계에서는 부드럽게 이어나가지 못하는 것이 결점이지만 남의 어려움을 진심으로 걱정하고 보살펴주는 모습이 운세를 좋은 방향으로 이끈다. 낭비를 하지 않는 검소한 타입이지만 금전 관리는 허술한 편이다. 혼자 일어서기에는 벅차서 누군가 도와주는 사람이 옆에 있어야 하고, 애정 면에서는 상대에 대한 배려가 행복을 움켜쥐는 열쇠가 될 것이다. 건강 면에서는 위장장애, 불면증 등을 주의할 것.

2월생

두뇌회전이 좋고 영리한 타입이다. 재주도 많고 사람의 마음을 읽는 날카로운 눈도 가지고 있다. 여자인 경우에는 여성적인 면만 조금 더 첨가한다면 어느 곳에서든 환영받을 수 있을 것이다. 상사나 부하지원과의 협조성이 부족한 것이 흠이지만 냉철한 행동과 정직한 대응 방법은 운세를 좋은 쪽으로 이끌어 줄 것이다. 결혼운은, 처음에는 실패하기 쉬운 불안감이 있고 중년에도 여러 번의 고비를 넘겨야 하겠지만 말년에는 평화롭고 행복한 인생을 보낼 수 있다. 금전 면에서는 투자에 대한 능력이 뛰어나지만 한 번에 선택하는 것보다는 다시 한번 확인해 보고 투자하는 것이 확실한 성공을 보장해 줄 것이다.

3월생

남에게 지는 것을 매우 싫어하는 성격이다. 성급해 보이기도 하지만 태평스러운 면도 있고 사물을 판단할 때 침착하다. 그리고 다른 사람들과 어울리는 면에서는 서투른 편이다. 애정 면에서는 정에 빠지기 쉽고 한번 사랑을 시작하면 상대에게 끌려다니다가 슬픈 결과를 맞이하기 쉽다. 금전 면에서는 낭비를 하지 않기 때문에 풍족한 편이며, 횡재수도 있다. 그러나 동정에 의한 금전 거래는 귀찮은 문제를 발생시킬 수 있으니 주의할 것. 건강 면에서는 신경성 위염, 혈압 등을 조심하는 게 좋다.

4월생

침착한 성격을 가진 타입으로, 마음이 약한 편이고 수수한 것을 좋아한다. 무슨 일을 할 때 너무 거창하게 추진하면 실패를 맛볼 우려가 크니까 조심할 것. 애정 면에서는 여자인 경우 인정이 많은 가정적인 남자에게 이끌리는 편이다. 수줍음을 많이 타서 연애는 소극적인 편이다. 낭비보다는 저축을 하는 편이다. 금전운은 넉넉하다. 건강 면에서는 소화기 계통과 순환기 계통의 질병에 조심할 것.

5월생

명랑하고 쾌활한 성격이어서 어떤 환경의 사람과도 쉽게 어울리는 타입이며 화술도 좋은 편이다. 대인 관계에 신경을 쓰고 독단적인 행동만 삼간다면 젊은 시절부터 출세가도를 달리게 될 것이다. 여자인 경우에는 결혼한 뒤에도 자기 일을 하고 싶어 하는 사람이 많다. 금전 면에서는 무슨 일에든 열심이기 때문에 착실하게 재산을 모을 것이다. 도박이나 노름은 절대로 하지 말라. 패가망신하게 된다.

6월생

적극적인 행동파여서 지도자가 될 자질을 충분히 갖추고 있다. 또한 인사관리나 일처리에 능숙한 모습은 주위의 존경을 한 몸에 받을 수 있다. 상업적인 재능도 뛰어나지만 이해관계로 인해서 적을 만들기 쉬우니 조심할 것. 중년 이후에는 금전운도 지위도 매우 향상될 것이다. 애정 면에서는 인간성보다는 배경에 더 신경을 쓰는 편이라 한두 번의 실패를 경험하기 쉬우며 여자인 경우에는 연하의 남자가 어울린다. 건강 면에서는 이비인후과, 기관지염, 감기 등에 주의해야 한다.

7월생

남에게 지기 싫어하고 자존심이 강해서 성공할 운세지만 지나치게 독단적인 면이 결점이다. 협조심을 기르는 것이 중요하다. 초년에는 파란이 많겠지만 자기의 재능과 매력을 최대한으로 활용하면 중년에 이르러 지위를 굳힐 수 있다. 금전 면에서는 도박성이 있는 투자만 조심한다면 넉넉하게 살 수 있다. 부부가 함께 힘을 합쳐서 할 수 있는 일을 선택한다면 큰돈을 벌 수 있다. 여자인 경우에는 강해 보이는 것보다는 약해 보이는 것이 남자에게 인가가 있다는 것을 명심할 것.

8월생

부드럽고 온화하고 조용한 타입과, 개성이 강한 리더 격으로 구분된다. 심리적으로 변동이 많기 때문에 행동에 모순이 많다.

실익을 겸한 기술을 배워 두는 것이 금전적으로 도움이 될 듯하다. 투자나 도박운은 없는 편이니까 단단히 결심하고 사는 것이 좋다. 또한 다른 사람의 보증을 서는 일은 피할 것. 애정 면에서는 지나치게 자존심을 내세우다가 혼기를 놓치기 쉽고, 건강 면에서는 호흡기 계통이 약한 편이다.

9월생

나이보다 훨씬 젊어 보이는 사람이 많다. 무슨 일에나 정열적으로 대처하기 때문에 열심히 일하고 즐기는 타입이다. 성격은 야무진 편이고 천재적인 직감력이 있다. 그러나 사람을 너무 가려서 사귀거나 말을 함부로 하는 행동을 조심해야 대인 관계를 원만하게 이끌어 갈 수 있다. 결혼운은 좋은 편이며 일찍 결혼할 것이다. 금전 감각은 그다지 좋지 않은 편이며, 목적을 분명히 가지고 일을 해야 금전적인 혜택을 얻을 수 있다. 무절제한 건강관리에 신경을 쓸 것.

10월생

겉보기에는 얌전하고 친밀감이 느껴지는 인상이지만 내면은 완고한 편이다. 사람들과의 교류를 좋아하며 동정심도 많기 때문에 호감을 사는 편이다. 사소한 일에 얽매이거나 변덕스런 마음만 조절한다면 성공하기에는 무리가 없을 듯. 여자인 경우에는 남자보다 야무진 편이라 금전적으로 풍요롭게 살 수 있다. 또한 내조를 잘해서 남편을 성공시킬 수 있을 것이다. 말년에는 편안한 생활을 보낼 수 있을 운세다. 건강 면에서는 단것을 피하고 적당한 운동만 한다면 별 무리가 없을 듯싶다.

11월생

어려운 일에 부딪혀도 불평을 하거나 원망을 하지 않는 강인함을 가지고 있으며 성격은 과격한 편이다. 두뇌회전도 좋은 활동가이며 심미안도 높은 편이어서 멋쟁이다. 직장에서도 리더 입장에서 능력을 발휘한다. 재물보다는 지위나 명예에 약한 타입이다. 애정운은 파란이 많은 편이다. 상대를 선택하는 데 너무 감정에 치우치지 말 것. 금전운은 좋은 편이지만 겉치레를 위한 낭비를 삼갈 것. 건강 면에서는 눈병에 주의하고 여자인 경우에는 냉증에 주의할 것.

12월생

무슨 일에든 열심이며 뛰어난 기억력과 지적인 매력을 갖추고 있지만 명랑한 모습이 결여되어 있는 것이 단점이다. 그러나 한번 결심한 일에는 최선의 끈기를 발휘한다. 어린 시절부터 초년기에 걸쳐 고생이 있겠지만 인간성이 좋아서 모든 사람에게 사랑 받을 타입이다. 나서거나 두드러져 보이는 것을 좋아하지만 모난 돌은 정을 맞는 법, 겸손한 마음을 기를 것. 애정운은 명랑한 모습만 갖춘다면 인기를 얻을 수 있을 듯. 금전운은 좋은 편이지만 낭비벽이 심한 편이다. 건강 면에서는 40세 전후에 큰 병에 걸릴 위험이 있으니 조심할 것.

6) 육백(六白)·금성(金星)

✪ 총운

육백(六白)은 팔괘에서 건(乾)을 의미하며 북서쪽 방위에 속하고, 오행에서는 술(戌)과 해(亥), 달로는 9월과 10월, 시간으로는 오후 7시부터 11시까지를 상징한다. 이 별에 태어난 사람은 하늘의 강대한 지배력을 내재하고 있기 때문에 품위와 인격을 갖추거나 최고의 권위를 누리기도 한다. 자존심이 강하며 권력과 명성을 얻는 사람이 많은 것도 이 별의 특징이다.

운세

젊은 시절부터 다방면으로 두각을 나타내는 사람이 많다. 또한, 중년 이후에도 운세가 좋아져 말년까지 이어지는 경우가 많으며 나이가 들수록 명성을 얻는 예가 많다. 또한, 정의감과 의리도 강한 편이다.

체질

근육질 타입과 둥실둥실한 체격을 가진 두 가지의 타입으로 나뉜다. 대체적으로 피부가 하얀 사람이 많으며 운동신경도 발달한 사람이 많은 편이지만, 그와 반대로 운동신경이 한심할 정도로 무딘 사람도 있는 특이한 체질이다. 그러나 전체적으로 볼 때 스포츠 쪽에는 관심이 많은 편이다.

성격

품위가 있고 자존심이 강한 타입이다. 무슨 일을 하든지 끝까지 최선을 다하는 것이 장점이며, 정의감이 강하고 적극적이고 의욕적이며 침착한 언행 속에 엄한 자제력을 갖추고 있다. 그리고 본성은 따스하고 포용력 있는 사람이지만 냉정한 인상을 보이는 편이다. 칭찬에 인색하고 애교가 부족해서 그다지 사교적이지는 않다. 또한 자존심이 강해서 양보를 싫어하는 탓에 대인관계에서 손해를 보기 쉽다. 표면에 드러나는 부드러운 모습은 주위에 안정감을 주지만 지나친 자신감 때문에 자기의 실패를 인정하려 하지 않는다. 그래서 독선적인 사람이 되기 쉬우니 너그러운 마음과 이해심을 기르는 것이 중요하다.

금전운

이 별에 해당하는 사람은 금전에 대한 욕망이 강한데 특히 큰돈에 대한 집착이 강하다. 그리고 남자보다는 여자 쪽이 금전운이 더 좋으며 돈벌이에 대해서도 여자 쪽이 더 열심인 편이다. 유명상표와 고급품을 선호하는 편이다.

애정운

적극적이고 진취적이며 재치가 있는 타입이다. 그러나 이상이 높기 때문에 좀처럼 마음에 드는 짝을 만나기 어렵다. 대부분 자기와 같은 목적을 가진 이성을 원한다. 여자인 경우에는 야무지고 실림을 잘하는 편이며 독점욕이 강하고 사회활동에도 의욕적이다. 일에 매달리다가 결혼이 늦어지는 경우가 많은데 가능하다면 결혼 후에는 주부로서만 전념하는 것이 좋다. 남자인 경우에는 교제 당시에는 상냥하고 부드러운 모습을 보이지만 결혼한 뒤에는 완고하고 봉건적인 남편이 되기 쉽다. 가정을 원만히 유지하기 위해서는 아내 쪽에서 남편을 받들어 주는 것이 좋다.

직업운

이 별에 해당하는 사람은 윗자리에 서는 것을 좋아하며 아랫사람으로 일하는 것을 극단적으로 싫어한다. 또한 중책을 맡게 되면 재능과 실력을 발휘해서 충분히 임무를 완수해 낼 능력이 있다. 어울리는 직업은 교사, 대기업 사원, 관공서 근무, 자동차 분야의 직업이다.

✪ 생월별로 보는 성격과 운세

1월생

자존심이 강하고 자신감이 가득 찬 타입이다. 어떤 어려움에도 굽히지 않고 돌파해 나가는 투지가 넘쳐나는 사람이다. 동정심이 결여되기 쉬운 점만 조심한다면 주위 사람들에게 호감과 존경을 받을 수 있다. 금전운은 타산적이지 않고 비교적 운도 좋은 편이지만 경제적인 면에 관심이 적은 것이 흠이다. 계획적으로 잘 활동하기만 하면 꽤 풍족하게 살 수 있다. 애정 면에서는 솔직해야 도움이 된다. 건강 면에서는 소화기 계통이 약하니까 과음이나 과식을 삼갈 것.

2월생

사교성이 풍부해서 폭넓은 인간관계를 만드는 타입이다. 재주도 있고 부탁을 받으면 싫다고 거절할 줄을 모르기 때문에 이용당하기 쉬운 단점이 있으니 조심할 것. 행동력도 있는 편이지만 끈기가 부족하니까 인내심을 기를 것. 결혼은 일찍 할 운세지만 겉모습에만 신경을 쓰다 보면 진실한 사랑을 하기 어렵다. 가정의 불만은 가능하면 밖에서 떠벌리지 말 것. 그것이 행복의 열쇠다.

3월생

책임감이 강하고 다른 사람의 사정을 잘 돌보아주는 타입이다. 감수성도 풍부하고 무슨 일에든 진지하게 대처하는 편이지만 뜻밖으로 고집이 세고 자기 위주로 행동하는 단점이 있다. 욕심을 내거나 다른 사람의 이익에 편승해서 뭔가 얻어 보려는 행동은 하지 말 것. 실패를 초래하게 된다. 결혼도 분수에 맞는 사람과 해야 행복해질 수 있다. 금전적인 면에서는 약간 무딘 편이고 화려한 것을 좋아하기 때문에 낭비가 심할 수 있다. 적금이나 보험 등을 이용해서 규칙적인 저축을 하도록 힘쓰는 것이 좋다.

4월생

명석한 두뇌와 재빠른 행동력이 있어서 꽤 일찍 출세할 수 있을 듯하다. 금전운도 출세에 걸맞게 따라주지만 그에 맞추기 위한 교제비의 지출도 상당하다. 전체적으로 볼 때 중년 이후에 성공을 거둘 것이며, 다른 사람의 밑에서 일하는 것보다는 독립적인 사업을 하는 것이 큰 성과를 거둘 것이다. 애정 면에서도 겉모습에 구애되는 것보다 내적인 면에 충실해야 좋은 배필을 만날 수가 있다. 건강 면에서는 스트레스 해소에 특별히 신경을 써야 한다.

5월생

직업적으로는 표면에 나서는 것보다 배후에서 참모적인 역할을 해야 제대로 실력을 발휘할 수 있다. 공을 세우기 위해 서두르면 실패하기 쉬우니 묵묵히 자신의 일에 최선을 다해야 뜻을 이룰 수 있다. 품위는 물론 품격도 갖추고 있고 취미도 고상한 편이다. 애정 면에서는 마음속으로 좋아하는 생각이 있어도 적극적으로 대시를 하지 못하는 편이니까 연애결혼보다는 중매결혼이 더 좋다. 금전 면에서도 건실한 편이어서 말년에 안정된 생활을 보낼 수 있다. 건강 면에서는 비뇨기 계통과 간장 계통의 질병에 조심할 것.

6월생

온화하고 덕이 있는 인품이지만 결단력이 없는 편이다. 재주도 있지만, 직장생활에서 인간관계를 부드럽게 이끌어 나가지 못하는 단점이 있다. 두뇌 회전도 좋은 편이고 맺고 끊는 것도 분명하며 한번 말을 뱉으면 좀처럼 자기의 뜻을 굽히려 하지 않는다. 애정 면에서는 고집스러운 면을 배제하고 명랑하게 행동을 하면 좋은 인연을 만날 수 있다. 중매결혼이 어울리는 편이다. 금전 감각은 확실한 편이지만 허영이나 낭비를 부리지 않도록 조심할 것. 건강 면에서는 신경성 위염, 심장병, 노이로제 등을 조심해야 한다.

7월생

동작이 재빠르고 눈치가 빠른 사람이며, 윗사람의 사랑도 받을 수 있다. 그러나 대항의식이 강하고 다른 사람에게서 지적으로 무시당하는 것을 극단적으로 싫어하는 면이 있다. 활동적인 성격이니까 사무직보다는 자유롭게 돌아다닐 수 있는 분야에서 일하는 것이 좋다. 애정 면에서도 이성과의 교제가 빈번한 편이다. 독선적인 자세만 주의한다면 이성운을 좋은 방향으로 이끌 수 있다. 금전 면에서는 대차관계에서 쓸데없는 걱정거리를 만들 수 있으니 이 점을 조심해야 한다.

8월생

사람의 마음을 잘 간파하는 능력이 있다. 대인 관계도 원만한 타입이고 사물에 대한 처리도 산뜻한 편이다. 사업적으로도 다재다능한 능력을 발휘할 수 있다. 윗사람에게도 사랑빈는 타입이지만 금전운은 그다지 좋은 편이 아니다. 자립하기를 원하겠지만 가능하다면 직장생활을 할 것. 투자나 도박에 대한 감각도 뛰어난 편이지만 망설이는 행동은 버릴 것. 오히려 손해를 볼 수 있다. 건강 면에서는 순환기 계통의 질병에 주의해야 건강한 생활을 유지할 수 있다.

9월생

남녀 모두 지도력이 있고 주위의 신뢰도 얻을 수 있다. 정직한 타입이지만 쉽게 어울리기 힘든 분위기를 풍기는 편이니까 그 점을 조심할 것. 사업 면에서는 열심히 최선을 다하는 타입이지만 독선적으로 흐르지 말고 다른 사람의 충고에도 귀를 기울이는 다양성을 가질 것. 애정 면에서는 남녀 모두 늦게 결혼할 타입이다. 여자인 경우에는 센스도 좋고 생각하는 면도 상류지만 애교가 부족한 점이 손해를 부를 수 있으니 여성적인 부드러움을 기르면 좋다.

10월생

어떤 분야에서든지 리더가 될 수 있는 재능을 맘껏 발휘하며, 사람들을 끌어들이는 매력을 가진 사람이지만 비판을 받거나 지시를 받는 것을 싫어한다. 금전운도 평생 좋은 편이라고 볼 수 없다. 더구나 투기에 대한 관심이 높고 낭비를 하기 쉬워서 저축을 하기가 어렵다. 저축하는 습관을 기르는 것이 중요하다. 여자인 경우에는 자식의 교육에 열성적으로 흐르기 쉽다. 건강 면에서는 느긋하고 여유 있는 마음을 가지도록 노력하는 것이 중요하다.

11월생

자기의 책임과 영역을 확실하게 지키는 타입으로 대외적으로는 명랑하고 친절하다. 다만 망설임이 많고 급한 성격이 변덕스런 사람이라는 오해를 부르기 쉽다. 사업 면에서도 몸을 아끼지 않는 노력가이기 때문에 기술직에 알맞다. 일에도 유흥에도 재주가 있는 사람이며, 애정 면에서는 남녀 모두 인기가 있는 편이다. 우정으로 시작한 것이 연애와 결혼으로 이어지는 경우가 많다. 건강 면에서는 신경통이나 관절염, 호흡기 계통에 주의를 해야 한다.

12월생

건실하게 행동하는 타입으로 내면적으로는 완고한 편이다. 퉁명스러워 보이기는 하지만 한번 말을 꺼내면 멈추지 않을 정도로 수다스러운 면도 있다. 감정의 파도에 이끌려 행동하지 말아야 실패를 초래하지 않는다. 애정 면에서도 적극적인 편이지만 상대에 대한 인정과 상냥함이 결여되기 쉽다. 늦게 결혼하는 경우가 많은 타입이다. 금전 면에서는 저축을 열심히 하는 것이 말년에 안정을 가져다준다. 건강 면에서는 신경통이나 관절염에 주의할 것.

7) 칠적(七赤)·금성(金星)

✪ 총운

칠적(七赤)·금성(金星)은 하늘의 운명으로 볼 때 수확한 것을 곧 먹을 수 있다는 의미를 가지고 있기 때문에 의식에 부족한 점이 없다고 본다. 칠적은 팔괘에서는 태(兌)에 해당하며 십이지에서는 유(酉)를, 십간에서는 경(庚)과 신(辛)을, 오행에서는 금(金)을, 달로는 8월을, 시간으로는 오후 5시부터 7시까지를 의미한다. 이 별에 해당하는 사람은 공부든 사업이든 기량을 닦으면 닦을수록 그 빛이 더욱 영롱해지는 매력이 있다. 재치와 지능도 뛰어난 데다 밝고 애교가 있으며 친숙해지기 쉬운 타입이다. 사교술이 능숙하고 다른 사람의 고통을 어루만져주는 인정도 풍부하다. 또한 말도 잘하는 편이고 유흥에도 소질이 있는 사람이 많다. 그렇기 때문에 열심히 일만 하고 유흥을 즐기지 못한다면 좌절하기 쉽다. 취미의 폭도 넓어서 무엇에든 손을 대는 편이지만 한 가지 일을 꾸준히 파고드는 성격은 아니다. 말과 행동이 일치하도록 노력하고 금전적인 감각만 몸에 익힌다면 행복한 생활을 보낼 수 있다.

운세

젊은 시절에는 생활에 굴곡이 심하고 파란 많은 인생을 보내기 쉽지만 대체적으로 평온한 운이다. 그러나 젊은 나이에 부친과의 이별수가 있다. 아들이 이 별에 해당한다면 일부러라도 초년에 고생을 좀 시키는 게 좋다. 만약 지나치게 추켜올려 제멋대로 키우면 20세를 넘어서면서 사치와 낭비를 좋아하고 무슨 일에든 쉽게 지치는 나약한 사람이 되기 쉽다. 이 별에 해당하는 사람은 앞에서 말했듯이 기량을 닦을수록 빛이 나는 운세니까 초·중년에 고생을 해봐야 말년에 편안한 생활을 할 수가 있을 것이다.

체질

하얀 피부에 전체적으로 약간 작은 듯한 몸집이며 애교스러운 인상을 준다. 건강한 편은 아니지만 미식가여서 위장병을 앓기 쉽고 구강염이나 피부질환도 조심해야 한다. 또한 신경이 섬세한 편이기 때문에 신경쇠약, 흉부질환, 신장 계통의 질환에도 주의하는 게 좋다.

성격

본능적이라고 말할 수 있을 정도로 감각이 날카롭고 통찰력과 비판 능력도 있으며 다른 사람을 즐겁게 만들 줄 아는 능력도 갖추고 있다. 그러나 정도가 지나치면 다른 사람의 입장을 무시하는 것이 되어 기분을 상하게 하는 경우도 있다. 본인은 악의 없이 하는 말이지만 그것이 상대의 기분을 상하게 할 수 있다는 것을 항상 명심해야 한다. 또한 자존심이 강하고 두드러져 보이려는 욕망을 가지고 있다. 그리고 표정에 잘 드러나지는 않지만, 경쟁의식이 강하고 지기를 싫어하며 집념이 강한 것도 특징이다.

금전운

평생을 통해서 금전이 넉넉한 운세를 타고났다. 주머니가 비게 되면 어디선가 돈이 들어와서 고비를 넘기게 되는 식이지만 큰 돈을 만지기는 어렵다고 본다. 도박이나 투기는 삼갈 것. 재산 관리는 현금보다는 부동산이나 동산으로 대체하여 축재하는 것이 좋다.

애정운

남녀 모두 인기가 있는 타입으로 여자인 경우에는 이성을 끌어들이는 매력을 갖추고 있다. 이 별에 해당하는 사람의 금전운은 이성이 좌우하는 경우가 많다. 그렇기 때문에 특히 이성의 선택에 신중해야 한다. 마음이 이끌리는 대로 맹목적인 사랑에 빠지지 않도록 주의할 것. 가능하다면 주위 사람의 소개를 통해 결혼 상대를 찾는 것이 좋다.

직업운

명랑한 성격과 빠른 두뇌회전, 그리고 사교성을 살릴 수 있는 일이 적합하다. 또한 식복(食福)이 있는 별이니까 음식과 관계 있는 직업도 괜찮다. 언어와 관계있는 직업도 적합하니 그런 직업을 찾아보도록 하라.

✪ 생월별로 보는 성격과 운세

1월생

사교가이며 대인 관계도 좋은 편이다. 가족은 물론이고 윗사람이나 친구, 남에게도 섬세한 배려를 겸한 인정을 베풀기 때문에 많은 사람들로부터 사랑을 받는다. 애정 면에서도 남김없이 발산되는 애교가 이성을 사로잡는 편이니까 사람을 대할 때 거짓으로 대하지 않도록 조심해야 할 것이다. 다른 사람을 위해서도 열심히 뛰어다니며 돌보아주는 타입이기 때문에 금전 면에서도 남을 위해 돈을 쓰는 경우가 많지만 그것이 말년에 더 큰 보답으로 돌아올 것이다. 건강 면에서는 소화기 계통의 병에 주의를 해야 한다.

2월생

예의 바르고 성실한 타입이다. 천성적으로 천재적인 감각을 타고나서 늘 시대를 앞서 간다. 다만 대인 관계에서 지나치게 사람을 가려서 사귀는 것과 말을 함부로 하는 행동을 조심하는 게 좋다. 직업은 남에게 속박당하지 않으며 유행을 창조할 수 있는 일을 선택하는 것이 좋다. 애정 면에서는 약간 내성적이지만 한 번 마음이 끌리면 능숙한 화술로 상대를 매료시킨다. 결혼은 늦게 하는 것이 좋다. 건강 면에서는 잦은 감기와 외상(外傷)에 주의할 것.

3월생

노력가이며 자존심이 강하고 미적 감각도 뛰어나다. 그리고 성격이 좀 급한 편이다. 중년까지는 파란이 많을 것이다. 다른 사람의 충고를 잘 받아들이는 것이 길운을 맞이하는 비결이다. 생활환경이 안정되면 낙천적으로 변하기 쉬워서 투기나 도박에 손을 댈 염려가 있으니 주의할 것. 건강 면에서는 갑작스런 사고나 호흡기 계통의 질병에 주의할 것.

4월생

재능이 넘치며 지적능력이 풍부한 사교가 타입이다. 내면적으로는 성격의 변화가 많지만 대체로 성의 있고 부드러운 사람이다. 선천적으로 독자적인 결단성을 갖추고 있기 때문에 장기적인 인생 계획도 그럴 듯하게 세워 놓고 있다. 오랜 시간을 필요로 하는 기술이나 연구직을 택할 것. 손재주도 좋고 빈틈이 없는 편이다. 애정 면에서는 불륜관계를 조심할 것. 금전운은 꽤 좋은 편이다.

5월생

사물을 생각하거나 연구하는 것을 좋아하는 탐구적인 타입이다. 또한 경제적인 감각도 뛰어나고 재치도 있는 가정적인 사람이다. 성격은 개방적이어서 마음을 숨기지 못한다. 애정 면에서는 말만 함부로 하지 않는다면 좋은 배필을 만날 수 있다. 금전 면에서도 기능이나 자격을 활용하여 지적인 면을 살린다면 풍족하게 생활할 수 있다. 건강 면에서는 소화기 계통과 관절 계통이 좋지 않다.

6월생

명랑하고 활기에 넘쳐 사교적인 수단이 보통이 아닌 타입으로, 화술도 뛰어나고 화려한 것을 좋아하지만 독선적인 경향이 있다. 그러나 워낙 명랑한 성격이기 때문에 독설적인 말만 조심한다면 덕망을 얻을 수 있다. 인간관계 속에서 운이 열리는 타입이니까 사람들과의 교제에 최선을 다할 것. 애정 면에서는 축복받을 수 있는 상대를 만날 운세이다. 금전 면에서는 지출이 많은 편이니까 절약하는 정신을 길러야 한다.

7월생

대외적으로 볼 때는 명랑하고 친절한 타입이다. 근면하고 성실해서 직업으로는 보좌역이 잘 어울린다. 표면에 나서는 것보다 배후에서 윗사람을 위해 일하면 인정받아 길운을 맞이할 수 있다. 이성에 대한 관심은 높은 편이지만 소극적이기 때문에 만남의 기회는 그리 많지 않고 중매결혼이 어울린다. 금전 면에서는 약간의 파란이 예상되니 장기적인 계획을 세워 저축하는 습관을 기르는 것이 미래를 위해 좋다. 건강 면에서는 위장병이나 당뇨병에 주의할 것.

8월생

온화하고 소극적인 면이 있지만 섬세한 신경과 풍부한 감수성을 가지고 있다. 대인관계는 그다지 능숙한 편이 아니니까 연구직이나 예술 계통의 직업을 선택하는 것이 좋다. 낭비는 하지 않는 편이지만 음식에 대한 호기심이 풍부해 그쪽으로 지출이 많은 편이다. 말년에는 안정적인 생활을 보낼 것이다. 애정 면에서는 매우 일찍 결혼하거나 꽤 늦게 결혼할 극단적인 운세이다. 건강 면에서는 스트레스성 위염 등에 주의해야 한다.

9월생

진보적이고 진취적이며 대인 관계에서도 적극적이지만 일관성이 없고 지나치게 폭 넓은 것이 흠이다. 이성 관계에서는 첫인상이 좋아서 득을 보는 경우가 많다. 남녀 모두 일찍 결혼하는 편이며, 금전 면에서는 재물을 모을 운세이다. 그러나 투기나 도박, 금전거래는 삼가는 것이 좋다. 건강 면에서는 심장 계통과 과로에 조심할 것.

10월생

사려 깊고 침착한 성격이기 때문에 쉽게 흔들리거나 동요하지 않는 타입이다. 약간 변덕스럽기는 하지만 인정이 많고 친절하다. 일처리도 능숙한 편이지만 스스로 고생을 사서 하는 경우가 있다. 애정 면에서는 마음의 변화 때문에 풍파가 예상된다. 그

룹을 통한 교제 속에서 인연을 찾을 것. 금전 면에서는 이것저 것 손대지 말고 한 가지 목적에 전념할 것. 장기적인 저축이 큰 힘이 될 것이다. 건강 면에서는 간이 나쁜 편이니까 가능하다면 음주를 피하고 소화기 계통에 주의해야 한다.

11월생

교양 있고 산뜻하며 명랑한 인품이기 때문에 따스한 분위기를 풍긴다. 어린 시절에는 파란이 많지만 성장하면서 점점 행복해 진다. 애정 면에서는 한번 마음을 주면 이성에게 속박 당하기 쉬운 타입이다. 집념이 애정운을 나쁘게 만드니까 마음을 절제 하는 방법을 기를 것. 금전 면에서는 매우 넉넉하고 운이 좋은 편이다. 건강 면에서는 이비인후과 계통의 질병과 호흡기 계통, 간장 계통의 질병에 조심해야 한다.

12월생

포용력과 독선적인 면을 함께 갖추고 있는 성격이다. 사업 면에 서도 선견지명이 있고 기획력도 뛰어나지만 지나친 자신감 때 문에 다른 사람과 의견 충돌을 일으키기 쉽다. 이론을 좋아하고 말을 잘하는 것도 이 별의 특징이다. 애정 면에서는 남자는 남 자다운 태도로, 여자는 여자다운 태도로 접근하는 것이 좋다. 금전 면에서도 욕심만 부리지 않는다면 그다지 어려움이 없을 것이다. 건강 면에서는 폐질환과 외상에 조심할 것.

8) 팔백(八白)·토성(土星)

☆ 총운

팔백(八白)·토성(土星)은 하늘의 기운으로 볼 때 한 절기(節氣)가 끝나고 새로운 절기가 시작되는 것을 의미하기 때문에 개혁·종점·부활 등의 요소를 가지고 있다. 팔괘(八卦)에서는 간(艮)에 해당하며, 십이지에서는 축(丑)과 인(寅), 그리고 오행(五行)에서는 토(土)를 가리키고, 달로는 12월과 1월, 시간으로는 오전 1시부터 5시까지를 가리킨다. 또한, 같은 토라고 해도 잔뜩 쌓아 놓은 흙과 같기 때문에 이 별에 해당하는 사람은 침착하고 동작이 느리며 차분한 성격을 가졌다고 본다. 대부분 집안에서 상속자가 되는 경우가 많은 편이다. 외유내강(外柔內剛)적인 성격은 좋다고 할 수 있지만, 고집이 세고 융통성이 없는 것이 단점이라고 할 수 있다. 그리고 머리도 좋은 편이라서 두뇌 회전이 빠르지만, 응용력이 모자라고 고지식한 편이다. 그러나 대체적으로 볼 때 윗사람의 신임을 얻어서 대표적인 지위나 입장에 서는 사람이 많다.

운세

이 별에 해당하는 사람은 개척정신도 왕성해서 평범하게 지내는 것을 좋아하지 않는다. 직장인일 경우에는 항상 지도자적 입장을 동경하며 자기가 만족을 얻을 수 없는 직장일 경우에는 즉시 그곳을 떠나 다른 직장을 찾는다. 일반적으로는 성품이 온화해서 사람들에게 사랑을 받는 타입이지만 지나치게 자기주장을 하면 대인관계에서 마찰을 일으키기 쉬우니까 조심하는 게 좋다. 가족관계에서는 많은 변화가 속출하고 애정이 없는 경우가 많다. 눈앞의 이익에 현혹되지 말고 성실한 노력을 쌓아 기초를 다지는 것이 말년의 행복을 부를 수 있으니 이 점을 명심해야 한다.

체질

살집이 풍만한 비만형인 경우가 많다. 드물게 왜소한 체격을 가진 사람도 있지만 어쨌든 스포츠 방면에는 그다지 재능이 있다고 볼 수 없다. 비교적 건강한 편이지만 한번 병에 걸리면 지병에 되기 쉬우니까 반드시 완치되도록 노력하는 것이 무엇보다 중요하다.

성격

자존심이 강하고 의지력도 남달리 강한 편이다. 경제적인 면에서도 확실한 기준을 갖고 있다. 정리 정돈하는 것을 좋아하지만 소유욕이 강해서 버리는 것을 싫어하기 때문에 쓸데없는 것을 끌어모아 집 안을 창고로 만들 우려가 농후하다. 필요한 것과 불필요한 것의 구분을 분명하게 하지 않으면 주위로부터 이상한 사람으로 오해받을 수 있으니 조심할 것. 또한 처음 대면하는 사람과는 낯을 가리고 마음을 터놓고 지내기 어려우니, 그로 인해 사교성이 부족한 것도 흠이다.

금전운

사치나 낭비를 하지 않는 타입이기 때문에 금전 감각은 확실한 편이다. 축재 방법에도 능숙한 편이라서 부동산, 주식 등도 활용하는 스타일이다. 그러나 욕심은 부리지 않는 것이 좋다. 지나친 욕심은 큰 실패를 부를 수 있기 때문이다. 어쨌든 금전운은 좋은 편이니까 욕심 때문에 대인관계에서 의리가 상하는 일이 없도록 조심할 것.

애정운

연애나 결혼에 대해서 불필요하게 신중을 기하는 타입이며, 안정을 좋아하기 때문에 이성의 눈에는 의지하기 좋아하는 사람으로 비치기 쉽다. 원래는 정열적인 사람지만 애정 표현이 미숙한 편이며 모험심이 있어서 애욕(愛慾)으로 치달리는 경우도 있지만, 근본이 이성에게는 다정다감한 편이다. 일반적으로 볼 때 가정적인 사람이 많다.

직업운

건실하고 온화한 성품을 살려 교육가, 공무원, 학자, 종교가, 은행원, 경찰관 등의 직업이나 건축 계통의 직업에 종사하는 것이 성공으로 가는 지름길이다.

✪ 생월별로 보는 성격과 운세

1월생

영리하고 친절하지만 독점욕이 강한 편이다. 남녀 모두 기품이 있고 성실하며 생활에 대한 의욕도 왕성하다. 금전적인 면에서 교제비 등의 지출을 아끼지 말고 의리와 인정을 중시하도록. 돈벌이에 대한 감각은 뛰어난 편이 아니지만 낭비를 하지 않는 성격이기 때문에 말년에는 안정을 유지할 수 있다. 애정 면에서는 유머와 재치가 부족한 편이다. 여자인 경우에는 교제술이 뛰어난 남자를 조심할 것. 건강 면에서는 위장병, 요통, 당뇨병에 주의할 것.

2월생

내면적으로는 독선적이지만 겉으로는 누구와도 원만하게 지내는 타입이다. 외향적인 성격도 내재하고 있기 때문에 사람들에게 인기가 있지만 리더적인 입장에서 재능을 발휘하기는 어렵다. 사람이 좋은 탓에 다른 사람의 말에 현혹되어 손해를 보는 경우가 많은 것도 이 별 태생의 특징이다. 애정 면에서는 연애 결혼이 많고 부부 사이에 협조성이 부족하지만, 자식 덕에 평온을 유지할 수 있을 것이다

3월생

화려한 것을 좋아하며 기획력과 재능이 뛰어나지만, 교제술은

서투른 편이다. 여자인 경우에는 멋쟁이이며 말도 잘하는 타입이다. 사업 면에서도 일을 정서적으로 처리한다. 정신적인 면을 중시하고 허영심이 강하기 때문에 원만한 인간관계를 유지하는 것이 길운을 부를 수 있다. 경제적인 면에서는 다소의 고생은 있어도 생활에 어려움은 없다. 애정 면에서는 연애결혼보다는 중매결혼이 좋을 듯하다. 건강 면에서는 위장병과 불면증을 조심할 것.

4월생

겉으로는 부드럽고 온화해 보이지만 내면적으로는 고집이 세고 주관이 강한 편이다. 직업 면에서는 한 가지 일에 전념하지 못하고 직장을 자주 바꾸기 쉬우니까 애초에 선택을 잘 해야 한다. 조직 속에서 활동하는 것보다는 독자적인 일을 통해 재능을 발휘하는 것이 좋다. 금전 면에서도 눈앞의 이익에만 현혹되지 않는다면 별 걱정이 없다. 애정 면에서는 유머가 부족한 편이니까 밝은 모습을 보이도록 노력할 것. 건강 면에서는 요통에 주의할 것.

5월생

개성이 강하고 무슨 일을 하든 열심히 처리하는 편이지만 변덕이 많은 것이 결점이다. 특수한 자격을 갖추거나 좋은 지도자를 만나게 되면 운이 트일 것이다. 금전운도 좋은 편이지만 투기는 삼갈 것. 애정 면에서는 이상을 너무 높게 가지지 말 것. 혼기가 늦어질 우려가 있다. 마음을 부드럽게 가지는 것이 좋은 배필을 만날 수 있는 비결이다. 건강 면에서는 호흡기 계통의 질병에 조심할 것.

6월생

사람의 마음을 휘어잡는 능력이 탁월한 타입이며, 화술도 뛰어나서 인기도 좋고 화려한 것을 좋아한다. 사업 면에서는 직장인이 어울리지만 독립적인 경향이 강해서 독자적인 일에 관심을 가지기 쉽다. 그러나 큰 투자는 하지 말 것. 금전 면에서는 맺고 끊는 것을 분명히 해야 손해를 보지 않을 수 있다. 애정 면에서는 무드를 좋아하는 연애를 즐기며, 남성은 바람기가 있다. 건강 면에서는 신경성 변비, 허리 통증에 주의할 것.

7월생

사물의 핵심을 파악할 줄 알고 건실한 타입이지만 자기 위주의 사고방식을 가지고 있다. 친절한 편이지만 사교술은 서투른 편이다. 금전 면에서는 유산·증여 등의 횡재수가 있다. 그러나 너무 욕심을 내면 고독한 인생을 보낼 우려가 있으니 조심할 것. 애정 면에서는 정열적인 사랑과 결혼을 통해 행복한 가정을 꾸린다. 건강 면에서는 관절염이나 위장병에 조심할 것.

8월생

화려하고 밝은 환경을 좋아하는 타입. 또한 자존심이 강하고 남에게 지는 것을 싫어한다. 사업 면에서도 자기의 마음에 맞는 일을 찾아 몇 번씩 직장을 옮겨 다닐 타입이다. 애정 면에서는 상대의 학벌이나 직함을 따지는 편이기 때문에 함부로 사랑에 빠지지 않는 타입이며, 중매결혼이 어울린다. 금전 면에서도 지나치게 이익을 따지다가 실패를 초래하기 쉽다. 착실한 저축심을 길러서 길운을 맞이할 것. 건강 면에서는 별로 걱정이 없지만 작은 병이 큰 병으로 이어질 수 있으니 조심할 것.

9월생

인정이 많고 애정이 풍부한 타입으로 밝고 명랑한 인상을 준다. 그러나 애교스러운 면이 부족해서 사람들과 쉽게 친해지지 못해 손해를 본다. 두뇌 회전이 좋아서 사업 면에서는 일 처리가 능숙한 편이다. 애정 면에서는 너무 신중한 탓에 좋은 기회를 놓치기 쉽다. 여자는 연하의 남자와 인연이 있다. 금전 면에서는 모든 일에 의욕적으로 대처하기 때문에 운이 좋은 편이며, 건강 면에서는 피로에 의한 간장 계통, 신장 계통의 병에 조심할 것.

10월생

순정적이고 솔직한 타입으로 의지는 강하지만 감정에 치우치기 쉬운 것이 결점이다. 금전 면에서는 하나에서 열까지 확실한 것을 좋아하는 편이지만 통이 작은 편이다. 사업 면에서는 건실한 직업이 어울린다. 애정 면에서는 사고방식에 유연성이 없고 상대를 지루하게 만들기 쉬운 타입이므로 이성과의 교제에서는 진실한 마음을 갖고 애정을 추구해야 좋은 결실을 얻을 수가 있다. 건강 면에서는 비만 체질이 되기가 쉽고 위장병에 주의해야 한다.

11월생

명랑하고 호기심이 왕성한 타입이다. 자존심이 강하고 어떤 분야에서든 충분히 실력을 발휘한다. 남녀 모두 이성과의 교제가 많고 육체관계도 많은 편이다. 연애결혼이든 중매결혼이든 상대를 충분히 파악한 다음에 결정을 내릴 것. 금전 면에서는 운이 좋은 편이지만 너무 계산을 앞세우면 대인관계를 그르칠 수가 있다. 건강 면에서는 심장병과 신경계통의 병을 조심해야 한다.

12월생

편견과 고집이 있지만 두뇌회전이 좋고 직감력이 뛰어난 타입이다. 급한 성격이 옥에 티지만 본심은 부드럽고 인정이 많다. 직업 면에서는 직장생활보다 자영업이 어울린다. 중년까지는 파란이 있겠지만 말년에는 행복하고 안정된 생활을 누릴 운세이다. 애정 면에서는 중매결혼보다는 연애결혼이 어울린다. 건강 면에서는 전체적으로 꽤 건강한 편이어서 체력에 자신을 가지고 있는 타입이다. 그러나 건강에 자만은 금물이니 정기적인 검사를 통한 예방이 중요하다.

9) 구자(九紫)·화성(火星)

☆ 총운

구자(九紫)·화성(火星)은 남쪽에 떠오른 태양의 기운을 가득 받으며 성장하는 것을 의미하기 때문에 명랑하고 화려한 타입이다. 팔괘에서는 이(離)에 속하며, 오행에서는 화(火), 십이지에서는 오(午), 십간에서는 병(丙)과 정(丁), 달로는 5월, 시간으로는 오전 11시부터 오후 1시까지를 가리킨다. 이 별에 해당하는 사람은 타오르는 불꽃과 같은 열정과 아름다움, 산뜻함을 갖추고 있다. 그래서 모양새는 늘 단정하다고 말할 수 있다. 남녀 모두 두뇌가 명석하고 직감력이 뛰어나지만 감정 변화가 많은 것이 흠이다.

운세

이 별에 해당하는 사람은 용모가 수려한 경우가 많다. 미적 감각도 뛰어나기 때문에 아름다움과 관계있는 예능·미술 분야에 종사하면 두각을 나타낼 수 있다. 남자인 경우에도 외모에 관심이 많고 여성적인 면을 많이 갖추고 있다. 그러나 부드럽고 섬세한 외모와는 달리 내면적으로는 뜨거운 정열과 과격한 성격도 가지고 있기 때문에 남에게 지는 것을 싫어하고 자기과시욕이 강하며 경쟁의식도 대단해 우두머리가 되지 않으면 만족을 얻지 못하는 성질이다. 또한 필요 이상으로 외모에 신경을 쓰는 결점도 있다. 이 별에 해당하는 사람이 친한 친구가 별로 없는 것도 자신의 과시욕 때문이라고 말할 수 있다. 누구와도 쉽게 친하고 인정도 많은 편이지만 지나치게 가려서 사귀는 탓에 친한 친구를 얻지 못하는 것이다. 어쩌면 대인관계어서 깊은 사귐을 피하는 것이 도움이 될지도 모른다.

체질

신경질적인 성격이기 때문에 불면증이나 신경쇠약 등에 걸리기 쉽다. 또 심장병이나 혈압 등에도 주의할 것.

성격

화려한 것을 좋아하는 타입으로 의상이나 장식품에도 신경을 많이 쓰는 편이다. 늘 주역으로 나서고 싶어 하는 것도 이 별의 특징이다. 인상도 좋고 매너도 좋지만 한번 화가 나면 상대를 경멸하는 말을 서슴없이 내뱉으며 자기의 직성이 풀릴 때까지 끈질기게 파고드는 경향이 있다. 이 점을 주의하지 않으면 주위로부터 소외당할 수 있으니 신경을 쓸 것.

금전운

중년의 운세가 좋은 편이니까 그때까지 착실히 기반을 닦아 놓을 것. 너무 서두르면 운세를 그르치기 쉽다. 중년에 이르러 길운을 잘 활용하면 말년에 넉넉하고 행복한 생활을 보낸다.

애정운

남녀 모두 사람들의 주목을 받아 인기를 얻을 수 있으며, 조숙한 형이고 첫눈에 반하는 일이 많으며 정에 이끌리기 쉽다. 그리고 빨리 달아오르고 빨리 식는 타입이며 변덕이 많다. 또한 상대를 쉽게 버리는 반면에 상대로부터 자기가 버림을 받으면 미친 듯이 소동을 일으키는 것도 자기 위주로 모든 일을 생각하기 때문이다. 지나친 독점욕과 질투심이 때로는 참상을 부르는 경우도 있다. 폭넓은 시야와 냉정한 태도를 유지하는 것이 중요하다. 결혼은 일찍 하는 편이지만 이혼율이 높으니까 소개를 통한 교제를 결혼으로 연결시키는 것이 좋다.

직업운

총명하고 풍부한 표현력과 설득력을 두루 갖추고 있으며, 상대를 자기의 페이스로 끌어들이는 능력이 탁월하다. 반면에 독선적인 성격이 강하니까 두드러지는 직업을 가지는 것이 좋다. 정치가, 외교관, 변호사, 미술가, 영화배우, 신문기자 등이 어울리는 직종이다.

✪ 생월별로 보는 성격과 운세

1월생

어린 시절부터 영리하고 명랑하고 솔직하고 온화한 성격을 가진 타입이다. 심미안이 뛰어나고 예술적인 감각도 풍부하다. 그러나 성격이 너무 선하기 때문에 역경이나 고통을 이겨내는 능력이 부족한 것이 흠이라고 할 수 있다. 독단적인 행동은 피하고 리더적인 입장에 서는 것보다는 2인자의 위치에 서는 것이 행운을 안겨다 줄 것이다. 금전 면에서는 협조자 덕분에 재물을 모을 운세이다. 건강 면에서는 소화기 계통과 심장병에 주의를 요한다.

2월생

활발하고 결단성이 있지만, 내면적으로는 신경질적이고 용의주도한 성격이다. 색채 감각과 미적 감각이 남달리 뛰어나며, 직업은 교육자나 엔지니어(기술자)가 어울린다. 선배나 윗사람의 도움도 많이 받겠지만 지나친 야심은 실패를 초래하니 조심할 것. 애정 면에서는 속마음을 솔직하게 표현하는 것이 행운을 부른다. 금전운은 좋은 편이다. 그러나 도박으로 패가망신에 이르는 수가 있으니 절대로 삼가야 한다.

3월생

재능이 있고 명랑한 노력가의 타입으로, 성실한 편이다. 하지만 변덕이 많고 의지가 약한 것이 단점이다. 직업은 직장생활보다는 자영업이 적성에 맞고 발전성이 있다. 머리가 좋은 편이어서 처세가 능하고 도박을 좋아하는 경향이 있다. 금전적으로 어려움은 크게 겪지 않겠지만 큰돈은 만지기 어렵다. 가능하면 자격

중 한두 개 정도는 준비해 둘 것. 애정 면에서는 연애결혼보다 중매결혼이 좋고, 건강 면에서는 심장 계통과 간장 계통의 질환에 주의할 것.

4월생

명랑하고 활발해서 약동감이 넘치는 타입이며 행동도 빠른 편이다. 운세는 전반적으로 좋은 편이다. 머리도 좋고 아이디어도 뛰어나기 때문에 취업하여 직장생활을 하기보다는 독자적인 사업을 하면 크게 성공할 수 있다. 금전 면에서는 중년에 큰 실패만 예방한다면 말년에는 행복한 생활을 보낼 수 있다. 애정 면에서는 이성을 대하는 능력이 부족한 편이니까 중매나 소개를 통한 교제를 하는 것이 좋다. 건강 면에서는 신경성 위염에 조심해야 한다.

5월생

머리가 좋고 연구심이 왕성한 사람이다. 자존심도 강하고 멋 내기를 좋아한다. 우정이 두텁고 인정이 많아서 리더로서 활약할 수 있을 것이다. 사업 면에서는 조직 안에서 활동하는 것이 좋다. 애정 면에서는 이성에 대한 경계심이 강한 편이지만 한번 좋아지면 정에 이끌리기 쉬운 타입이다. 금전 면에서는 관심은 많지만, 큰돈은 만지기 어렵다. 들어오는 돈은 많아도 대인관계에서의 지출이 많기 때문이다. 건강 면에서는 신장이나 간장 계통의 질병에 주의할 것.

6월생

유순하고 섬세한 타입으로, 이지적이지만 완고한 면이 있고 지나친 결단성이 주위와의 융화를 방해한다. 그러나 본심은 낙천적인 성격이다. 재물운이나 금전운은 아주 풍족한 편은 아니지만 평생 동안 생활에 큰 어려움은 겪지 않을 듯하다. 애정 면에서는 이성보다 동성에게 인기가 많은 스타일이며 연애결혼이든지 중매결혼이든지 모두가 행복한 생활로 이어질 것이다. 몸은 건강한 편이지만 한번 균형을 잃으면 회복에 많은 시간이 걸린다.

7월생

지도력이 있으며 스케일이 큰 타입이다. 중년운이 매우 강해서 명성과 돈을 양손에 움켜쥐는 사람도 많다. 남을 무시하거나 자기중심적인 사고방식은 운세를 그르칠 수 있으니 주의할 것. 친척들과의 인연은 그다지 좋은 편이 아니다. 애정 면에서는 상대를 이해하는 마음만 기른다면 다소 시간이 걸리더라도 좋은 인연을 만날 수 있다. 건강 면에서는 이비인후 계통의 질병과 관절염을 조심할 것.

8월생

화술이 뛰어나며 표현력이 풍부한 타입으로, 명랑하고 머리도 좋으며 패션 감각이 뛰어난 사람도 많다. 열심히 일하고 즐기는 사람이 많은 것도 특징이다. 그러나 너무 화려한 생활을 하면 뒷감당을 하기 어려워질 수 있으니 절약하는 정신을 기르도록 할 것. 애정 면에서는 화려한 연애를 시작했다가 쓸쓸하게 끝나기 쉽다. 결혼은 늦게 하는 것이 좋다. 건강 면에서는 심장병, 구강염, 감기 등에 조심해야 한다.

9월생

부드럽고 정직해서 주위의 신뢰를 받는 타입이다. 가정적이며 아이들을 좋아한다. 여자인 경우에는 협조성이 부족해서 대인관계에서 마찰을 일으키기 쉬운 것이 단점이다. 보기 드물게 도박을 좋아하는 사람이 있지만 이길 확률은 그다지 높지 않다. 애정 면에서는 파란이 많아서 만나고 헤어지는 것이 반복되기 쉽다. 확실한 상대를 고를 수 있도록 객관적인 시각을 가질 수 있도록 노력할 것. 또한 불륜에 빠지기 쉬운 단점도 있으니 주의하는 게 좋다. 건강 면에서는 관절염이나 사고, 위염 등에 특히 조심해야 한다.

10월생

선견지명이 뛰어나고 사물을 처리하는 것이 능숙하다. 재물보다는 명예에 민감한 편이다. 정열적이고 노력가이지만 쉽게 달아오르고 쉽게 식는 것이 단점이다. 금전 면에서는 중년기에 재물운이 있다. 낭비만 삼간다면 말년까지 편안한 인생을 보낼 수 있다. 애정 면에서는 인기는 있지만 이성과의 인연이 그다지 좋은 편이 아니어서 맘에 드는 짝을 만나기 어려우니 가능하다면 소개를 통한 교제를 하는 것이 좋다. 건강 면에서는 소화기 계통과 두통에 조심할 것.

11월생

수리적 개념과 예술적 감각이 뛰어나다. 부드럽고 온화해 보이지만 내면적으로는 신경이 섬세하고 신경질적인 면이 있다. 사업 수단도 뛰어나고 가정과 사회생활을 양립시킬 수 있는 타입이다. 중년기부터 운이 열릴 것이다. 애정 면에서는 상대를 지나치게 고르다 보면 혼기를 놓칠 수 있다. 결혼 후에는 약간의 고생이 있더라도 참고 견디면 곧 행복한 생활을 보낼 수 있을 것이다. 건강 면에서는 호흡기 계통과 신경계통의 질병에 조심해야 한다.

12월생

애교가 있어서 여러 사람에게 사랑을 받지만 사람을 가려서 사귀는 것이 단점이다. 사업 면에서는 직장생활이 어울리지만 독단적인 결정만 배제한다면 자영업도 괜찮다. 용기와 결단력이 성공할 수 있는 비결이다. 애정 면에서는 무드 조성에 힘쓸 것. 금전운도 좋은 편이지만 장래를 위해서 자격증 한두 개 정도는 따 두는 것이 좋다. 건강 면에서는 호흡기 계통과 신경계통의 병에 주의를 요한다.

3. 구성학과 이사방위

구성학은 방위를 위주로 운명을 판단하는 학문이기 때문에 이사할 때의 운세를 살펴보는 것에도 활용된다. 그래서 여기서는 구성학에 의한 이사방위 보는 법을 간단하게 소개하기로 한다.

구성학의 방위는 9개로 나뉘어져 있다는 것은 앞에서도 말했지만, 그 각각의 명칭은 다음과 같다.

❶ 천록(天祿) : 하늘의 녹을 받을 수 있는 길방(吉方)
❷ 안손(眼損) : 눈이 멀게 된다는 흉방(凶方)
❸ 식신(食神) : 식록이 풍성하다는 길방(吉方)
❹ 증파(甑破) : 가마솥이 깨어진다는 흉방(凶方)
❺ 오귀(五鬼) : 신이 함께한다는 뜻으로 중간 상태를 의미
❻ 합식(合食) : 식솔들이 모여든다는 길방(吉方)
❼ 진귀(進鬼) : 귀신들과 어깨를 나란히 하게 된다는 흉방(凶方)
❽ 관인(官印) : 관직에 오를 수 있다는 길방(吉方)
❾ 퇴식(退食) : 식록이 물러간다는 흉방(凶方)

보는 방법은 자기가 살고 있는 위치에서 이사 갈 곳이 어느 방위에 해당하는가를 살펴서 판단하는 것이다.

예를 들어, 1965년생의 남자라면 2023년에는 59세가 된다. 그럴 경우 남자 59세를 찾아 밑으로 내려오면 동남쪽은 합식에 해당하고 동쪽은 오귀… 서북쪽은 관인에 해당한다는 것을 알 수 있다. 그러니까 이 사람은 동남, 북, 동북, 서북이 좋은 방위가 되고 나머지는 나쁜 방위가 된다는 것을 알 수 있다. 이런 식으로 이사방위를 보는 것이다.

구성학과 이사방위표

구분	女 男	女 男	女 男	女 男	女 男	女 男	女 男	女 男	女 男
나이	1	2 1	3 2	4 3	5 4	6 5	7 6	8 7	9 8
	10 9	11 10	12 11	13 12	14 13	15 14	16 15	17 16	18 17
	19 18	20 19	21 20	22 21	23 22	24 23	25 24	26 25	27 26
	28 27	29 28	30 29	31 30	32 31	33 32	34 33	35 34	36 35
	37 36	38 37	39 38	40 39	41 40	42 41	43 42	44 43	45 44
	46 45	47 46	48 47	49 48	50 49	51 50	52 51	53 52	54 53
	55 54	56 55	57 56	58 57	59 58	60 59	61 60	60 61	63 62
	64 63	65 64	66 65	67 66	68 67	69 68	70 69	71 70	72 71
	73 72	74 73	75 74	76 75	77 76	78 77	79 78	80 79	81 80
방향	82 81	83 82	84 83	85 84	86 85	87 86	88 87	89 88	90 89
	91 90	92 91	93 92	94 93	95 94	96 95	97 96	98 97	99 98
동남	천록	안손	식신	증파	오귀	합식	진귀	관인	퇴식
동	퇴식	천록	안손	식신	증파	오귀	합식	진귀	관인
서남	관인	퇴식	천록	안손	식신	증파	오귀	합식	진귀
북	진귀	관인	퇴식	천록	안손	식신	증파	오귀	합식
남	합식	진귀	관인	퇴식	천록	안손	식신	증파	오귀
동북	오귀	합식	진귀	관인	퇴식	천록	안손	식신	증파
서	증파	오귀	합식	진귀	관인	퇴식	천록	안손	식신
서북	식신	증파	오귀	합식	진귀	관인	퇴식	천록	안손
중앙	안손	식신	증파	오귀	합식	진귀	관인	퇴식	천록

4. 구성학과 궁합

여기에서는 구성학에 의한 궁합 보는 방법을 간단하게 소개하기로 한다. 남녀가 각각 어느 별에 해당하는가를 살펴보고 상생, 상극을 판단하는 것이다. 예를 들어, 남자는 오황(五黃)에 속하고 여자는 사록(四綠)에 속한다면 서로가 만나는 지점에 흉(凶)으로 되어 있으니 궁합은 좋지 않다고 보는 것이다.

구성학과 궁합표

남자 여자	일백 (一白)	이흑 (二黑)	삼벽 (三碧)	사록 (四綠)	오황 (五黃)	육백 (六白)	칠적 (七赤)	팔백 (八白)	구자 (九紫)
일백	길	흉	길	길	흉	대길	대길	흉	흉
이흑	흉	길	흉	흉	길	길	길	길	대길
삼벽	대길	흉	길	길	흉	흉	흉	흉	길
사록	대길	흉	길	길	흉	흉	흉	흉	길
오황	흉	길	흉	흉	길	길	길	길	대길
육백	길	대길	흉	흉	대길	길	길	대길	흉
칠적	길	대길	흉	흉	대길	길	길	대길	흉
팔백	흉	길	흉	흉	길	길	길	길	대길
구자	흉	길	대길	대길	길	흉	흉	길	길

운수대통
사주풀이

초판 1쇄 인쇄 2024년 9월 14일
초판 1쇄 발행 2024년 9월 20일

지은이 이정환
펴낸이 이태선
펴낸곳 창작시대사

주소 경기 고양시 일산동구 장백로 20 굿모닝힐 102동 905호
전화 031-978-5355
팩스 031-973-5385
이메일 changzak@naver.com
출판등록 제2-1150호(1991년 4월 9일)

ISBN 978-89-7447-281-8　03180